学生发展核心素养
特色课程体系建构与实施

XUESHENG FAZHAN HEXIN SUYANG
TESE KECHENG TIXI JIANGOU YU SHISHI

小学

·主编 薛国军 古立新·

广东高等教育出版社
Guangdong Higher Education Press
·广州·

图书在版编目（CIP）数据

学生发展核心素养特色课程体系建构与实施．小学/薛国军，古立新主编．—广州：广东高等教育出版社，2020.9

ISBN 978-7-5361-6704-9

Ⅰ．①学⋯　Ⅱ．①薛⋯　②古⋯　Ⅲ．①素质教育-教学研究-小学　Ⅳ．①G622.0

中国版本图书馆 CIP 数据核字（2020）第 004115 号

出版发行	广东高等教育出版社
	地址：广州市天河区林和西横路
	邮政编码：510500　电话：（020）87553335
	http://www.gdgjs.com.cn
印　刷	广东省教育厅教育印刷厂
开　本	787 毫米×1 092 毫米　1/16
印　张	14.5
字　数	344 千
版　次	2020 年 9 月第 1 版　2020 年 9 月第 1 次印刷
定　价	49.00 元

前 言

《中庸》有言曰："天命之谓性，率性之谓道，修道之谓教。"教之所依，则在人之天性，亦天生之性情，或曰天分；随天性所好，尽天性而为，此之谓教育之道。《易经》曰，"圣人久于其道，而天下化成"，遵道而行，化育天地，教育亦曰教化，此之谓也。学生发展核心素养课程体系建构与实施，就学生天性之所归与生性之所好来设计课程、实施教学，以达到因材施教、寓教于乐之目的。

徐玉珍教授在《校本课程开发的理论与案例》一书中，将校本课程的开发界定为："在学校现场发生并展开，以国家及地方制定的课程纲要的基本精神为指导，依据学校自身的性质、特点、条件及可利用和开发的资源，由学校成员志愿、自主、独立或与校外团体或个人合作开展的旨在满足学校所有学生学习需求的一切形式的课程开发活动，是一个持续和动态的课程改进过程。"在新时代学生发展核心素养培养的课程改革背景之下，对于培养学生正确的价值观念、必备品格和关键能力，校本课程开发起着举足轻重的作用。校本课程开发最大的特点在于能够依据学校、学生、教师和社会本身的条件和资源，发挥学校、教师、学生及社会的积极主动性，以国家课程的基本精神为指导，开发出适合学生发展核心素养的课程，并在开发与研究相结合的过程中，逐步完成学生发展核心素养课程体系的建构与实施，实现学生核心素养的养成、教师教研能力的提升，推动学校特色化建设等目标。

杜威所谓"教育即生长"，即教育植根于学生的天性，生长于社会土壤之中，浸润于文化涵养之下。无论是对美丽人生的塑造，还是对美好生活的向往，课程的建构必滋于斯、长于斯、成于斯！南粤山水孕育、岭南文化滋养下的广东中小学学生发展核心素养课程体系建构自有天命之性之使然与卓尔不群之处。《学生发展核心素养特色课程体系建构与实施（小学）》即广东省的小学在新时代背景下学生发展核心素养课程建构的探索与尝试，固然不能以点带面，然自可对广东小学学生发展核心素养课程改革有一鳞半爪之了解，如或有些许启发，乃足感欣慰。

本册为《学生发展核心素养特色课程体系建构与实施（小学）》，包含十五所学校的课程核心案例，这些学校分别从广州、佛山、珠海、汕头等地区进行遴选，按照地方文化、学校品牌、核心素养、综合素质、地域特征五个特色课程分类编排，体现了广东小学课程建构与实施的基本面貌。各学校课程开发可谓百花齐放，异彩纷呈，是对美丽人生的追求、对美丽心灵的塑造、对美好生活的向往，是办好每一所学校的不懈追求。通过这些生动活泼、丰富多彩的课程，我们似乎看到了每一所学校，都是学生放飞心灵，尽性成长的乐园；是参乎天地，致知格物的殿堂；是化育万物，教化人文的圣地。各位作者更是对学校案例反复打磨、精心修改，为读者展示别具特色的岭南小学课程风采，特别是汕头市澄海区莲下中心小学杜冬霞、杜绍义老师，用自己淳朴而真挚的笔触，描绘出了一所粤东小学课程的精彩画卷，更感弥足珍贵。

本书的出版得到了广东第二师范学院培训与社会服务处处长龚孝华教授、广东高等教育出版社黄跃升、冯沪萍编辑的大力支持，在此致以最衷心的感谢。

编　者

2019 年 5 月 20 日

目 录

第一部分 地方文化特色课程

广府特色课程建构与实施
——以广州市越秀区大南路小学为例 ………………………… 叶丽诗 / 3

"潮美"课程的建构与实施
——以汕头市澄海区莲下中心小学为例 ……………… 杜冬霞　杜绍义 / 20

第二部分 学校品牌特色课程

原色"悦读"课程的建构与实施
——以广州市越秀区旧部前小学为例 ………………… 金秀玲　何妙婉 / 39

建构"智慧云山"校本课程的实践与研究
——以广州市越秀区云山小学为例 ………… 谢玉妃　邝家明　高梅花 / 53

"创想城"课程建构与实施
——以珠海市香洲区实验学校为例 ………………………… 余志君 / 65

第三部分 核心素养特色课程

气质教育课程建构与实施
——以佛山市南海区大沥实验小学为例 ……………… 李佩球　许倩华 / 83

"亮彩"教育课程体系建构与实施
——以广州市南沙区黄阁小学为例 ………………………… 潘小斌 / 95

"和美"课程建构与实施
　　——以广州市天河区天府路小学为例 …………………… 欧阳琪　陈郁阳／109

"合创"课程体系建构与实施
　　——以广州市荔湾区汇龙小学为例 ………………………………… 梁丽珠／128

第四部分　综合素质培养特色课程

美好生活课程的实践与优化
　　——以广州市天河区冼村小学为例 ……………………………………… 郭海英／141

"幸福心灵"课程的建构与实施
　　——以广州市番禺区市桥富都小学为例 ………………… 朱艳仪　唐滔　林燕玲／155

"美丽人生"特色课程建构与实施
　　——以广东第二师范学院番禺附属小学为例 ……………………… 苏千佳　陈伟勤／170

"闪光人生"素养课程的建构与实施
　　——以广州市荔湾区东沙小学为例 ……………………………………… 吴瑜卿／179

第五部分　地域特征特色课程

清水教育课程建构与实施
　　——以广州市越秀区清水濠小学为例 ……………………………… 许晶云　容礼／193

基于山海文化的"仁智"课程建构与实施
　　——以广州市南沙区南沙小学为例 ……………………………………… 曾志伟／209

第一部分
地方文化特色课程

广府特色课程建构与实施[①]

——以广州市越秀区大南路小学为例

叶丽诗

一、学校简介

广州市越秀区大南路小学（以下简称"大南路小学"）创办于1964年，现有12个教学班，师生合计不到500人，占地面积不到3 000平方米，是越秀区属一所小规模的规范化学校。学校地处广州城建所在地、繁华的商业中心"千年古道"北京路旁，校园虽小却雅致书香，广府气息浓厚。近年学校以广府校园特色建设为方向，关注在社区历史、人文风俗中挖掘文化积淀，在创新发展中演绎办学特色。结合"以人的发展为本"科学发展观，通过隐性课程熏陶感染、学科课程奠定基础、特色课程个性化培养而逐步形成系列，蕴含"特长发展、文化体验、交流分享"等核心要素，在教育活动中以传统文化陶冶情操，以多姿多彩的校园生活愉悦身心，以丰富开放的实践活动增强素质，以传统技艺传承创新延续本土情怀，培养具有身心素养、人文素养、交往素养的新时代人才及具有文化认同、有广府情怀的芸芸学子。学校先后被评为广州市义务教育阶段特色学校、广州市首批粤剧传统教育特色学校、广州市民间文化传承基地、广州市艺术教育重点基地学校、粤剧中国保护中心推广基地，更在2015年获广州市第四届中小学德育创新奖（综合类）一等奖。笔者的成果获广州市教学成果一等（培优项目）、2017年广东省教育教学成果奖（基础教育）一等奖、2018年国家级教学成果奖二等奖。

[①] 本文写于2019年5月10日。

二、广府特色课程的实施背景

广府特色校园建设的提出是基于多方缘由的。其中包括对国家全面素质发展教育观的理解，对中央优秀传统文化传承文件精神的吸收，对越秀区"广府文化源地、千年商都核心"区域发展内涵的思考，以及对学校实际情况的分析及育人观培育的践行。

（一）教育发展要求

改革开放以来，中华优秀传统文化得到了大力的发展与弘扬，中央和各级政府为推进优秀传统文化教育制定了一系列的政策措施。2004年，教育部与中宣部联合发布《中小学开展弘扬和培育民族精神教育实施纲要》（教基〔2004〕7号）；2010年，教育部下发《关于在中小学开展创建中华优秀文化艺术传承学校活动的通知》（教体艺厅〔2010〕6号）；2014年4月教育部发布《完善中华优秀传统文化教育指导纲要》（教社科〔2014〕3号）；党的十八大以来，习近平总书记就中华优秀文化的传承与弘扬多次做出重要指示，为新形势下加强优秀传统文化教育指明了方向，提供了强大动力。2017年1月，中共中央办公厅、国务院办公厅联合颁布《关于实施中华优秀传统文化传承发展工程的意见》，要求"把中华优秀传统文化全方位融入思想道德教育、文化知识教育、艺术体育教育、社会实践教育各环节，贯穿于启蒙教育、基础教育、职业教育、高等教育、继续教育各领域"。2017年9月，教育部印发《中小学综合实践活动课程指导纲要》，提出在活动中体会、认知、践行社会主义核心价值观，培养学生的社会责任感、创新精神和实践能力。

政府及各级领导越来越关注到优秀传统文化在下一代传承的重要性，对学校在优秀传统文化、本土文化的教育活动给予政策及资金上的支持。社会上也有不少社团组织加入到对传统文化传承的队伍中，自发组织开展规模不一的公益宣传推广活动。这些都是传统文化传承不可或缺的社会资源。

（二）社区资源条件

大南路小学所在越秀区是广州古城的原址，两千多年来均为广州的政治、文化、商贸中心，是广州文化底蕴最深厚、历史遗址最完整、最集中的区域。越秀区拥有众多国家、省、市重点文物，其中全国重点文物保护单位3处、省级重点文物保护单位4处、市级重点文物保护单位7处，包含了南越国宫署遗址、南越国木构水闸遗址、千年古道遗址、拱北楼遗址、大佛寺、药洲遗址、城隍庙、万木草堂、庐江书院等多个朝代的具有较高历史文化价值的文物古迹，被誉为"广府文化发源地"。

越秀区主动走在传承弘扬广府文化队伍的前列，坚持不懈地宣传推广本土文化。一方面倾力打造"广府庙会"等品牌活动，让北京路是广州"四地"（海上丝绸之路发祥地、近代民主革命策源地、全国改革开放前沿地、岭南文化中心地）的精华载体进一步彰显，夯实越秀区"广府文化源地、千年商都核心"的内涵和价值及世界文化名城的文化根基，营造良好的社会氛围。越秀区丰富多彩的粤文化为广府特色教育提供了丰富的外部资源基础，学校与市博物馆、市图书馆、市少儿图书馆、区文化广电旅游体育局、区档案局、社区服务中心、街道文化站等均有良好的交往合作基础，成为共建单位。在近年广府校园建设中，学校也逐步与一些社会机构、非遗艺术大师、网络平台开展互动，积累了不少社会资源。"粤彩学堂"的建立就是社会资源引入校园的一次有益探索与尝试。

（三）学校客观现状

大南路小学位于千年古道北京路旁，是广州市越秀区属下一所老城区小规模学校，原区一级学校，后评估通过为规范化学校。但由于骨干教师流失，教师队伍年龄偏大、缺少拼劲，教学质量、学科竞赛与周边学校差距明显、办学特色欠缺等问题，办学效益长期居于较低水平，学校发展陷入困境。具体表现在以下六个方面。

（1）孩子只有学习没有活动；
（2）竞赛只有参与没有成绩；
（3）表现只有胆怯没有自信；
（4）发展只有共性没有个性；
（5）文化只有外来没有本土；
（6）整体只有常规没有特色。

2010年通过SWOT分析后发现，大南路小学与其他学校在办学规模、师生素质、学科发展等方面存在着不少差距。但因为所在地域的人文、历史资源底蕴丰厚，活动丰富，师生以广州人为主的本地化优势，对开展广府文化教育有着自己得天独厚的环境、条件与氛围。2010年开始，学校将目光投向外部社区，以开放式办学策略走学校特色发展之路。

首先开展项目特色建设，以广府文化传承项目通草画引入校园，不走传统老路，关注传统文化传承的融合创新。通草画项目发展成熟后进行项目模式复制，不断丰富发展，将广府多个艺术项目与广府文化校园建设融合，推进特色课程、品牌活动的深入开展，逐渐形成广府教育特色，有效破解小规模学校办学困境，推动学校办学效益的全面提高与社会影响的全面提升。

三、广府特色课程的设计

（一）课程理念——让孩子的学习多姿多彩

课程是学校发生改变的关键，是潜能发展的资源。课程发展的轨迹需要与学生生命发展的律动相匹配、相融合，而不仅仅是学科体系及社会需要。由此延伸、关注到仪式创意、社区资源、空间设计在课程中的应用，关注学习方式的多变性和场景性、学习空间的多元性、学习资源的丰富性。学校提出"让孩子学习多姿多彩"的课程理念，构建"七彩"课程，让每一个学生都成为彩虹上那一道道耀眼的光芒，实现"给每一位学生燃亮自信成功之光彩；让每一位学生具有广府印记之神采"的教育愿景。学校围绕课程理念，通过课程再造学习生态，以丰富的课程为学生提供真实而多彩的童真生活和文化体验，让学生学习有更多的选择，个性得以充分彰显，和谐发展，实现群体发展的多姿"多彩"及个体发展的"精彩"与"出彩"。"多彩""精彩""出彩"是课程实施的过程与结果。

1. **课程即缤纷多彩的生命历程**

每一个孩子都是独特和唯一的，课程就是要让每一个独特的生命绽放不一样的精彩，让每一个学生都成为彩虹上那一道道耀眼的光芒，有个性与社会化印记。广府特色教育以课程推进、叠加学习内容的方式推进，校园内的一草一木、一物一景、一人一事皆为课程，只有参加了、经历了、尝试了，才能给孩子机会发现他们的意义与价值。当孩子与教师以课程为媒介，将生命、自然、生活、社会相衔接，使学校课程像彩虹般照耀生命的时候，才是教育的真正本原。从这个意义上讲，课程即缤纷多彩的生命历程。

2. **课程即个性张扬的学习**

学习是一种个性化行动，是学生自己的事，任何人都无法代替。课程让学生个性在宽松、自然、愉悦的文化氛围中得到释放，在自由自在而又奋发进取的氛围中展现生命的活力，尽可能为学生的全面发展、个性培养创设情景，提供、拓展更广阔的学习活动时空与机会，让学生的个性发展成为可能。

3. **课程即文化的亲密相遇**

一切教育教学活动都要努力营造一个有利于张扬学生个性的"文化场"，以人的生活为立足点，在人与世界的生活关系中展开。"人与文化的相遇"不能以牺牲"生活世界"为代价，而要使人更好地"进入"生活世界。特色课程所提供的不仅仅是知识的传递与技能的提高，更重要的是架起知识世界与社会生活的桥梁。广府悠久的人文历史资源，丰富的本土文化资源如同一颗颗熠熠生辉的珠宝，是取之不尽、用之不竭的课程资源。充分发掘这些资源，活化学校课程，可形成富有特色的课程文化。反过来，学校课程又可传播广府文化，以此实现学校课程与广府文化的双向互动。因此需要以课程融入、活动启迪的方式引起学生对地域文化资源的关注，进而学会思考生活、思考人生，提升对文化历史及未来的感悟。

4. **课程即灵动的多元组合**

一切资源皆课程。课程不仅发生在校园中，也存在社会与大自然中，这些资源随着历史变迁、环境变化、社会变化及教育者的认识不断产生新的历史意义。学校要努力开发和利用好教师资源、家长资源、社区资源、环境资源、社会人力资源等，有机组合成学生个性发展的"孵化器"。教育工作者要学会并善于整合，通过结构重组体现资源及课程的多元价值，关注学生在学习过程中对资源撷取、选择、重组的能力培养，完善学生的认知结构。

5. **课程即个体的参与分享**

学生在学习中对于学习内容有兴趣，有一定的探究愿望，能用一定的方法开展探究，能在探究中学会思考和表达，通过表演、分享、作品呈现等途径展示学习成果，让其在学习过程中不断获得幸福感、成功感，在循环激励中不断进步。

（二）广府特色课程的建构思考

1. 课程的生长点

广府特色课程在办学理念及育人目标的指引下，以五彩课堂及亮彩活动为实施途径及平台，实现"让孩子的学习多姿多彩"的课程理念（见图1）。

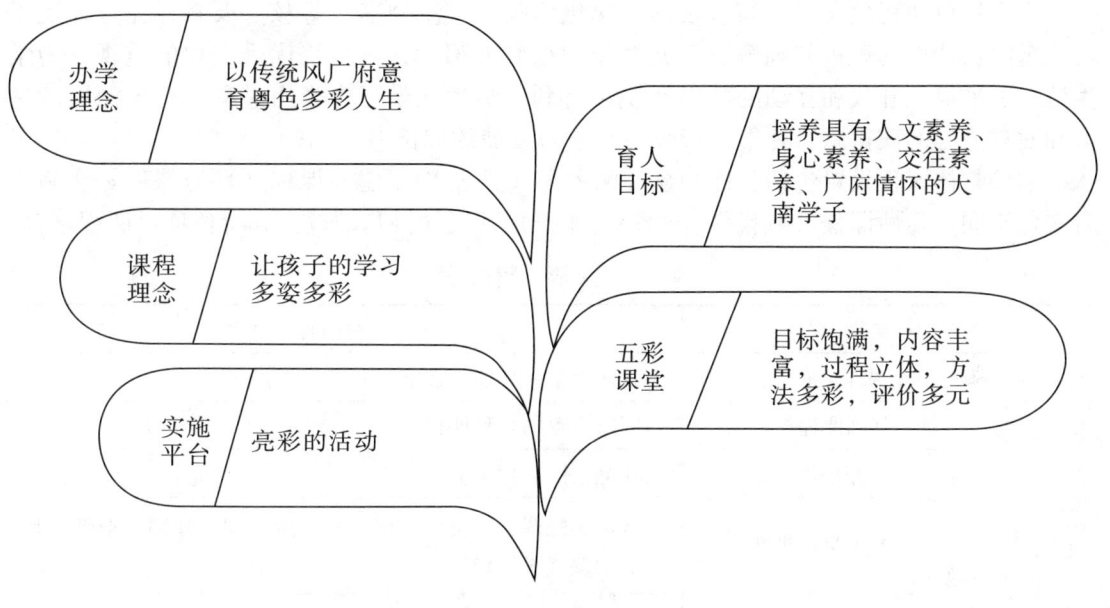

图1　广府特色课程

2. 课程建构的"四感"

广府特色课程理念致力于"七彩"课程的创设与实施。学校将校本课程与国家课程、地方课程进行有机统整，通过整体课程规划形成特色课程体系，以丰富、多元的课程资源，培育具有新时代神采的新一代广府人。

"七彩"课程的创设主要基于三大目标：一是整体规划学校课程，构建"七彩"课程模式；二是逐步开发特色课程，打造广府特色课程体系；三是整合社会资源，丰富拓展课程范围。通过校本化实施国家与地方课程，开发完善校本特色课程，建设丰富环境的隐性课程，让特色课程成为孩子文化触摸、个性张扬、开放多元的活动场。课程经历了从开始的统一到系统化、个性化、多元化建设的过程。课程构建逐步体现出以下"四感"。

聚焦感——聚焦传统文化关注点及学生的学习需求；

统整感——通过专题统整课程，以嵌入的方式不断丰富内容而非简单做课程的增减；

见识感——以丰富学生的学习经历、体验和横向拓展为方向，而不以知识纵向加深为取向；

有效感——倚赖课程的多元化与个性化实施提升教学有效性，对学生个体发展针对性起作用。

"七彩"课程架构：以隐性课程及国家性、地方性课程为原色，以拓展性课程、发展性课程、实践性课程、资源性课程、节日庆典课程等构成多色校本课程。"七彩"课程犹如彩虹,师生都可以在彩虹中找到自己喜欢的亮色。在底色隐性课程的熏染、基础学科课程的支持下,多色课程内容既可以独立开展,也可以相互融合促进,互为提升、提亮,由此让"七彩"课程增添、散发更夺目的光彩。

3. 课程实施的内容

广府特色课程蕴含了"特长发展、文化体验、交流分享"等核心要素,充分体现了对儿童成长特性的尊重与理解,对儿童学习权利的呵护,传统优秀文化的重视,为学生营造了平等、开放和互动的学习环境,有利于学生在学习中亲历过程,产生深层的愉悦和发自内心的获得感,并形成持续终身学习发展的成长力。

学校整体课程设置包括隐性和显性两大类(见表1)。隐性课程(环境课程)实施广府文化浸润,显性课程(基础课程和特色课程)开展学科基础教育和特色项目课程培育。

表1 "七彩"特色课程

课程类别			课程内容
隐性课程			社区、学校环境(浸润式)
显性课程	基础课程		国家设置的学科课程
	特色课程	拓展性课程	硬笔书法(每天)
		发展性课程	特色选修课、全员校本课、学科融合课、社团专业课、特色活动课(校内定期)
		实践性课程	文化展示交流、社会宣传实践(校内外不定期)
		资源性课程	粤彩学堂、粤彩联盟(校内外不定期)
		节日典礼性课程	传统节日课程、开笔礼、毕业礼、拜师礼等(校内定期)

隐性课程是学生在学习环境中所学习到的非预期或非计划性的知识,价值观念或态度等。学生在此环境中无意识地获得经验、价值观、理想等意识形态内容和文化影响,逐步塑造与完善人格结构。通过创设具有广府特色的建筑、花园、场室让孩子耳濡目染,引导师生课堂外以本土语言交流,通过听广播、唱广府童谣等方式提供多方位的本土文化资讯信息、本土味道的校园文化宣传等,让学生每天都可以接触到特色文化的浸润。

基础性课程内容是国家学科课程,面向全体学生,强调基础与全面,为学生提供终身受用的基础知识、技能与关键体验,赋予学生应对未来生活的基本素养,支持和滋养着学生的持续发展。各学科课时安排根据教育行政部门统一要求开设。

特色课程包括拓展性课程、发展性课程、实践性课程、资源性课程、节日典礼性课程等五大类(见图2)。

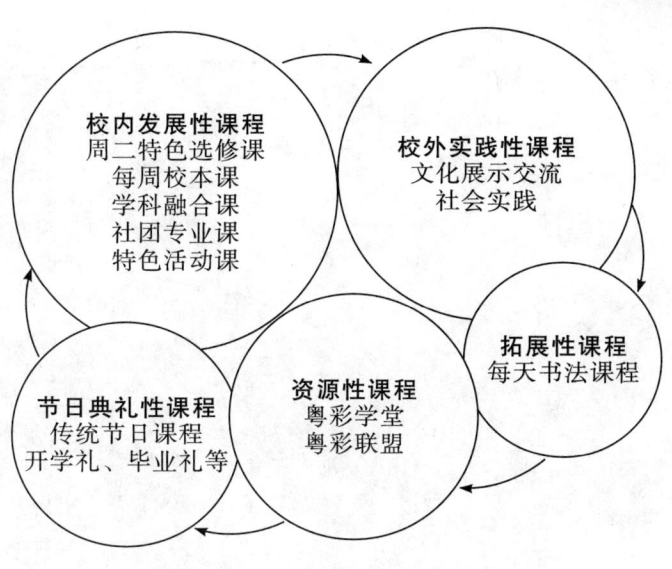

图2　特色课程架构

拓展性课程一至六年级全员参与，每天下午2：10—2：30开展，根据不同年级学生的书写特点，开展硬笔书写指导。

发展性课程主要包括"全员学习课"和"选修课"两大主题。其中，"全员学习课"包括每周一节传统艺术校本课（一至二年级每周一节围棋课，一至三年级每周一节粤剧课，四至五年级每周一节咏春课）、特色活动课、学科融合课等。"选修课"是根据广府特色开设的多元课程，包括每周二下午特色选修课、课后社团专业课。发展性课程让学生在基础性课程之外各取所需，学到学科课程之外的属于自己的一门"技术活"。课程涵盖传统文化课程、社区探究课程、体能锻炼课程、科学技术课程、广府技艺课程等内容。以兴趣驱动、充分参与、自主选择作为课程设置原则，充分利用多种教育资源因地制宜、因时制宜，坚持学生的自主选择和主动参与，注重学生的亲身体验和积极实践，促进学习方式的变革。通过课程的学习，不少孩子在各种场合中脱颖而出，展现自己独特的风采。同时，走班式学习，可以打破常规班级界限，拓展学生的交往空间，提升相互间的交流合作能力，让孩子在快乐中学习，在收获中成长，在成功中进步。

实践性课程以参加实践活动为主要特征，带有研究性学习色彩。儿童并非生活在真空里，而是在一个特定的时间、地点和社会环境里成长。课程需要给予儿童赖以生活的实际需求。实践性课程联通校内外，从课室走向社区，需要学生综合运用跨学科的知识，以实践、展示、文化宣传为导向，提升各方面综合能力。拓展性成为本类课程的一大特征。主要活动方式是结合综合实践课、道德与法治课、社区活动、社团展示、文化交流等开展（见图3）。

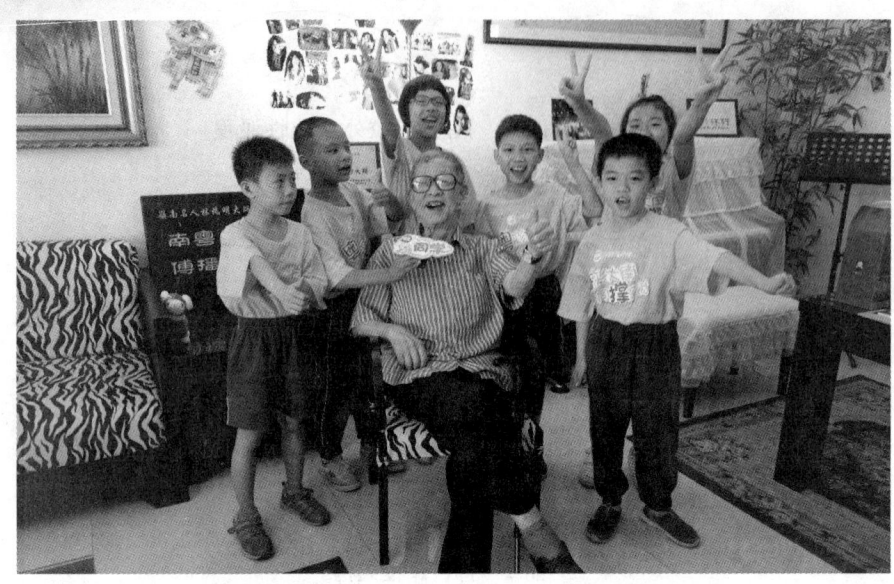

图3 精灵豆丁讲古社探访讲古大师林兆明（前排左三）

资源性课程是社会资源的校本化探索，整合教育资源为师生服务。"粤彩学堂"引入各艺术大师在校建立工作室，共同开展本土文化传承创新。"粤彩联盟"将社会各有志于本土文化宣传教育的社团、自媒体等机构以联盟形式组织起来，共同开展相关活动，突破校园围墙，扩大活动及影响范围，增强学生的文化认同感（见图4）。

图4 广东省非物质文化遗产项目广州咸水歌省级代表性传承人
谢棣英（前排右一）在学校开展传承活动

节日典礼性课程注重学生主体作用在仪式活动中价值的体现。每个节日都有其精神内涵和内在价值，如中秋节是对家庭团圆的期盼，清明节是对先辈的怀念追思等。节日典礼性课程充分挖掘节日教育元素，让学生在体验民俗文化的过程中得到学习。学校根据课程内容，采用校内、校外相结合的方式，组织符合本年段孩子特点的民俗文化综合实践活动，活动形式包括假日小队、校园节庆、参观走访等。导赏团到社区进行"万千粽爱在一身"的包粽子体验，并把粽子送到了独居老人家中。六一儿童节在校园开展传统"游戏大比拼"的活动，学生在玩得尽兴，玩得童真的同时，更好地促进其手、脑综合协调发展。除以上节日课程，还可以借助入学典礼、新生开笔礼、入队仪式、毕业典礼等活动形成的相关课程，记录孩子们生命成长中的重要时刻。新生入学前的"新生国学体验营"，几天的新生营让父母一起陪伴孩子度过一个重要的转折点，更全程参与孩子入学的一个重要仪式"启智开笔礼"。"明志毕业礼"有明德志学的含义。12周岁从小学毕业升入初中的这个时候是立志于学的阶段，希望学生能够明确自己的发展志向，规范自己的行为，感受到自己家人、朋友对自己关爱，用感恩之心来激励自己的发展。毕业礼时校长会亲自给每一个孩子们颁发成功证书并合照留念。学校会隆重地将毕业合照挂在校园"粤梦精彩"毕业纪念墙上。毕业典礼上校园片段回顾、互赠礼物、师生寄语、互勉感恩等环节的活动设计，对于师生、家长来讲也是非常难忘的一次宝贵回忆。

"七彩"课程三部分内容互为补充、强化，成为广府特色课程体系。隐性课程为另外两类课程的学习提供舒适场地及文化氛围；基础性课程为特色课程奠定了基础，特色课程是基础性课程的个性化补充及拓展提升。学生在特色课程学习中获取的兴趣与拓展的技能为基础性课程的学习注入新的动力与契机，也可以从特色课程中获得学科课程所不能给予的生机与活力。没有基础性课程的铺垫，特色课程也就成为"无源之水"。如果说基础性课程赋予学生基本的生活能力，那么特色课程则为学生的才华施展提供舞台，共同为学生的全面、和谐、个性的发展成长服务。

4. 课程建构的意义

（1）广府特色课程的指向有利于更好地实现育人目标。

广府特色课程以开发学生潜能及提供展示机会为着眼点，认识学生的长处，发挥学生智能所长，用智慧启迪智慧，用温暖传递温暖，使每个孩子的才能得到充分的施展，让每一个生命个体都能散发光彩。个性化、特色化、文化味浓的广府特色课程更好地促进儿童的身心协调、个性自由而全面的发展，有利于实现培养饱含广府情怀的芸芸学子的个性化育人目标。

一是帮助每一个学生获得适应终身学习的基础知识、基本技能和学习策略，养成主动学习、不断探究的学习品质。

二是帮助每一个学生通过参与学习活动培养实践操作能力、合作互助能力、交流沟通能力。

三是帮助每一个学生感受文化的温度，激发学生对优秀传统文化、广府文化的热爱。

（2）广府特色课程旨在推动学校特色品牌的进一步凸显。

课程是学校特色发展的根基所在，通过文化认同＋特长发展＋自信分享途径来实现课程目标，推进学校特色文化品牌的建设。个性化、本土化的课程设置，让广府特色课程呈现出与众不同的粤色华彩，让广府特色校园建设独具韵味。

5. 课程构建的原则

（1）全面性原则。

课程实施的对象是全体师生。在课程里，人人权利平等，人人都有参与课程学习、教育的权利。

（2）发展性原则。

课程实施的根本目标是以人为本，促进人的发展，注重课程的与时俱进，在教育活动中培养学生各方面的能力，注重教师的专业化发展。

（3）开放性原则。

课程强调与学生生活、社会发展、文化传承相联系。尊重个性发展，提倡教学活动的多样性、教学时间和空间的开放性、学习方式的自主性。

（4）文化性原则。

课程作为文化选择的一种工具，承担着本土文化传承的功能。学校特色发展立足点在广府文化的传承与创新，课程大多围绕广府文化、艺术开展。在此过程中形成对历史及现代文化的融合思考，对中国优秀传统文化产生认同与自豪感。

（5）多元性原则。

课程评价不局限在传统的学科性评价，增加了特色课程、特色活动开展过程性评价。孩子的个性成长、特长兴趣、活动参与都是评价内容，通过展示、交流、竞赛等方式开展评价，关注评价标准的差异性。

（6）实践性原则。

每一种文化都需要每个人亲身经历才能体会其趣味性。有的本土文化不是以文字的形式传承，而是以实践性的活动、技艺、运动、仪式等形式传承的。因此，课程需要提供丰富多样的实践活动让学生参与，不能闭门造车、纸上谈兵。

四、广府特色课程的实施

基础教育的根本目的在于满足儿童基本的学习需要，教育实践探索正逐步打破"教材中心"和"课堂中心"，通过特色课程开展、校内外联动的主题学习、社区服务等开展个性化教育。在特色课程实施的过程中，注重对非智力因素的研究，研究学生的兴趣、过程性习得、体验与表达的方式方法，最后到获得成果的喜悦和分享等，以期在基础性学科课程中得到转化，提升学科知识的习得能力。

（一）广府特色课程的实施策略和方法

广府特色课程开发实践，师生发展成效显著，为小规模学校办学困境的突破指出了经实践证明可行、有效的方向及路径。其课程的创新性实践突破之前很多学校传统文化项目单项发展、技艺训练枯燥守旧的方式，采用项目滚动式推进、课程特色化构建、活动品牌化发展、学科跨界式融合、资源社会化整合等复式发展方式，实现课程的社会化、儿童化、校园化、创新化。

1. 创新性地建立广府校园建设的实践模型（见图5）

广府特色校园理念的提出，符合新时代教育发展对优秀传统文化传承教育的要求，凸显课程发展特色性、本土性、传承性、创新性。其操作方式为：寻找实践载体—找出发展方向—丰富实践载体—定位课程理念—构建发展模型—不断修正完善。

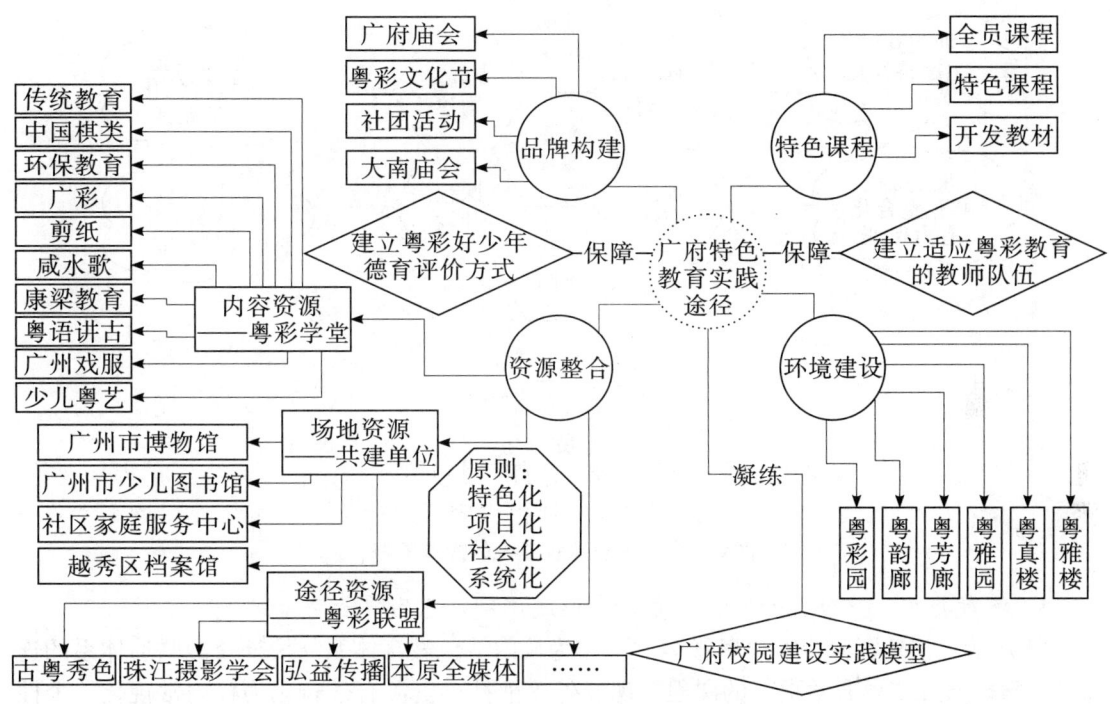

图5　广府校园建设实践模型图

2. 构建并实施独具地域文化色彩的广府特色课程体系

广府特色课程研究内容主要包括广府课程的实践模型及操作策略、特色品牌课程的实施开展、校外资源与特色课程创新性整合的实践机理三个方面。其注重优秀传统文化与学生认知的关注及联系，课程目标指向多元性、综合性。它在课程结构上重视操作性、活动性、开放性；课程内容上重视广府性、时代性、创新性；课程实施上提倡跨学科、跨项目的融合与互动；课程评价上强调开放式、个性化、特长式评价。

3. 广府特色课程建设的操作策略（见图6）

（1）文化氛围的诗意物象化，是广府特色课程氛围的外显标志。

（2）课程开设的滚动本土化，是广府特色课程持续的生存基础。

（3）社团建设的个性延伸化，是广府特色课程发展的重要条件。

（4）社区资源的共赢整合化，是广府特色课程推进的有力保证。

（5）品牌构建的区域特色化，是广府特色课程彰显的必备元素。

（6）特色活动的主题持续化，是广府特色课程建设的关键环节。

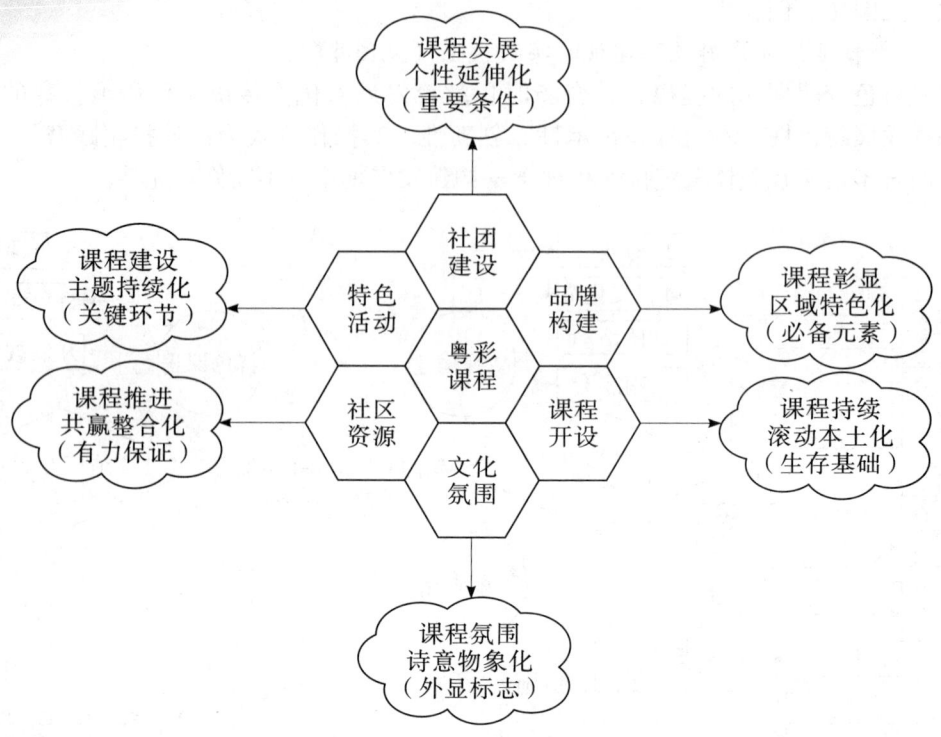

图 6　广府特色课程建设的操作策略

4. 深度挖掘、整合、开发社区资源，形成广府特色品牌活动课程

（1）活用校外资源，以"粤彩学堂"作为校内特色教育体系与校外资源联通体系的连接点。学校通过"粤彩学堂"的课程实现校外零散社会资源有效转化为校内常规化、个性化、系统化课程。到2017年，"粤彩学堂"已经拓展到10个，每周在学校给孩子提供自选课和课后社团训练，课程开展实现常态化、特色化及校内外活动一体化（见图7）。

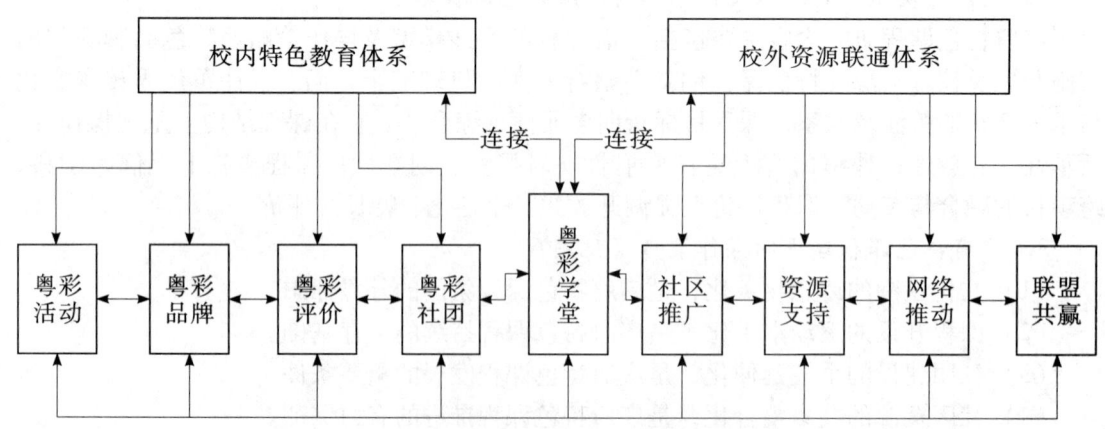

图 7　校内外特色教育的联通途径

（2）活用社区文化资源，形成特色品牌课程。学校利用每年区域性大型民俗活动"广府庙会"开展丰富而有文化味的系列活动，如"校园庙会"开学礼、"与庙会同行"广府文化宣传实践活动等，形成独具区域韵味和广府个性的特色品牌课程，让孩子在活动中参与、感悟、展示，培养自信及对优秀传统文化的认同感与自豪感（见图8）。

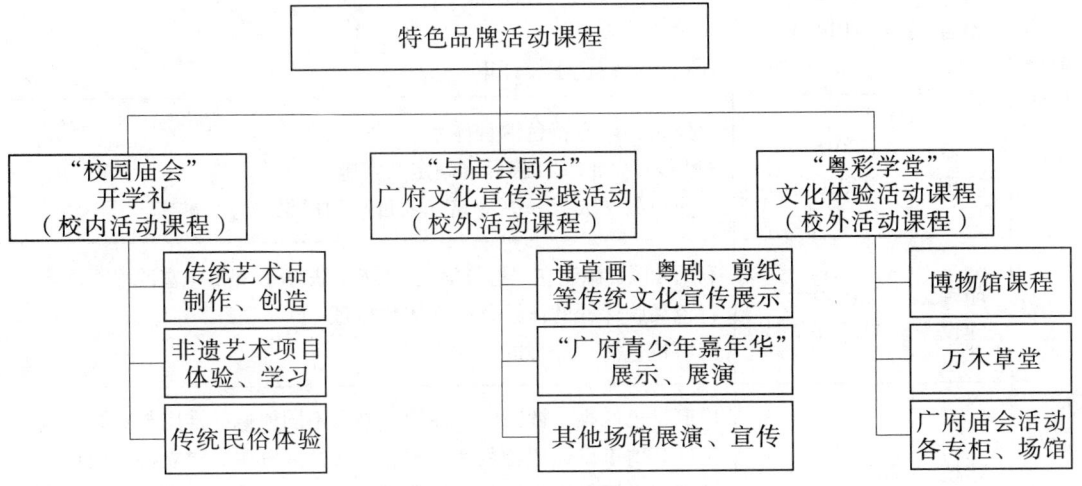

图8　特色品牌活动课程

（二）解决问题的方法和过程

1．解决问题的过程（见表2）

广府特色课程的创新性实践研究以通草画为起点、以广府庙会公益文化宣传体验活动为抓手，沿着"重点突破、丰富发展、整体构建、实践检验"的总体思路，历经探路子、定调子、亮牌子、立根子、做里子、搭架子六个实践阶段。关注跨学科、跨项目的融合发展，以特色活动为突破口，通过创设真实情境让孩子在活动中培养综合能力及创新精神，打造独具广府文化韵味的课程文化。

表2　问题解决的过程

阶段		时间	工作要点
项目开展	项目确定	2010—2011年	学校发展SWOT分析 学校发展方向确定 通草画特色课程开展
	开展研究	2011—2012年	通草画创新性实践研究 社区资源的使用探索 丰富特色活动课程内容
研究完成	成果总结	2013年	社会实践课程的开发与成功实施 提炼特色课程实践研究成果

续上表

阶段		时间	工作要点
成果检验	资源整合	2013—2014年	社会资源深度融合 广府校园特色课程建设 特色校本教材编写 通过市区特色学校评审
	体系梳理	2015—2016年	整体架构广府特色课程体系 "粤彩好少年"评价标准制定及实施 广州市教学成果一等（培优项目）的成果培育、推广
推广提升	品牌建设	2016—2017年7月	利用社区资源建立"粤彩学堂""粤彩联盟"，拓展丰富课程资源 特色品牌课程的体系化、立体化梳理 广府特色活动课程的成果推广
	移植拓展	2017年8月—现在	广府特色课程、社区资源使用策略在不同地域的推广与实施 指导其他单位运用特色课程理念开发社区资源、建立特色项目 整理成果资料申报广东省教学成果奖获一等奖，国家级教学成果二等奖 在新单位运用成果进行课程项目移植、推广、验证

（1）探路子——情况分析项目试行。

2010年进行SWOT分析后发现，学校发展处于瓶颈期，需寻求自身的突破。之后结合校情，开展了广府非遗通草画特色课程的实践研究。

（2）定调子——技法创新带动发展。

学校成功研发了通草画多种创新技法，获专家肯定。这是越秀区首家带领学生走入广府庙会开展通草画宣传并获得成功的学校，引起社会各界关注。技法创新及传统文化宣传实践活动的创新性开展，让学校对传统文化综合实践活动课程的建设有了方向和信心。

（3）亮牌子——方向确立滚动丰富。

学校以通草画项目成熟模式培育粤剧、剪纸、粤语讲古、粤语童谣等特色文化项目并取得成功。学校逐步将剪纸、粤剧、童谣等元素融入广府庙会宣传活动中，校内外全方位构建实施活动课程。2013年大南路小学第一次参与广府庙会，只做单一通草画宣传到2015年后多元素的融合，学生实践内容、参与面逐步扩大。2016年广府庙会除了开展"红豆·剪望"粤剧面谱剪纸宣传外，还在广府茶居开展每天童谣、粤剧小专场表演；多年来一直坚持参与通草画宣传专柜展示；参与广佛肇青少年讲古大赛以及青少年广府文化嘉年华等，多角度融入广府庙会各个分会场活动，参与度与参与面在区域内首屈一指。学校因多年坚持开展的庙会公益文化宣传体验课程成为独有的品牌课程而广受瞩目，孩子们在锻炼中日趋自信与阳光。

（4）立根子——提炼特色全面铺开。

课程实施后特色项目、课程不断丰富。学校逐步形成个性化的特色教育理念："尊重与包容，给每一位学生燃亮自信成功之光彩；传承与创新，让每一位学生具有广府印记之神采。"学校于2014年被评为广州市义务教育阶段特色学校、越秀区首批特色学校。课程于2015年被评为广州市教学成果一等（培优项目）。

（5）做里子——资源融合内涵提升。

2016年开始，通过校内外互动、不断丰富特色课程内涵，学校立体化建构出广府特色课程体系。通过"粤彩学堂""粤彩联盟"挖掘社会资源与教育融合的有效操作方式，打破校园围墙，拓展教育时空。广府特色活动课程经历了由校内到校外，由一般课程到品牌课程，由单一项目开展到多种项目同步丰富、跨项目融合，由部分学生到全体学生参与，由学校单打独斗到凝聚社会力量共同建设的过渡与转变阶段，成效显著。

（6）搭架子——品牌凝练成果推广。

课程建设离不开"面子"和"里子"。广府特色课程建设不单单是"面子"上开展的创新性活动课程，更是"立德树人"时代要求、社会主义核心价值观、核心素养与课程"里子"要求有效融合的综合探索。"面子"和"里子"互为表里形成特色品牌课程。孩子在课程学习中逐步形成的自信阳光、守信有礼、团队分享；了解掌握传统技艺过程中产生对中华优秀传统文化的热爱和坚持，这些都与"爱国、敬业、诚信、友善"社会主义核心价值观不谋而合。特色课程内涵不断充盈，教育品质不断提升，教育成果显著，笔者获得2017年广东省教育教学成果奖（基础教育）一等奖、2018年国家级教育教学成果奖（基础教育）二等奖等成果，并持续开展成果验证、推广。

在理论形成、实践创新的基础上，通过广州市教学成果一等（培优项目）的深入推进，围绕课程的开发与实施策略开展案例研究，为成果夯实基础。依托学校附近的社区资源，挖掘特色课程搭建平台，遵循"认识—实践—再认识—再实践"的过程与方法，持续深入推进课程的开发。以"计划—实施—反思"为研究范式，逐步将成果运用于其他学校，指导实践学校开展课程建设、活动设计等活动，促进成果的移植、转化与应用。如在教育路小学开展"出彩教育"、建设大马路小学开展"智行教育"等项目研究，不断检验调适成果的有效性和适用性，丰富广府校园建设的理论，对学校教育与社区资源的共生发展开展深入的探讨。

2. 解决的问题

（1）解决传统文化校园传承教育项目单一化、活动开展低效乏味、不与时俱进的问题。

（2）解决小规模学校在师生素质不高、校园活动空间窄小、可用资源匮乏的情况下，有效突破发展瓶颈，全面提升学校办学品质的问题。

（3）解决社会资源与学校教育融合对接的大德育问题。

（4）解决非遗艺术项目在校园内外综合性开展、创新性传承的教育问题。

3. 解决问题的方法

在实践过程中，学校根据所提出的问题，运用文献研究法、行动研究法、经验总结法、调查研究法等方法，采取"问题—实践—策略—反思"为基本研究方式，创新性将优秀传统文化传承与学校特色课程相融合，实现校内教育与校外资源联通与资源共享，满足立德树人的时代要求及学生学习、发展的不同需求，从教育和课程层面落实习总书记对优秀传统文化传承的要求。

在理念层面上，学校以提升学校办学品质为目标，通过特色课程的体系化构建，最终达到学校与师生共发展的最终目的。

在实际操作层面上，学校通过提供平台，构建课程及活动，激发师生的潜力、优势，实现"尊重与包容，给每一位学生燃亮自信成功之光彩；传承与创新，让每一位学生具有广府印记之神采"的特色教育理念。

五、广府特色课程的评价

（一）课程实施的创新点

其成果创新性整合地域、文化、人文资源，将校外资源通过"粤彩学堂""粤彩联盟"方式融合连接，让学校教育与校外资源大平台对接，有效拓展校内外教育的深度和广度，所形成的综合实践活动课程的相关操作策略、开发模型，为其他学校在传统文化特色课程建设、社区资源创新性拓展、办学困境的突破提升提供鲜活案例，对其他区域学校有示范意义及借鉴价值。

第一，广府特色课程跨学科、跨项目的融合发展，关注学生个性培养，创设真实情境让孩子在活动中培养综合能力及创新精神。其"创作"与"创新"发展理念符合中央及各级部门对优秀传统文化传承的"两创"要求，凸显其发展时代性、创新性、本土性、传承性、融合性，让综合实践活动课程在优秀传统文化教育方面走出一条创新性道路，实现活动的立德树人目标。

第二，广府特色课程以特色活动为突破口，打造独具传统文化韵味的课程文化，其发展操作策略、开发模型，对其他区域、学校有示范意义及借鉴价值。

第三，广府特色课程综合性整合地域、文化、人文资源，创新性将校外资源通过"粤彩学堂""粤彩联盟"方式融合连接，让学校教育与校外资源大平台对接，有效拓展校内外教育资源的深度和广度，成效显著，其操作机理极具推广意义。

与国内外同类成果相比，本课程成果基于区情、校情孕育产生，其理念及理论是在实践中不断完善提炼而成，广府特色课程的实践模型、操作策略、校外资源创新性整合的实践机理都具有原创与独特性。因社区地域文化资源、学校教育管理、孩子成长发展等有不少规律性、阶段性的共性点，因此其策略、模型等也具有一定的普适性和推广性。

（二）反思

第一，实践证明，广府特色课程建设对小规模学校办学瓶颈突破、特色文化彰显、特色校园建设、师生综合能力的提升带来显著的教育成效。

第二，在实施过程中，结合时代及学生年龄特点设计有创意的个性化活动并持续开展，是师生成长、成功的重要因素。

第三，广府特色课程充分融合社会各方面力量，依靠挖掘"粤彩学堂""粤彩联盟"的潜力，从单纯的校内教育拓展到校外社会实践，从单一文化项目到立体式课程体系，提出课程有效实施策略，为其他学校优秀传统文化传承、特色发展提供操作范例，具有借鉴、参考意义。

第四，本成果虽然取得显著的成效，同时也存在一些不足，需要加以关注与提升。

（1）需加强学校与社会资源深度融合的理论及实践研究，让理论成果更具科学性。

（2）提炼特色课程实施下师生内生式自主发展机制，开发本成果的新生长点。

广府特色课程的建设实践及理论研究尚处于起步阶段，该建设并不是提供一个特色建设模板，告诉大家怎么去套，而是希望可以激发同行们的思考，给专家研究特色课程提供一个鲜活案例。

"潮美"课程的建构与实施[①]
——以汕头市澄海区莲下中心小学为例

杜冬霞 杜绍义

一、学校简介

汕头市澄海区莲下中心小学（以下简称"莲下中心小学"），是一所规模较大的省一级学校。2013年，莲下中心小学乡村学校少年宫成立，2018年，莲下中心小学被教育部认定为第二批"全国中小学中华优秀文化艺术传承学校"。学校现有学生2 000余人，教师94人。学校现有办公楼1座，教学楼5座，专用场室楼2座，配有智慧共享录播室、电脑室、实验室、图书馆、乒乓球训练厅、舞蹈厅、国画室、书法室、版画室、陶艺馆近20个专用场室；按标准配齐了教学常规仪器，所有教室均配备电教平台，各办公室电脑均实现联网；有长达200米的文化长廊，设立了"槐园书社""新绿版画室""榕荫灯谜社""榕荫陶艺馆""槐园潮剧社"及教师工作室等培训活动场所，为孩子们提供了一个发展特长的平台。

多年来，学校以"提升综合素质，为学生的终身发展奠基"为理念，根据农村小学特点，克服各方面的困难，大力发展艺体教育，培养学生的兴趣和特长，拓宽学生的知识面，提高学生的合作能力、创新精神和实践能力，增强对自然和社会的责任感。根据现有的条件和资源、学生现状以及学生、学校、社会未来发展的需求开发各种课程，逐步形成了一套完善的实践操作模式，成功构建了潮美教育课程体系，形成特色鲜明的校本课程。"潮美课程"充分发掘学生潜能优势，发展学生的个性，培养学生的核心素养，促进学生全面综合发展。

---

① 本文写于2019年5月11日。

二、课程背景

（一）困境与机遇

农村经济、文化落后，交通不便，要办好特色教育，谈何容易！农村教育面临着系列问题，无论是周围环境，还是家长素质，都是与城市学校无法比拟的。城市的文化艺术氛围良好，博物馆、艺术馆、文化馆之类的文化场所遍布各个区域，学生一走出家门、校门，便能欣赏到高雅的艺术，便能在不知不觉中受到文化艺术的熏陶；而农村周围文化环境落后，学生接触到最多的是田野、河流、泥巴，对文化艺术的接触少之又少。城市学校的家长大都文化水平较高，很多都是大专或大学以上文化程度，而农村的家长大多是老实巴交的农民。

更严重的是，大量优秀教师涌向城区，乡村骨干教师严重流失，专业教师远远不足。怎样吸引人才，留住人才，这是农村教育面临的最大难题。

但是，我们相信办法总比困难多。我们也看到了教育发展的有利条件和发展机遇：我们的家乡澄海地处韩江三角洲，素有"粤东门户"之称，有着深厚的文化底蕴和丰富的文艺人才资源，民风淳朴、人文鼎盛，近几年来先后捧回了全国文化、体育、广播电视先进市、中国民族民间艺术（灯谜）之乡、中国民族民间艺术（版画）之乡等金灿灿的招牌。所处的莲下镇更是澄海工业重镇、玩具重镇，拥有上市企业"宜华集团"和"万顺股份"，有"侨乡"之称，被列为广东省中心城镇。莲下镇的版画、灯谜、文学、美术、集邮、潮乐等群众性文化艺术活动活跃，文化活动丰富多彩。目前，莲下镇涌现了灯谜、象棋、书法、乒乓、文学、诗词、民乐等众多群众团体，仅潮乐团就有十几家。陈厝洲的民间动物舞"双咬鹅"1999年还"舞"出国门，创出了乡村文化品牌。

（二）乒乓球——大力发展体育特色的契机

乒乓球作为我国的"国球"，是一项全民喜好的运动，具有娱乐性、竞技性、易普及、低危险性的特点，非常适合小学生。一个小小的乒乓球，除了能强身健体外，还是一本丰富的教科书，对学生的成长有着不可估量的作用。同时，潮汕地区人民群众热爱乒乓球运动，很多学校都有乒乓球桌，许多工厂、公司、小区都配套了乒乓球室。乒乓球是家乡的一项群众性运动。因此，从1994年开始，莲下中心小学确定了"以乒乓球为龙头，促进体育全面发展"的体育发展方针。经过长时间的走访、咨询、请教、论证，1995年9月，学校正式引进乒乓球运动项目。2006年，学校成为广东省体育传统项目（乒乓球）学校。在此基础上，学校审时度势，因势利导，根据学校实际，挖掘校内外资源，确定了以乒乓球运动为突破项目，倡导全员健身，培养拼搏、超越精神的体育特色建设。

在形成乒乓球特色的同时，学校以体育课堂教学为主线，推动课外活动、体育竞赛的开展。改革课堂教学，提高教学质量，在抓好体育常规教学的同时，坚持走科研之路，有序开展"快乐体育"的改革与探索,认真上好"两课""两操"。广泛开展小型多样的体育群体活动,激发学生参加体育活动的兴趣,形成生动活泼的体育氛围,使学生在活动中享受快乐,在快乐中得到锻炼,让身体素质得到和谐发展。以乒乓球、跳短绳、跳长绳、踢毽子、田径、棋类为主开展各项培训、竞赛活动,在丰富学生课余生活的同时让学生掌握一两项运动技能。学校经过不断努力,逐步形成了以乒乓球为主,广播操及其他体育活动为辅的面向全体学生的体育特色。学校先后被评为全国群众体育先进单位、广东省体育特色学校。

(三)有效整合教育内容

1. 艺术教育与潮汕本土文化相结合

潮汕文化源远流长,澄海更是全国闻名的版画之乡。潮汕厚实的传统文化,应该成为艺术新苗成长的滋养。学校教师团队积极挖掘潮汕优秀艺术资源,在音乐课引入"潮剧潮曲"和"潮汕歌谣",成立学校古筝队、二胡队,在教学中大量引用潮州音乐。美术科则以"潮汕版画"为切入点,成立"新绿版画室",把潮汕剪纸、抽纱、编织也带进课堂,着力发掘民间艺术资源,在继承的同时大胆创新,使学校的艺术教育充满浓厚的乡土气息。

2. 艺术教育与环保教育相结合

学校将艺术教育和环保教育相结合、相渗透,长期举行"变废旧为美""我为家庭创造美"等手工制作比赛,并组织学生自编环保小报。学校先后两次与区环保局合作,举行"百童环保书画长卷创作现场展示"活动。在活动中,学生不仅锻炼了动手能力,也展示了艺术特长,还进一步增强了环保意识。其中,学生作品曾获省教育厅、省林业厅主办的"粤港中小学生保护濒危动植物"绘画比赛一等奖。

3. 艺术教育与社会实践相结合

艺术来源于生活。为了让学生在生活实践中得到艺术的熏陶,学校组织学生参加一系列社会实践活动。例如,学生到宜华集团现代化生产车间参观;到潮安的神奇果园、澄海花木市场、汕头市农科所参观;到潮州163师军营参观,现场观看人民解放军的军事训练;到革命老区莲华西浦、中国历史文化名村程洋冈写生;到莱芜海边拾石创作,甚至连民间的动物舞蹈也成了学生美术创作的题材。

一系列的社会实践活动,让学生积累了丰富的生活素材,进一步激发了学生的艺术兴趣和创作欲望。学生创作出来的作品更有浓厚的生活气息。美术组的学生还在教师的指导下动手制作石玩作品,学校专门为学生开辟了"石玩作品"展示栏。

4. 艺术教育与德育、科普相结合

学校各方面的教育是个不可分割的整体。为了使艺术教育更好地发挥作用,学校结合校园文化建设,处处体现校园艺术氛围。例如,结合学校德育的教育主题,学校组织学生创作德育壁画,既美化了校园环境,又起到了良好的教育效果。学校专门开辟了"艺术长廊",以班级为单位进行艺术作品展示,并实施动态管理,随时对作品进行更新,从而调动全体学生艺术创作的积极性,学生曾参加德育题材创作比赛取得很好成绩。学校美术组还不定期为美术尖子生举办个人画展。

教师在教给学生绘画基础知识、基本技能的同时，注意与科普相结合，鼓励学生大胆想象，进行科幻画的创作。近年来，学校学生的科幻画作品获得省、市各级奖励的人数在全市学校中名列前茅。学生作品获教育部、科技部组织的"第20届全国青少年科技创新大赛科幻画"比赛二等奖；多位学生的作品获广东省青少年科幻画大赛奖励，多位学生的作品获广东省中小学生电脑平面设计动画作品比赛奖励。艺术教育是素质教育不可或缺的重要内容，对少年儿童提高审美修养、丰富精神世界、培养创新意识，促进全面发展具有不可替代的作用。在以乒乓球为突破点大力发展体育特色的同时，学校艺术类的第二课堂活动开展得如火如荼，家长积极配合，学生参与热情高涨。一些热爱艺术，有先见之明的家长甚至利用课余时间带孩子到城区寻找良师，加强训练，着重培养孩子艺术才能。第二课堂活动的多年积淀，使学校有了一定的艺术氛围，学生在各级各类比赛中频频获奖，有一定的优势。但是，由于第二课堂的艺术门类不够丰富，辅导教师专业技能有待提高，部分专科教师的专业技能需要进一步挖掘及硬件设备的限制，学校的艺术教育仍有待完善与提高。

（四）大力发展艺体特色

为了全面实施教育部提出的"体育、艺术2+1项目"方案，为了让艺术教育朝更高层次发展，只有把艺术教育办出特色、形成品牌，才能赢得社会的认可、家长的满意。学校领导班子认识到必须在特色学校创建上有所突破，才能走出农村小学发展特色教育的可持续发展路子。因此，学校在认真分析研究的基础上确定了以"提升综合素质，为孩子的终身发展奠基"为办学理念，坚持"艺体养德，艺体促智，以美育人"，创建艺体特色学校，充分利用学校艺体教育的优势，整合各方面资源，争取得到上级、社会、家长支持，想方设法改进教学条件，突破各方面限制，校内外结合，解决师资问题，强化师资力量；以家庭、学校、社会三者相结合的独特模式培养学生，全方位发展艺体教育；通过艺体教育让学生接受中华民族和世界各民族优秀文化艺术的滋养，培养深厚的民族情感，同时植根潮汕文化，融合潮汕文化艺术，发展农村艺体教育，通过艺体熏陶让学生养成良好的道德品质，通过艺体培育促进学生智力的发展，从而培养热爱农村乡土文化、具有良好道德品质的优秀人才，以提升学校艺术特色，创建美育特色学校，从而实现"以美育人"。

教育的发展，归根到底是人的发展。怎样充分利用有利条件，发掘、留住、培养人才，发展艺体特色教育，走出困境，做到"立德树人"呢？如何植根潮汕文化，发展农村特色教育，培养热爱农村乡土文化，具有良好道德品质的人才呢？学校不断实践，克服各方难题，终于找到了答案。

三、课程设计

（一）"潮美课程"理念

艺术、体育两大特色品牌的形成，犹如给学校插上了飞翔的翅膀，从而展翅高飞，翱翔蓝天。坚持"艺体养德，艺体促智，以美育人"的做法，遵循学校"提升综合素质，为学生的终身发展奠基"的办学理念，促使学校特色课程——"潮美课程"的创设。"潮美课程"作为全面实施素质教育的着眼点和突破口，有效地促进学校的快速发展。

"潮美课程"的创设，主要基于两大目标考虑：一是整体规划学校课程，构建"潮美课程"模式；二是系统开发特色课程，打造课程特色。"潮"特指"潮汕"，"潮美"即潮汕文化之美；"潮"字给人一种动感，"潮美"意为运动之美；同时"潮"又可引申为弄潮、赶潮，"潮美"即为创新之美。综合起来，"潮美课程"的内涵为：植根于潮汕文化，融合潮汕文化特色，引导学生发现美、感受美、欣赏美、创造美，从而让学生学会创新、学会运动、学会做人，以美育人的校本特色课程。

（二）"大榕树"式课程体系

学校教学北楼西面有一块大约三十步见方的空地。在这空地上有一棵大榕树，据说已上百岁。虽然树干老态龙钟，盘根错节，但仍然高大茂盛，生机勃勃。它向四面伸展的枝叶，差不多可以荫盖住整个空地。大榕树，给我们挡雨、遮阳；学生在树下做体操、做游戏、看表演。大榕树，给了我们多少快乐，多少启迪，不知不觉中，大榕树精神已在我们心中生根、发芽。受大榕树启发，学校建构了"潮美课程"总体框架（见图1）。

"潮美课程"通过校本化实施国家与地方课程，建设丰富的隐性课程，开发完善校本特色课程，使学校课程像大榕树一样给我们快乐与启迪，让大榕树精神留在我们心中。

"潮美课程"架构为以潮汕文化为树根，以"提升综合素质，为学生终身发展奠基"办学理念为主干，各种课程为枝叶构成校本课程。这一课程理念的要义在于："潮美课程"犹如大榕树，师生都可以从大榕树得到启迪、得到快乐、得到发展，同时又为课程增添新的活力。

图1 "潮美课程"架构

（三）"潮美课程"内容

"潮美"校本课程包括：隐性课程（社区、校园环境），国家、地方课程（学科课程），特色校本课程。其中特色校本课包括拓展性课程、发展性课程和实践性课程（见图2）。

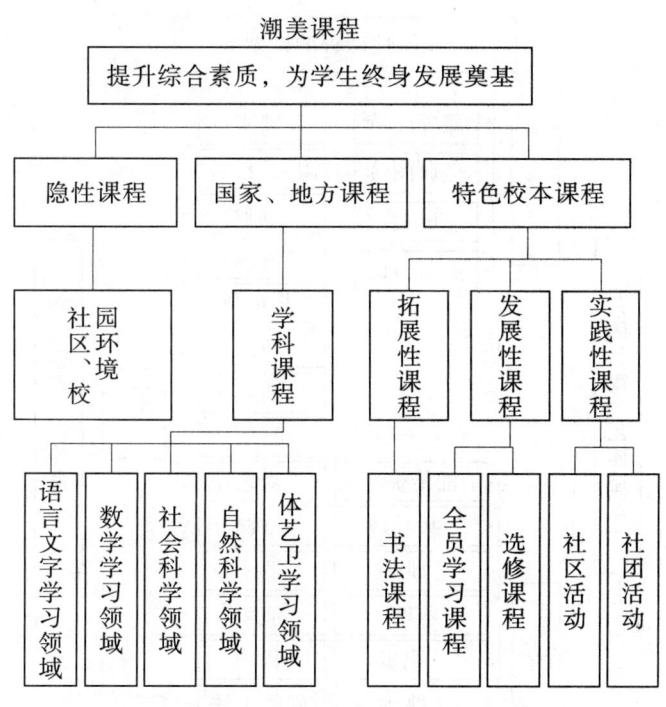

图2 "潮美课程"架构

拓展性课程指一至六年级全员参与的书法课程。书法课开展硬笔书写指导，作为对国家性课程的强化。具体举措为：学校购买书写指导软件，教师利用下午午写时间，指导学生从基本笔画写起，培养认真写、专心练的书写习惯与书写态度，通过竞赛、作品展览等形式激发学生的兴趣。

发展性课程主要包括全员学习课程和选修课程两大主题。全员学习课程包括小公民教育课和特色专业课。小公民教育课系列包括礼仪、健康生活、民主教育等，通过校会、班队会、品德课等渠道实施，全员参与学习，通过日常行为考察。特色专业课有乒乓球、潮汕传统游戏、潮剧、版画。一至六年级每周上一节潮汕传统游戏课；四至五年级每两周上一节乒乓球课；一至三年级每两周上一节潮剧大课，在音乐课上渗透潮剧知识介绍与名作赏析，同时采用多学科全方位参与，如美术科设计、绘画潮剧面谱，语文科对剧本的学习和课本剧的改编，综合实践学科可以了解"戏棚文化"，英语科以潮剧人物的翻译介绍为主，品德科则对潮剧文化进行主题学习等；四至六年级每两周上一节版画大课，融合潮汕风俗习惯、活动，结合历届学生优秀美术作品开发版画校本教材。选修课程是根据"潮美课程"文化特色开设的自选菜单课程，每周开设一节课，包括潮剧、语言艺术、版画、国画、儿童画、油画、工艺、石玩、陶艺、灯谜、硬笔书法、软笔书法、演唱、器乐、舞蹈、乒乓球、跳绳、踢毽子、跑步、跳远、跳高、篮球、足球等。学生可自由选择其中一项进行学习,每学期选择一次(见图3)。

实践性课程以参加实践活动为主,主要活动方式是社区活动、社团活动(学校已成立槐园书社、新绿版画社、合唱团、舞蹈队、器乐组)、教师工作室活动等。学习不局限于课堂,由学生在教师指导下自主确定主题学习。

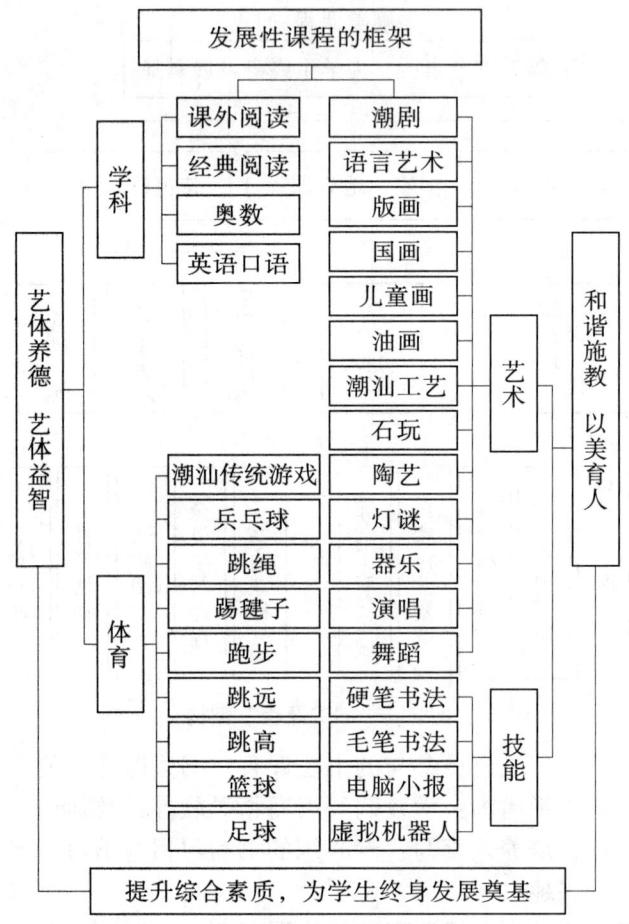

图3 发展性课程的框架

(四)"潮美课程"内涵

1. 家乡美

潮汕文化源远流长,驰名中外。潮汕地区南面濒临海洋,其余三面环山,形成一个封闭而开放的独立体系。潮汕文化既保存了中原古文化的精粹,又吸纳了海外文化的精华,历经了数千年的融汇升华,形成了中国典型的海洋文化,成为与齐鲁文化、蜀汉文化相媲美的中华文化的一支。

潮汕工夫茶名扬海内外。工夫茶有其独特的文化内涵——和、爱、精、洁、思。这五个字的深刻涵养,正体现了潮汕文化儒雅的"和"的思想。喝茶早已成为潮汕人生活中不可缺少的部分。饭后喝茶，闲聊喝茶，茶几乎陪伴着潮汕人的每时每刻。

潮汕地区有"美食之乡"的美称。潮汕小吃是潮汕饮食文化的一朵奇葩，历代民间点心师傅博采众家之长，搜尽地方之特产，精心制作，逐步积累形成丰富多彩、独具地方特色的美食艺术品，更以品种多样、用料讲究、制作精细、配料独特、味道可口而闻名遐迩。例如，春饼、菜头粿、鸭母捻、潮汕蚝烙、牛肉丸、达濠鱼丸、老妈宫粽球、潮汕卤鹅、猪肠胀糯米等。

潮汕地区濒临海洋，海鲜自是必不可少的美味。血蚶就是一种具有地方特色的食品。每逢过年，家家户户都会买一些血蚶。家里人煮一锅开水，把血蚶放进去焖一会儿，大约一分钟后就可以取出来吃了。掰开蚶壳，会看到带着血的蚶肉，吃起来鲜美却不带腥味。

潮汕的风俗习惯也有其特有之处。海洋文化带来的传统习俗，与中原习俗相结合，形成了潮汕地区独有的人文风情。

潮汕地区最具特色的节日要数"出花园"了。每年农历七月初七，家里十五虚岁①的孩子就要举行"出花园"的成人仪式。这一天在潮汕民俗里被称为"公婆母生"。公婆母是一个可以保佑孩子顺利成人的守护神。出花园要拜公婆母，一方面答谢神恩，另一方面是祈求孩子成人后平安大吉。这一天，十五虚岁的孩子要换上全身新衣服，父母在孩子的床头摆上三牲（鸡、猪肉、鱼）和供品，跪拜公婆母神。父母用石榴花蘸水，把水洒在孩子身上。这一天里，孩子照例是不可以出门的，这一年里孩子不可以去陌生地方，也不要参加婚丧礼仪。

潮汕地区的人们供奉着许多神明。地主爷是几乎家家户户都供奉着的。每逢农历初一、十五，人们就会供拜地主爷。大峰祖师则是一位行善积德的得道高僧，被尊称为潮汕慈善事业的开山祖。由于潮汕地区濒临海洋，海神对于潮汕人民非常重要。妈祖是潮汕地区的人供奉的海上女神。凡是有港口的地方就有妈祖庙，妈屿岛有天后宫，小公园有老妈宫，樟林古港有天后宫等。

游神是潮汕地区一项隆重的民俗活动，俗称"营老爷"（即抬着神像巡游），抬着的神像一般是"关帝君"等。各个村子的游神规模、时间都各不相同。

在潮汕民间，保存了大量具有浓厚潮汕文化特色的艺术门类，主要有潮剧、潮州大锣鼓、丝弦乐、潮汕童谣、方言歌、版画、剪纸、纱丁、抽纱、嵌瓷、灯谜、香包艺术等，还有极具澄海地方特色的西门的蜈蚣舞、永新的鳌鱼舞、隆都的双咬鹅舞等动物舞蹈。这些地方民俗文化、民俗风情的艺术门类，富有强劲的生命力，为学校"潮美课程"的可持续发展提供了坚强的后盾。

2. 运动美

"滚铁环"、"抓石子"、"独独双"、"捞虾洗衫"、折纸飞机、打弹珠、"攻城"等潮汕民间游戏是潮汕民俗文化的一部分，易学易懂，不受人数、时间、空间的限制，富有浓郁的生活趣味。小孩在游戏中不仅锻炼了身体，开发了智力，而且在跟玩伴、家人玩

---

① 一种年龄计算法。人一生下来就算一岁，以后每逢新年就增加一岁，这样就比实际年龄多一岁或两岁，所以叫虚岁。

乐时，体会到纯真的友谊和亲情，这对他们的成长是有好处的。

因此，在"潮美课程"总体方针的指引下，学校从社会发展需求出发，结合地区优势，本着"健康第一"的指导思想，广泛开展潮汕民间传统游戏教育活动，使每一个学生都能够知道并了解潮汕民间传统游戏知识，根据自己的兴趣和特点，学习潮汕民间的游戏项目。学校面向 1~6 年级学生开设每周一课时的民间传统游戏校本课程，其中一、二年级开设跳小绳、花毽、折纸飞机、"攻城"、跳房子等；三、四年级开设跳皮筋、"攻城"、打弹珠、投物掷准、"抓石子"等；五、六年级开设跳长绳、抽陀螺、"独独双"、"捞虾洗衫"等。学生平时进行基本运动的学习并在课间自主开展小型的比赛活动。课上教师通过让学生体验不同的游戏形式，使学生掌握跑、跳、投的方法与技巧，从而提高学生的身体素质。从目前的教学效果来看，学生对本地民间的传统游戏非常感兴趣，且有着强烈的学习欲望，对体育表现出空前高涨的热情，在竞争与交流中玩出趣味、玩出水平、玩出特色。

潮汕腰鼓舞、英歌舞、蜈蚣舞、麒麟舞、鳌鱼舞、龙虾舞、鲤鱼舞、布马舞、醒狮舞、双咬鹅舞等潮汕民间舞蹈山海兼容，广场舞、动物舞、仪式舞相生并存，千姿百态，其形成发展涵古括今，具有浓厚的地方特色和审美价值。每逢传统佳节、喜庆活动，潮汕各地根据本地的传统习俗，民间舞蹈纷纷登场，构成一道道亮丽的特色风景线。学校结合潮汕民间舞蹈，创编具有特色的舞蹈。同时，结合乒乓球特色，学校开发集"健身活动、乒乓技术、舞蹈动作"于一体的乒乓球校本教材《大家一起来》，开展"潮美"的大课间活动，提高全校学生的身体素质和审美情趣，培育"向真、向善、向美和向上"的校园文化气质，力争实现"人人会唱歌、个个能跳舞、个个爱运动"的艺体教育目标。

3. 艺术美

澄海素有"海滨邹鲁"之称，文化昌明，民间艺术活动非常活跃。民间艺人队伍庞大，业余艺术团体遍布城乡。在 20 世纪五六十年代，业余剧社（团）最多时全县达到 60 多个，大量新旧剧目上演。澄海还享有全国"民族民间艺术（版画）之乡""民族民间艺术（灯谜）之乡"的美誉，产生了大批优秀的民间艺术作品。

（1）版画

澄海是著名的版画之乡，有着深厚的版画基础。学校正是抓住了这一契机，率先实施版画课程，四至六年级每两周上一节版画大课，同时开设了第二课堂版画特长班，成立新绿版画室，强化版画教学硬件设施，丰富版画品种。学校通过"希望之星"擂台赛这一平台，发现人才并吸收人才进入工作室学习，培养了一支优秀的学生版画创作队伍，逐渐形成了自己的校园艺术文化品牌。学校成为岭南少年儿童版画教育研究会理事单位，被评为汕头市中华优秀文化艺术传承学校，同时也是澄海美术协会版画培训基地。

（2）灯谜

澄海灯谜是一种传统民俗文化。澄海历来文风蔚然，灯谜这种源于古代隐语，发轫于流行民间的童谣谜和中原文化的传介，直到明清时代，已发展成为传统风俗文化。清代康熙版《澄海县志》有谜事活动的记载，其中较有特色的是保留了从宋代临安流传至今的"击鼓猜射"传统开猜形式。

澄海灯谜以其传播知识、启迪智慧的功能和独特的文化价值，深深融入了当地的元宵节、中秋节等习俗之中，成为民间广泛参与的一项文化娱乐活动，而且历久不衰，澄海也因此于2000年被文化部命名为"中国民间灯谜艺术之乡"，澄海灯谜也于2008年被选入第二批国家级非物质文化遗产名录。

（3）书法

学校把写字教学作为校本课程，购买书写指导软件，全面推进书法教育，每周设置一节书法课。一、二年级进行硬笔书法教学，三年级起进行软笔书法教学，着重培养全体学生良好的写字习惯。

学校采用内练外聘的方法，一方面，动员学校有书法兴趣的教师苦练书法，提高自身书写艺术，担任班级指导老师，着重培养全体学生良好的书写习惯和书写兴趣；同时，学校专程聘请书法名家为学校第二课堂书法班成员亲自授课，提高学生书写技能。另一方面，克服硬件设施困难，修建书法教室，购齐了笔墨纸砚，设立了书法工作室，在第二课堂的基础上逐步吸收优秀学生成立"槐园书社"，打造校园书法交流小平台。

为了让更多的学生喜欢书法、亲近书法并徜徉其中，学校整合书法资源，精心组织开展了系列活动。每学期开展一次的"希望之星"擂台赛，浓化了学生学习书法的氛围。每年春节前夕，槐园书社的成员们在书法老师的带领下，开展了"大手牵小手——新春送祝福"活动，为附近村民免费送上亲手书写的春联，赢得了村民的称赞，阵阵墨香引来了更多居民的围观和索要，活动受到了村民们的一致好评。多年来，学校以课堂为阵地，以活动为渠道，开展了丰富多彩的书法社团活动，造就了一批批具有汉字书写特长的"小小书法家"。

（4）工艺

剪纸、抽纱、编织、木雕、陶瓷和泥塑等潮汕工艺美术乃是潮汕人民所创造的乡土艺术，是潮汕历史文化的珍贵遗产。在中华民族文化的滋润中成长发展，形成了独特的地方特色，它们是生动质朴，刚健清新的民族文化；是创新艺术取之不尽，用之不竭的源泉。学校在第二课堂中开设工艺课，把潮汕工艺美术带进课堂，着力发掘民间艺术资源，在继承的同时大胆创新，使学校的艺术教育充满浓厚的乡土气息。

（5）潮剧潮乐

潮剧，俗称"潮调""潮音戏""白字仔戏"，中国十大剧种之一，广东三大剧种之一，是国家非物质文化遗产，有"南国奇葩"的美誉。潮剧以优美动听的唱腔音乐和独特的表演形式，融合成极富地方特色的戏曲而享誉海内外。潮剧是上千年潮汕文化的重要传承载体，也是联络世界各地潮汕人之间情谊的重要纽带。

学校成立了多个兴趣小组和社团，成立了摄影、国画、版画、油画、儿童画、潮剧、书法、灯谜、工艺制作等小组，让学生艺术才能得到了充分的发展，使他们在活动中得到美育的滋润和陶冶，为学生提供一片施展艺术才华、增强艺术素质的天地。社团每月自主开展形式新颖、更贴近学生生活、更富有朝气和活力的团内活动。社团活动为更多的学生提供了感受美的机会，锻炼了学生表现美、鉴赏美和创造美的能力，培养了学生的乐观情绪，增强了学习的自信心，发展了特长与个性，也提高了学生的艺术修养。

四、课程的实施

（一）营造氛围

"以文化人"是教育的最高境界。学校精心营造艺术育人氛围，力求让每一面墙壁都展现艺术教育的风采。在学校会议室、走廊等显眼位置，悬挂装裱精美的书画作品，让每一位到校的师生都能感受到浓厚的艺术气息，从而激发他们学习的兴趣。同时，学校根据实际情况巧妙规划，形成了独一无二的"一、二、三、四"的校园风景线，起到了良好的熏陶作用。

1. 一个"精品馆"——精品荟萃在其间

学校舞蹈室的墙壁被挂上书画，成了一个书画精品馆，馆内琳琅满目、精品荟萃，展览、收藏的全是学校书画高手的优秀作品。只有获得市级以上奖项的作品，才有机会在里面展出。精品馆成了学生心目中的"罗浮宫"，每个学习书画的学生都盼望自己的作品有朝一日能在"罗浮宫"展出，教师、家长更是以此为目标鼓励学生，鞭策学生。

2. 两条"长廊"——南北呼应齐渲染

为弘扬传统文化，营造校园文化艺术氛围，学校特地开辟了校园南北两条长廊。

南面的"文化长廊"以喷画的形式呈现，分为"伟大的祖国""可爱的家乡"两个主题，图文并茂，生动而细致地介绍祖国、家乡的传统文化，让学生在驻足之间受到熏陶，在不知不觉中得到教育。

北面的"艺术长廊"，以班级为单位进行作品展示，并实施动态管理，随时对作品进行更新，由书画厅发展到"艺术长廊"，实现了由点到面的突破，给更多的学生提供了展示书画才能的机会，促进校园艺术氛围的形成。

"艺术长廊"是由各班级学生负责耕耘的"艺术天地"，学生都争着在上面展示自己的作品。各班"艺术家"的作品内容多样，有书画、剪纸、十字绣等，它们大小不一，却布置得错落有致，各具特色。各班级"地盘"之间的方柱上端挂着校园小小书法家们的优秀书法作品，如"恕己之心恕人，责人之心责己""不以善小而不为，不以恶小而为之""谦受益，满招损"等等。整个长廊简朴、大方，置身其中，令人流连忘返。

3. 三个舞台——载歌载舞展风采

（1）古榕树下。

教学北楼西面有一棵大榕树，古老、茂盛，深受学生喜爱。学校充分利用这一得天独厚的教育资源，在树下砌平台，再摆上石椅，四周围起栏杆，树枝上挂起红灯笼，把它变成一个独特的小舞台。每个年级都可以组织学生到这边表演，每个学生都有机会在台上一展风采。展示时，台下人头攒动，不时传来掌声阵阵，台上表演者或唱歌或跳舞或弹奏，个个尽情展现自我，把看家本领发挥得淋漓尽致。

（2）多功能厅。

与大榕树下轻松、率性的表演相比，多功能厅举行的比赛则是紧张而又激烈的。台上选手个个拼尽全力,力争超越他人,获取胜利……台下三百多个座位常常是座无虚席,选手家长全程陪同,观看学生提前占座,课间学生围观者更是不计其数。

(3) 升旗台。

学校前操场的升旗台紧靠办公楼后壁,于是学校把升旗台扩大,再把后壁跟升旗台相连接部分墙面装修成舞台背景,这样一来,一个露天大舞台诞生了。它解决了学校没有礼堂的问题。每学期学校的文艺会演,全校学生艺术特长展示都会在这里举行。烈日炎炎或寒风阵阵都阻挡不了全校师生、家长的观看热情,阻挡不了孩子们对艺术孜孜不倦的追求。

4. 四个"育苗圃"——喜看师生共成长

几年来,学校根据教师专长逐步设置国画、版画、油画、书法等类型的教师个人工作室,有效地激发学生的学习热情,培养出一批又一批的书画苗子,在各级各类比赛中取得了辉煌的成绩,从而带动更多学生喜欢上书画,走上书画学习道路,练就艺术特长。同时,教学相长,教师的专业素养、教学水平也在不断提高,进而更好地培育学生。这些育苗圃将不断拓展,石玩、陶艺、摄影等项目将逐步充实。

(二) 师资培养

学校的发展,离不开学生的发展,更离不开教师的发展。只有教师团队优秀,才能培养出优秀的学生。学校主要通过以下六个方面挖掘教师潜力,健全师资。

1. 做好对艺术教师的校本培训

利用每周一下午第三节的时间作为艺术教师教研活动时间,进行教科研活动,有时还组织教师聆听专家的讲课,有效地提高了教师的政治素质、理论素养及业务知识。

2. 积极选派艺体教师参加各级各类培训

如专职教师的国培、省培提高班培训,兼职教师的普及班培训,以提高教师的业务能力。

3. 成立教师工作室

为了加强优秀教师的示范作用,调动教师的工作积极性,更好地发挥教师各自的特长,以便更好地培养学生,学校还为优秀艺体教师成立个人工作室。达到一定条件的教师均可成立工作室,成立工作室的教师享有自主选拔学生、自行组织活动、定期在工作室进行培训的权利。

4. 提倡贤者为师

通过"希望之星"擂台赛活动,学生懂得了贤者为师,社会各方贤达、家长、兄弟姐妹都可成为自己的老师,他们可以去拜师学艺,拓宽学习渠道。同时,学校依托乡村学校少年宫的优势,按照艺体教育特色的需求聘请社会贤人为辅导员老师,引进民间艺人,丰富艺体教育的内容,增强专业师资力量,提升艺体教育的效益。

5. 大力加强学科教学中艺体教育的渗透

课堂教学的美育意识深入人心,学校艺体教育的主渠道作用得到充分全面高效的发挥。

6. 在教育教学评价中，建立并完善激励机制

学校把艺体教师的教学、辅导、课外训练纳入教职工年度绩效考核，每学期都对在艺体教育中做出成绩，在各级各类竞赛中指导学生获奖的教师给予奖励，不断提高艺体教育在学校发展中的地位，推动了学校艺体教育向更高层次发展。

（三）开展活动

1. "书香浸润"，提升素养

每学期开展的"书香浸润校园"活动，让学生在大量的阅读实践中丰富知识，开阔视野，学会积累，培养良好的读书习惯，让学生在读书中体会语言文字的艺术魅力，在读书中形成健康向上的品格。

（1）全校总动员，营造浓郁的读书氛围。为营造读书氛围，实施"四个一"工程，学校进行全校总动员。"四个一"工程即一次国旗下讲话、一期广播宣传、一节主题班会、一次专题橱窗展示，以确保有效地调动学生的阅读兴趣，形成良好读书氛围。

（2）创建文化长廊开放式书吧与班级图书角，扩大学生阅读量。

（3）设立"古诗文诵读晋级制"，据不同的年龄段设置不同的考核国学书目；开展"寻找家乡美"阅读活动，加强对家乡风俗人情的了解。

（4）注重平时积累，养成留心观察和善于思考的好习惯。通过生活日记、单元作文、小练笔等形式记录下来，结合潮汕农村特有风俗，发挥农村特色，提高作文水平。

（5）开展教师读书交流活动，同时促进家校和谐，尝试让家长参与其中，旨在督促孩子养成良好的读书写作习惯，增进学校和家庭之间的沟通和了解，让书香浸润家园。

（6）开展好"阅读小博士"、"十星"文学少年、"书香班级"、"书香家庭"的评比活动，期末举行隆重的颁奖仪式，激励学生养成阅读课外书的好习惯，人人争当"十星"文学少年。

2. 打响擂台，放飞梦想

为全面提高学生素质，发展学生的兴趣和特长，拓宽学生知识面，培养创新精神和实践能力，学校整合自身和社会教育力量，以"希望之星"擂台赛为平台，面向全体学生进行特长教育，让学生的特长得到全面发展，大力推进了学校的特色教育。学校已形成了地方特色突出，全面培养与重点培养相结合的艺体教育特色。

"希望之星"擂台赛分智慧之星、艺术之星、体育之星、环保之星、文明之星5个大项，共20多个小项。每学期初，学生根据自己的兴趣和特长，选报1~2个项目作为本学期的奋斗目标。报名以后，学生认准目标拜师学艺，选择教师、家长、社会人士或同学为师，充分利用课余时间，把爱好变成特长。学校为报名的学生尽可能提供学习的环境和条件，根据学生报名参赛的情况开设相应的第二课堂项目，为培养技能、形成特长搭桥铺路。在进行辅导的过程中，教师及时跟踪学生的成长，及时发现艺术苗子，选拔人才。学校每学期在期中后举行为期一个月的"希望之星"擂台赛。先以班为单位进行初赛，然后由科组组织决赛，奖励优胜者。每一届竞赛后，学校都认真总结经验，并组织学生进行特长展示活动，将特长生吸收进学校的"希望之星"艺术团进行重点培养。学校形成了一套发现人才、整合教育力量培养人才的良好运行机制。

"希望之星"擂台赛至今已举行了 27 届。每届报名参加竞赛的学生都达到 90% 以上，每届获奖学生达五六百人次。这项活动有效促使学生主动发展、全面发展，在活动中获得成功的快乐。2006 年，新加坡小学校长考察团来我校参观考察后，对"希望之星"擂台赛的做法也产生了浓厚的兴趣。2007 年，新加坡南洋小学、德行小学为此专门组织学生，到我校进行为期 4 天的参观交流活动。

3. 社团活动，培养特长

近年来，莲下中心小学通过对潮汕民间艺术的调查、收集、整理和归类，根据学校自身办学特色引进了大量民间艺术教育资源，并经过教学实践形成了众多的教学案例，形成地方、校本教材，有效地提升学校特色教育。在教学中运用地方艺术教材，可使学生对民族民间艺术有一个正确的认识和了解；把一些有较高艺术性的以民族民间艺术为素材创作的艺术作品和经过改编的民族民间艺术作品介绍给学生，可使学生认识到民族民间艺术是当地文化的组成部分，从而培养学生热爱民族民间艺术的情感，增强学生维护、发扬光大民族民间艺术的责任心和自豪感。这种情感意识会对继承和发展民族民间艺术有着积极的作用。同时，乡土艺术具有浓郁的地方和民族特色，通过学习乡土艺术教材，可加深学生对家乡的风土民情、民俗文化的认识和了解，培养学生热爱家乡与热爱家乡的教育事业的情感。

4. 艺术课堂

课堂教学是教师有计划地引导学生掌握艺术知识和技能、认识艺术世界的过程。莲下中心小学的艺术教师们会在音乐课堂上有意识地加强介绍潮乐、潮剧、潮曲的特色和技巧，师生有时还会即兴表演。在美术课上，他们会介绍澄海作为"版画之乡"的文化历史，把当地工艺美术引进了美术的课堂教学，如丝网版画、羊毛编织、民间玩具等地方工艺美术，使教学内容具有地方性和实践性，使课堂教学更为生动。在教学方式上，学校根据教材的基本内容，通过"经典引导"与"乡土渗透"相结合的方式，走出了一条把现行国家教材与乡土教材进行高度整合的成功之路。学校艺术教育将地方传统民间艺术引入课堂后将有助于学生具体生动地感受家乡的政治、文化、经济、历史传统等方面的变迁，增强学生对家乡的归属感。大力推进地方艺术进课堂，营造校本艺术教学的浓厚氛围，在家乡悠久历史文化传统中体验生活、升华情感，提高学生参与社会生活的素质和能力，这才是教育之根本所在。非物质文化的保护越来越受到各级各地政府的重视，让优秀的地方艺术内容走进课堂确实不失为对民间艺术传承和保护的一个行之有效的途径。

5. 课外艺术活动

课外艺术活动是中小学艺术教育的重要组成部分，是课堂教学的延伸和拓展，适当地开展课外艺术活动，对中小学艺术教育的发展能起到极大的推动作用。

在澄海这样一块具有浓厚地方艺术氛围的土地上，学生开展课外艺术活动具有得天独厚的条件。莲下中心小学组建了大量业余课外兴趣小组，大部分学生能够得到学习的机会。这些课外艺术活动既符合艺术教育的普遍规律，又带有鲜明的地方特色，十分符合当地农村学校的艺术教学现状。例如，将潮汕儿童版画和书法引入课堂和课外兴趣小组，近年先后出版了《艺苑新绿》《莲下中心小学环保教育作品集》《童心飞扬》等学生美术作品集，30 多件学生作品发表于各级刊物或收集于画册；音乐方面，积极探索自制的具有潮州音乐特色韵味的"竖吹潮音"进入课堂，在将澄海动物舞蹈和潮州锣鼓引入课堂等方面做了大量有益的探索，自编地方舞蹈、自创潮语童声合唱节目、鼓励学生创作反映澄海地域特色的美术作品。经过几年的探索和努力，学校在全国第四届中小学生艺术展演活动中一举取得了1个全国一等奖、5个全省一等奖的佳绩。

（四）素质考核

课堂是教育的主渠道。只有认真落实抓好课堂教学，艺体教育才能落到实处。学校努力做好以下两点。

一是开足开齐艺体课程，狠抓艺体教学常规管理，做到"三个确保"，即确保每个年级每个班级每学期高质量完成艺体课程的教学任务；确保其他学科不占用艺术课程；确保开足开齐艺体课程。

二是落实考核制度。学校制定《莲下中心小学学生艺体素质考核表》，在平时、期末对学生的艺体水平进行评定，实施必试加特长展示奖分评价考核模式。学生的艺体素质考核作为其他评优的一个必备条件（见表1）。

表1　莲下中心小学学生艺体素质测评表

班级：　　　姓名：　　　座号：

方式	序号	测评项目及分数	得分
教师评定	1	平时学习表现（50分）	
	2	期末学业测试（25分）	
	3	艺体项目特长（10分）	
学生自评	4	校内艺体活动（15分）	
	5	校外艺体活动（10分）	
合　　计			

说明：

（1）第1项平时学习表现包含平时学习的出勤率、参与度、学习任务完成情况及理解和掌握课程标准要求的基础情况评价。

（2）第2、3项期末由教师现场测评。第5项校外艺体活动为加分项。

（3）第4项校内艺体活动自评依据：

①达到以下一个或多个要求即可获得5分。

A. 认真观看擂台赛或学校文艺表演或自觉进行大课间活动。

B. 积极参加学校艺体兴趣班的学习或加入学校艺术团、乒乓球队、运动队。

②参加学校擂台赛、运动会可获得5分。

③擂台赛获奖者可获得5分。

④上面三项分数累计即为第4项总得分。

（4）第5项校外艺体活动自评依据：

①主动积极参与社区、乡村艺体活动，欣赏高雅的文艺演出或参观展览等加5分。

②主动学习优秀的民间艺术加5分。

③上面两项分数累计即为第5项总得分。

五、课程评价

在"潮美课程"的实施过程中，学校通过建立评价机制和管理机制，来实现保障"潮美课程"的有效实施。它主要包含对学生的评价和教师的评价。

（一）对学生的评价

"潮美课程"实施中对学生的评价主要采取多元化的评价机制，运用分项考查、分阶段检测的方式，采取行为观察、情境测验、学生成长记录等多种方法，通过自评、他评、教师评等互动评价方式，对学生各学科课程的学业评价、"潮美课程"的学习评价以及促进学生个性成长的活动课程的评价。评价分两种方式：一是对学生在学习"潮美课程"过程中的情感态度、参与状况等发展状态进行分项评价，帮助学生认识自我、建立自信、培养领导力，提升学生的核心素养；二是对学生学习"潮美课程"进行分项考查，不同学科不同项目采取不同方式不同的标准，采取实践、口试、笔试等方式对学生进行分学科、分项目的评价，保障各层次学生得到全面、多元、客观的评价与发展，促进学生个性化发展。从课程的可持续性发展和学生成长需求入手，分别对课程的开展、学生的学习形成专项评价表《莲下中心小学"十星"文明少年评分细则表》。

（二）对教师的评价

学校全面规范课程管理，规范教师的教育教学行为，在开足开齐开好国家课程的基础上，从教师的实践、教师素养发展出发，依据《莲下中心小学教育教学常规管理办法》，在备课、上课、作业、辅导、考核评价等各环节向教师提出具体教学措施，每学期分年级组织学生、家长进行问卷调查、座谈等，实时了解每位教师的教学动态，了解每一位教师在日常教学中的优势及存在的问题和不足，并通过行政调控，让教研组、备课组对其进行帮教整改；定期或不定期检查教师的学期教学计划和工作总结等，并将检查情况记入月度绩效考核之中。此外，学校还建立推门听课、跟踪听课指导制度，确保课堂教学质量，不断提高教师教学水平。同时，学校鼓励教师积极进行各种适合学生发展的课程改革与创新，采取多元化评价机制促进课程的设计、建设和实施，提高教师课程开发的针对性和实效性，通过对教师的听课与评课、课程资源开发与运用、教学研究与教学质量情况等方面全面、综合、客观地评价教师，专门制定《教师教学质量目标奖励制度》《教师特殊贡献奖励制度》《师生获奖激励制度》提高教师开发与应用课程资源的积极性，提升教师的专业素养及幸福感。

评价以教师自评为主，家长、学生评价相结合，形成"潮美"校本课程的实践评价体系。

"潮美课程"的成功建构与实施，特色学校的创建，带来了巨大的社会影响，学校得到了各级各类学校广泛的认同，许多学校组织教师前来参观交流学习；同时获得了家长的大力支持，很多家长都把能将孩子送到我校读书视为一件光荣的事情。

多年的打造使学校的特色教育得到彰显。学生因特色教育而生活得丰富多彩，因特色教育而能歌善舞、多才多艺，因特色教育而学习得轻松快乐。通过狠抓特色教育，师生的品德素养得到提升，学校连续多年获得区教学质量先进奖、均衡奖，真正实现了学校的全面发展，提升了学生的核心素养。

第二部分
学校品牌特色课程

原色"悦读"课程的建构与实施[①]
——以广州市越秀区旧部前小学为例

金秀玲　何妙婉

一、学校简介

广州市越秀区旧部前小学(以下简称"旧部前小学",现有34个教学班,学生1 100余人,在职教师70余人。校园占地面积13 015平方米,布局现代化且科学合理,净化、绿化、美化,具有良好的生态和人文环境,是广东省书香校园、全国少先队红领巾阅读推广计划示范学校、广东省中小学数字化图书馆示范学校、广东省中小学书香童年全民阅读特色学校。2012年,学校走上了新课程改革之路,多年来在探索中前行,在前行中建模,努力提升学生的核心素养,培养全面发展的人。课程改革传承了学校多年丰富的教育经验,并加以创新,形成学校教育的新优势。

旧部人的共同愿景是让学校成为"智慧乐园、创新学园、和谐家园"。旧部前小学传承百年的校史,一直追求教育的根本,追寻教育的基本功能。这就是教育的"原色",也是旧部文化的原点。因此,旧部的"原色文化"代表两层含义,一是传承,传承旧部前小学(包括合并的泰康路小学等几所小学)近百年优秀的传统文化和教育教学特长及优势之处,体现教育的底色、教育的基色;二是创新,根据新旧部前的特质(硬件和软件条件),为学生个性发展、特长发展打好坚实的基础,用"三原色"调制属于每一个学生绚烂而独有的颜色,描绘出美丽的人生(小学阶段)画卷,为以后的发展奠定生命的基色,打好人生规划的根基。"所有人的教育,人的所有教育,人的个性发展"一直是我们的教育追求。近两年,通过原色课程的构建与实施,学校取得了喜人的成绩。

[①] 本文写于2019年5月5日。

二、原色"悦读"课程开发的历史背景

在旧部前小学的大榕树下、科梦园的"养心亭"里、风雨操场中都能看到手不释卷的师生们,在师生心中,阅读是一件美好的事。但是,通过阅读却可以穿越古今,遨游世界,透视他人的心情,体验不一样的人生。醉心于书的世界,阅读为旧部学生带来了一个充满无限可能的多彩世界。因此,当阅读研究发展到一定程度时,我们就思考把阅读活动课程化,从而提升学生的核心素养。

(一)"悦读"课程开发基于世界优秀传统文化的传承

当前正在全国展开的基础教育课程改革,直指语文教学凝固、封闭、僵化、低效的弊端,催生这富有活力的学生发展核心素养的课程。旧部前小学是广东省书香校园,从20世纪80年代开始一直重视学生课外阅读活动的开展,近年来,在学校"原色教育"的研究中,着力构建和实施培养学生语文素养的阅读课程。当前是世界文化大融合的阶段,东西方文化间互相交流、互相渗透。芬兰,是世界上国民阅读教育做得最好的国家之一。在PISA(国际学生评估项目)测试中,芬兰的成绩非常好。芬兰也是世界上人均阅读量最多的国家之一,可以说,阅读是芬兰教育的符号。而要做好优秀传统文化的传承,就绝不能自我封闭,既要海纳百川,又要守住传统文化的基本元素,让我国优秀传统文化永葆生机。

中华民族悠久灿烂的传统文化中蕴含着深厚的文化资源和祖先的情感象征,它涵盖了道德、伦理、哲学、政治、经济、社会生活等多方面内容,是中华民族智慧的结晶,是中华民族赖以生存的文化基石。2017年,习近平总书记在党的十九大报告中指出,深入挖掘中华优秀传统文化蕴含的思想观念、人文精神、道德规范,结合时代要求继承创新,让中华文化展现出永久魅力和时代风采。习近平总书记强调,培育和弘扬社会主义核心价值观必须立足中华优秀传统文化。2018年5月,习近平总书记在北京大学考察时也指出,中华优秀传统文化已经成为中华民族的基因,植根在中国人内心,潜移默化影响着中国人的思想方式和行为方式。因此,当"悦读"发展到一定程度时,就要把阅读课程化,在快乐阅读中提升学生的核心素养。

(二)课程开发基于小学生综合能力发展的需要

课外阅读是小学语文教学的重要组成部分,对小学生的语文学习有着重要的作用。随着新课程改革的深化,小学语文教材已经不足以支撑整个语文教学过程,需要靠大量的课外阅读,以提升小学语文教学水平,促进小学生的综合发展。学习语文的一种重要的方法就是多读。多读才会有量的突破,才会有质的飞跃。《义务教育语文课程标准(2011年版)》对小学生的阅读提出了明确的要求,课标明确指出,要让学生具有独立阅读的能力,学会运用多种阅读方法;有较为丰富的积累和良好的语感,注重情感体验,发展感受和理解的能力;能阅读日常的书报杂志,能初步鉴赏文学作品,丰富自己的精

神世界。2016年12月，我国首个国家级"全民阅读"规划《全民阅读"十三五"时期发展规划》颁发，要求推动全民阅读深入基层、深入群众，并大力促进少年儿童阅读，坚持少儿优先。《国家教育事业发展"十三五"规划》（国发〔2017〕4号）在"全面落实立德树人根本任务"部分也明确要求"积极引导学生阅读欣赏中外文学艺术经典"。

不难看出，阅读对小学生语文素养的培养和终身学习发展有着极其深远的影响。而只靠课本上的文章，是难以达到要求的。课外阅读在这里就顺理成章地引起大家的关注。这就要求挤出大量的时间，并将其还给学生，让学生有时间去课外广泛涉猎，扩大阅读面，增加阅读量，有所积累，有所沉淀。

"原色文化"思想最初源自金秀玲校长研究并率先提出为"每个孩子打下生命的底色"的三种基色：红色、绿色和蓝色。从"原色文化"出发，学校教师团队开始了原色课程体系的研发。原色课程体系是一个"校本化三维课程体系"，它涵盖了"国家及地方课程""校本课程"及"品牌课程"三者，三大课程组成了一个三维的立体框架，它们如同立体坐标中的X、Y、Z三轴，在三者共同作用下全面发展学生的核心素养。

在"原色文化"的研究过程中，旧部前小学的书香校园建设一直在持续发展中，并在如何加强"小学生阅读素养"的核心问题上做进一步探索：如何对课外阅读资源进行优化整合；如何引导学生自主建构，在主体需求的基础上进行主体阅读，做阅读的主人；如何立足于课外阅读课的研究，构建可操作性强的小学课外阅读基本课型，处理好课内阅读与课外阅读的关系，稳步推进学生语文素质的培养，进一步提高语文教育质量。于是，旧部前小学的原色"悦读"课程应运而生了。

（三）"悦读"课程开发基于旧部前小学悠久学校品牌的深化发展

核心素养落地的根本途径就是课程，只有通过学生们学习的课程，才能真正使学生的核心素养逐步达成。学校的教育理念是为学生成长奠定生命基色，办学目标是培养有自信、有志向，爱生命、乐交往，善思考、爱探索的旧部学子。学校从1980年进行单项改革开始，在全校学生中开展读书活动，提出"语思统一，口语同步，内外结合，注重基础"；1984年提出"建立以课堂教学为基础，课内外结合的新体制"，1988年又提出"从单项改革到综合的整体改革"。读书活动在全校学生中开展，并不断深入、扎实、有效地发展，占领了学生的课余阵地，丰富了学生的学习生活，促进了学校德育和教育质量的提高，建立了语文教学的特色。

在旧部前小学就读的学生们，每学期不仅要积累20首古诗、10首儿童诗和现代诗、10篇古文，还要阅读各类名篇，如文学类、科普类、人文类等必读书目和家长、教师推荐的选读书目。同时，学生还可以参加学校开展的阅读活动，如电影课、小剧场表演、与作家面对面交流等。阅读为每个学生的生命涂抹了明亮而温暖的色彩。

近年来，在原色文化的研究过程中，学校紧紧围绕"为学生成长奠定生命基色"这一办学理念，开发和落实原色课程体系，构建红色、绿色、蓝色课程群。红色是坚持德育为先构建本课程群；绿色是坚持以人为本构建本课程群；蓝色是坚持创新导向构建本课程群。学校的原色课程之一，寓意人文与生命的绿色就是"悦读"课程，以科研课题为依托引领教学实践，打造精致多元的"悦读"课程体系。通过多年的实践和探索，学校走出了一条独具特色的阅读课程之路。

三、原色"悦读"课程的开发进程

怎样让孩子在喜闻乐见的基础上进行课外阅读，进行智能的提升、知识的积累、阅读素养的培养？在传播文化科学知识的同时，教师要利用"悦读"课程将科学思想、科学方法和科学精神渗透给学生，提高学生的核心素养。

（一）基础条件完善，铺就书香之路

旧部前小学在办学过程中，高度重视校园文化建设，营造良好的书香校园氛围。学校有一个充满现代气息复式图书馆，面积约1 000平方米。一层是教师和学生借阅部；另一层是学生阅览室，分为低中高学段三个阅览室。馆内藏书种类齐全，其中经典文学名著高达63 231册。

（二）加强阅读领导，规划书香之路

为确保"书香校园"创建活动有序顺利地进行，学校健全了领导小组，由校长担任组长，学校副校长、教导主任担任副组长，语文科长、各年级级长、语文教师、图书馆管理员为组员。领导小组确立了以"宁静致远"和"潜心读书，丰富内涵，促进发展"作为学校创建"书香校园"的目标。

（三）科研课题引领，打造书香之路

学校推进教师积极走进"课外阅读"课题研究领域，2011—2016年，学校开展市级课题子课题"小学各学段学生课外阅读的指导与实践研究"的研究，取得一定的研究成果并顺利结题；2017年4月，学校课题"小学生课外阅读有效性策略研究"得到广州市越秀区"十三五"规划课题的立项，由语文科组老师参与课题研究。通过开展课外阅读课题研究，探索出富有学校特色的"小学课外阅读基本课型"，通过开展课外阅读课题研究，学校大力开展阅读实践活动，营造班级"阅读文化"，进一步打造书香校园；通过课题的研究，推进教师积极走进"课外阅读"的研究领域，探索出适合小学生课外阅读的基本课型。

（四）引领阅读，让师生走书路

1. 建立健全的读书组织——加强读书引导

旧部前小学历任校长重视在师生中深入开展读书活动。从20世纪80年代起，学校成立了"旧部1+1教师读书会"，寓意"一个你，一个我，大家共同营造有意义的读书生活；一个教师带动一个班级，一个孩子带动一个家庭，在浓浓的书香中寻找幸福人生"。读书会鼓励教师读书，写读书心得体会；鼓励教师在读书中不断反思自己学习新知识的情况，不断丰富知识，做智慧型的专业教师；鼓励教师以自己的读书理念、读书言行去引导学生，成为学生读书的"发动机"，让学生受益一生。

2. 创设宜人的读书环境——营造读书氛围

学校在走廊墙壁上设置了"课外阅读专栏",展示了"好书推荐""读书之星"等内容;每根廊柱上悬挂了有关读书的名言和古今中外名人的读书故事与方法;沿楼梯墙上张贴着开展读书活动的各种照片;电子屏上、校园广场内定期显示或悬挂张贴读书活动的主题和口号……浓浓的书香环境,不仅充分调动了学生积极开展阅读活动的积极性,还潜移默化地对学生进行了品德渗透教育,让学生在潜移默化中变得文明、高雅起来。

3. 建设先进的校园网页——促进读书共享

学校创建了书香校园的网页,把学校开展读书活动的方案、活动总结等情况放在网站;根据学生的年龄特点,教师会定期向学生推荐优秀阅读书目,并引领学生上网阅读、发表读书心得及感受等,互相交流和评论,共同享受阅读。

四、原色"悦读"课程的设计

(一)课程理念

原色"悦读"课程是原色文化课程实施过程中的重要组成部分。"阅读,为孩子打下人生的精神底色"是学校原色"悦读"课程的课程理念。在阅读中,引导学生走进古代文学,走近文学大师,和思想和文学的巨人进行精神对话与交流,引领孩子们发现和热爱文学之美。这就使孩子从生命发展的起点上,占据了一个精神的高地,即"站在巨人的肩膀上",登高而远望,扩大视野和境界,这对孩子阅读素养的提升、性格的培养,对孩子一生的发展,所产生的深远影响是毕生受益的。

阅读,是最好的整合母体,是点亮学生核心素养的"明灯"。全学科"悦读"课程打破学科边界,以善于学习为核心,在阅读中培养学生的学习习惯,提升阅读能力、思辨能力。学校将"课外阅读课内化,课内阅读教学化"。旧部前小学原色"悦读"课程以阅读为主要载体,重在培养学生的语文素养,课程立足于课堂,通过每天晨读、每周一节课外阅读课、阅读实践活动等,开展对必读书目和推荐书目的阅读教学,将小学阶段的阅读目标化、系统化,基于对民族和世界经典文化的传承,让学生在阅读的同时传承民族传统文化,实现多维度整体育人的教育理念。

(二)课程目标

20世纪80年代开始,旧部前小学就有领导、有目的地组织学生开展课外阅读活动,通过多年的实践和探索总结出了一套切实可行的操作模式,并制定出了《旧部前小学各年级阅读目标要求》和《旧部前小学学生必读书目》。现在,作为教学之余的有益探索的课外阅读课程日趋完善,已发展成为学校的校本课程。

通过这样的校本课程,引导学生通过校本课程的学习,丰富知识、培养情趣、全面提高听说读写等各方面的语言能力,发展思维,塑造价值观,激发对母语的热爱,提升学生的核心素养。

1. 总体目标

第一，培养热爱祖国语言文字的情感，学生具有课外阅读兴趣和良好的阅读习惯；能利用阅览室、图书馆、网络查阅资料，培养初步的收集和处理信息的能力；能学会使用常用的语文工具书，借助工具书阅读浅显古诗，扩展自己的阅读面；能主动进行探究性学习，在实践中学习运用语言文字，学会写读书心得，培养和提高听说读写的能力。

第二，学生能利用多种渠道扩展自己的阅读量，课外阅读总量应在145万字以上，并学会朗读、默读、复述、精读、略读、浏览等读书方法。默读要求有一定速度：小学毕业生默读一般读物每分钟不少于300字；小学阶段背通优秀诗文312篇（段）。

第三，学生在阅读中学会独立思考，具有独立阅读的能力、丰富的情感体验，形成良好的语感；学会选择课外阅读书籍；能初步理解、鉴赏文学作品；受到高尚情操与品味的熏陶，发展个性，丰富自己的精神世界；初步掌握科学的思维方法。

第四，在阅读中，培养爱国主义情感，培养社会主义道德品质，形成积极的人生态度和正确的价值观，提高文化品位和审美情操。

2. 具体目标

"悦读"课程安排设置每学段必读与选读书目，结合推荐相关图书，对学生进行指导，具体达成以下目标。

（1）低年段：通过绘本、童话故事的阅读，让学生喜欢阅读，在阅读中初步培养学生的审美雅趣；让学生从绘本阅读过渡到文字阅读，激发学生对于母语学习的热爱，感受阅读的快乐；愿意把自己看到的故事、儿歌讲给小朋友听，乐于分享阅读的内容；在阅读中，主动积累成语、对联、格言警句、古诗词等，背诵优秀诗文不少于20篇。课外阅读总量不少于5万字。

（2）中年段：通过阅读，指导学生把握文字内在的逻辑表达，根据提取的文本信息，形成一定的推理信息能力，并能统整所有信息。进而理解文本的主要内容，体会文学作品所表达的情感。在阅读中能积累词句加深对文本的理解，并逐步运用到写作中。通过大量阅读、背诵古诗词和古代经典名篇，让学生对传统文化有所理解，并进一步达到运用传承。在阅读后，学生能够主动与他人交流，并在交流分享中逐步完善、提升自己的见解。通过阅读不断提高自己的习作水平。养成读书看报的习惯，收藏并与同学交流图书资料。背诵优秀诗文不少于60篇，课外阅读总量不少于40万字。

（3）高年段：在阅读中，引导学生运用课内习得的阅读方法，逐步提高学生准确提取信息的能力。通过文本细读，学习对作者的写作手法进行评价，初步形成一定的文学鉴赏能力。通过阅读能力的提升，学生可以阅读所喜爱学科的课外读物，达成对学生个性化需求的培养。在阅读后，引导学生联系自己的生活与作者的观点进行比较，初步培养学生的思辨能力。通过绘画、朗诵、戏剧表演等手段表现自己对文本的理解，通过阅读全方位提升学生的综合素养。学生能够运用自己的阅读能力，进行多学科的阅读。利用图书馆、网络等信息渠道尝试进行探究性阅读。扩展自己的阅读面，课外阅读总量不少于100万字。

（三）课程内容

课程内容主要是构建可操作性强的小学课外阅读基本课型，落实小学各年段课外阅读数量和阅读书目，努力探索小学生课外阅读科学的评价体系和探索小学生课外阅读实践活动的实施途径及有效策略研究。

（四）阅读方法

1. 上好阅读课，激发阅读的兴趣

教师给学生上好每一节课外阅读课，激发学生对于母语学习的热爱，让学生感受阅读的快乐，并掌握阅读方法。

2. 坚持每天阅读，养成良好的阅读习惯

每天坚持通过"师生共读一本书"、亲子阅读等方式阅读 30 分钟以上，养成良好的阅读习惯。

3. 开展阅读专题活动，推动阅读素养的形成

开展每年一度的"书香节"系列活动、整本书阅读、作家进校园、诗歌（童谣）创作活动等主题阅读活动，在活动中提升学生的阅读素养。

例如，整本书阅读，孩子们的阅读方法是：阅读前，首先让学生了解书名、封面、作者和配图。然后，教师让学生想一想已经知道了什么、书名让自己想到了什么，作者让自己想到了什么等。阅读时，要做到静心阅读，善于提问，动笔积累。阅读后，要回顾复习，思考感悟读了整本书自己有什么感受、为什么喜欢故事内容，并联系生活实际思考故事给自己什么启迪。

五、原色"悦读"课程的实施

读什么书好、怎么读好书，一直困扰着教师和家长。如何引导学生多读书、读好书，已经成为语文课程改革成功的关键。

原色课程体系实施的基本要求是坚持"让每个人在课堂上都有一个位置"。教学面向个性不同的学生个体，给学生提供更为充分的、个别化的教育，使每个学生得到最大限度的全面和个性化发展。每个班学生人数控制在 35 人左右，配备 1~2 名教师，围绕学生个体发展开展教学活动，实现"四个更多"：更多的教育资源、更多被关注的机会、更多与教师交流的时间、更多参与活动的机会。学校通过形式多样的读书课程和主题活动，在语言学习与运用中促进了学生的思维与精神生长，为学生的语文素养打下了深厚的底子。

（一）营造浓厚的阅读氛围

1. "智慧阅读"图书馆开放

每周一、三、四，学校定期对不同年段的学生开放图书借阅，由高年级学生进行自

主管理，学生根据学习的单元主题文章以及老师、同学推荐的书目自主选择1~2本图书进行阅读，在学校和班级里与老师、同学一起"共读一本书"，晚上在家里和父母进行亲子阅读活动。

2. 建立班级特色的班级图书角

由学生们自行设计和装扮自己班级的图书角，每学期每位学生带上2~3本自己已经阅读完而且还比较新的图书放在班级图书角，由班上图书管理员进行管理，让图书在课间"漂流"起来，孩子们还可以两三个人一起阅读，交流阅读感受。

3. 开展家校阅读推荐和分享活动

学校在每年"4·23"世界读书日启动一年一度的读书节系列活动，其中一项就是"家校合作共读"。学校以"致书香家庭的一封信"向家长发出家校合作阅读的倡议并提出具体阅读方法；在每年5月份举行的"家长开放日"邀请家长到校参加"朗读者"亲子阅读活动，活动得到了广大家长的肯定。家校合作共读，不但加强了学生和家长的亲子关系，也提升了学生的阅读素养。

（二）学生阅读档案袋的建立

阅读能力的培养是一个长期积累的过程。在旧部前小学，每一位小朋友都有一个属于自己的阅读档案袋。这小小的袋子，装载着孩子们沉甸甸的阅读历程，从孩子们踏入旧部前小学校门的第一天起，他们阅读过的书，摘抄过的好词好句好段，以及再长大些，他们对阅读的心得体会和感悟，都通过他们的阅读记录卡、阅读评比表、阅读精华录、创意读书卡等形式一一呈现和收集在其中。

阅读档案袋里装满了学生长期以来阅读的喜悦与感悟，当他们在翻阅自己和翻阅同学的阅读档案时，都是一次直抵内心的阅读体验。因此，这些独具特色、与众不同的阅读档案，记录的不仅仅是孩子们阅读路上的点点滴滴，更是他们文学底蕴和人文素养的积淀与升华。

（三）打造品牌阅读课

"不会阅读的民族是没有生命的民族"，只有经常阅读，才可以改变我们的人生，使我们充满希望。学校非常重视教师和学生的阅读，制定《旧部前小学读书活动工作计划》《旧部前小学教师读书活动制度》等规章制度，统领学校的书香校园活动。利用早读、午间红领巾广播等时间开展各种全校性的读书读报活动，实施课外阅读"长短课"、成立古韵国学特色社团，形成校本课程，旨在引导学生充分利用书籍、报刊，拓宽学生的知识面，开阔视野，提高学生的综合素质；为学生搭建阅读的平台，营造了学校浓郁的阅读氛围。

1. 实施课外阅读"长短课"

（1）短课：诗文欣赏课。①每天坚持课前三分钟的经典诗文诵读。我们在每一节语文课的课前准备时间（约三分钟）由语文老师或者语文科代表组织诵读经典诗文，让学生经常诵读经典，不断提高学生的语文素养。②语文老师在课前三分钟诵读中最少有一次指导性的诵读，起示范引领作用；学生每周至少背诵一篇经典诗文，每学期背诵诗文不少于20篇，期末结合课外阅读的开展，评选各班的"阅读之星""诵读之星"。③学校安排每周四下午2：10—2：25这15分钟里通过红领巾广播站给全校师生上阅读欣赏课，指导学生赏析文学名著。

（2）长课：即课外阅读课。语文老师每周在语文课上，选出一节课作为课外阅读课，开展课外阅读指导活动，包括兴趣激发、指导阅读和阅读分享等环节。

2. 建立阅读课基本课型模式

重视对择书的指导，课外阅读需要"择真""择善""择美"。多读一些代表先进文化方向的优秀作品尤为重要。因此，在语文教学时，结合单元主题，教师和学生会"同读一本书"，并向学生推荐相关书目。同时，还重视对阅读方法的指导，坚持上好每周一节课外阅读课，由此课外阅读课成了我校特有的一门校本课程。学校规定每周一节的阅读课要有教师的具体读法指导，通过课外阅读课型的研究，把"推荐文学经典读物介绍课""指导阅读文学经典读物方法课"和"交流心得汇报课"作为基本课型。每个年级每个学期有一套课外阅读教学设计，使课外阅读指导不同于课堂的阅读教学，既灵活生动又注重实效。

3. 实施"实践日"课程

学校树立"学校的一切教育活动皆课程，一切课程皆为了学生的发展"的课程思想，以"四学"（学做人、学做事、学锻炼、学合作）为课程理念，以"快乐阅读，感悟成长"为课程目标，构建符合学生成长需要的阅读课程内容，让学生在阅读中激发兴趣，提高人文素养的快乐体验。学校每月都会定下与季节或传统有关的阅读内容，开展一天的阅读实践活动，如在四月，学校开展"烟花四月，共话清明"的阅读实践活动，通过阅读清明文化习俗、诵读清明古诗词、阅读相关书目等阅读实践活动，让学生在欣赏古诗、缅怀先烈、聆听故事中，了解传统节日悠久历史渊源、深厚文化内涵和丰富的民俗活动。

4. 开展"跟着课本去旅行"活动课程

读万卷书不如走万里路，有时候旅行的意义并不在于路途的远近，而在于过程中的体验和收获。每逢节假日，学校提倡家长带着孩子举行"跟着课本去旅行"活动课程，这不仅仅是一次单纯的以课本为向导的旅游活动，更是一次把课文知识、课本内容与实际相结合的户外课堂。在旅途中，书本知识与大自然紧密地融合，知识点立体地被展现在孩子们面前，既"读万卷书"又"走万里路"。跟着课本去旅行，将课堂与旅行有机结合，让学生走出课堂学习，感受学习语文的快乐，激发学习和阅读的兴趣。在活动中，教师还请家长和学生利用微信、喜马拉雅APP等现代化交流工具，上传自己朗读、旅行的感受，和同学交流旅行感受。这样一来，可以丰富学生的语文学习，给孩子们打开一扇别有洞天的精彩之门。

（四）成立古韵国学特色社团

旧部前小学"古韵国学社团"成立于2002年，社团由三、四年级有兴趣和特长的学生组成。国学社团诵读的内容有《三字经》《弟子规》《笠翁对韵》《千字文》《论语》等经典诗文。每周二下午定为固定的社团活动时间。每次活动，都会确定主题，在教师的指导下，在图书馆或课室里展开相关的读书体验活动。学生还利用学校的红领巾阅读时间，分主题讨论、交流自己积累的经典名句。在学校多次举行的读书读报汇报活动中，国学社团向全校同学宣传诵读经典诗文的好处，把中国的古典诗文这一经典国学发扬光大。

（五）推广"悦读"系列活动

为了使阅读取得更好的效果，学校开展形式多样的系列读书活动为师生阅读搭建舞台，将学校的书香校园的建设工作不断推向深入。

1. "读书节"系列活动

每年"4·23"世界读书日期间，学校都会举办一年一度的"读书节"活动，带领师生进行经典诗文书法大赛、古诗诵读擂台赛、手抄报比赛、读后感比赛、作文比赛等各项比赛，并邀请师生家长一起，进行经典美文诵读，进一步营造书香校园文化。

2. "书香"系列活动

学校每年都会评出"书香班级"、"书香家庭"和百名"读书之星"，奖励给他们书籍。每个学期学校都会举行"语文活动周"活动，根据学生的年龄特点开展"故事大王竞赛""诵读经典美文""语文知识竞赛"等不同形式的专题活动，分年级进行学生阅读作品展示、创意读书卡等评比活动，这些形式丰富的读书活动使校园形成了浓厚的读书氛围。

3. "朗读者"分享活动

每年的家长开放日活动，学校会邀请家长们走进课堂，和孩子们一起分享阅读故事，分享人生道理。例如，在这个学期开展的家长开放日活动，学校每班邀请了1~2位家长作为朗诵者，围绕着"规矩、纪律"这个主题，展开了一系列的诵读分享活动。一年（2）班一个名叫李让的家长的寓言故事《蚂蚁和青蛙的故事》，从自己孩子的名字"李让"的谐音说起，让孩子们在笑声中明白了纪律的重要性，也懂得了要礼让的道理；五年（5）班宫尚瑜家长的《许衡传》，结合孩子们刚接触文言文的契机，用一篇短小精悍的历史故事，道出了"不是自己的梨，岂能乱摘？"的道理，告诫大家要做一个守规矩、正直磊落的人。

每一次"朗读者"活动，有不同的主题，有不同的收获。阅读的魅力就在于，让孩子们从赏析中得到终生受用的启发。

4. "悦读"分享活动

学校面向家长、教师组织形式多样的"悦读"分享活动。学校邀请著名作家梅子涵、杨鹏、曾老怪、商晓娜、"阳光姐姐"和"辫子姐姐"亲自到校给师生举行形式活泼生动的专题讲座；越秀区进修学校的何咏燕副主任、语文科黄莉莉老师等专家给教师们举行读书的专题讲座，通过互动的形式与教师们探讨读书的问题，取得了良好的效果，学校逐渐形成了"享受阅读、书香致远"的读书氛围。

六、原色 "悦读" 课程的评价

评价学生课外阅读的质量一直是个难题。重了学生阅读"量"的检查，可能又轻了学生阅读"质"的检测；即使能做到"质"的细化检测，又或多或少地影响了平时教学的进度。旧部前小学科学、有效地运用《"悦读·成长"阅读手册》，利用"阅读考级评价"和"个性化阅读评价"等方式，解决评价小学生课外阅读质量的难题。

（一）《"悦读·成长"阅读手册》

为了进一步推进校园经典阅读行动的深入开展，结合学校原色课程之课外阅读这一传统特色，结合原色"悦读"课程的落实，为了充分发挥每位学生的阅读优势，学校特地为每一位旧部学子准备了一份特别珍贵的"阅读礼物"——《"悦读·成长"阅读手册》。这本册子分学段、分年级进行阅读书目的推荐、阅读方法的指导、阅读小档案的记录，记录下亲子阅读的幸福时光，记录下阅读的感悟，记录下老师同学快乐阅读的美好瞬间。对不同层次学生的阅读情况做个性化的记录，尤其是一些阅读能力较弱的学生，只要在阅读过程中有所进步，就记录在册，培养他们的阅读能力。

阅读手册适用于旧部前小学一至六年级的学生使用，由教师、家长和孩子共同完成。教师、家长和孩子共同阅读后面的各年级学生必读书目和推荐书目，做好阅读规划。"书香少年"是学校开展读书考级活动的一项内容，只有当学生的"阅读章"达到了相应的数量之后才可以申请。学校建议家长陪伴孩子阅读，鼓励孩子必须读完他所在年级要求阅读的书籍，并利用课余时间和孩子一起打造一片属于自己的阅读天地。每学期和孩子一起完成"亲子阅读记录卡"的填写，并对孩子一个学期的阅读情况做出评价，帮助孩子建立起良好的阅读习惯，也为孩子留一份美好的童年读书记忆。

（二）阅读考级评价

1. 阅读考级评价的组织、实施

各年级依据学校阅读考级方案，制定详细的考级评价办法及相关表格、证书，各年级为具体实施单位。学校成立相应的考级考核评价小组负责具体阅读考级工作。在年级阅读考级的基础上，每学期学校将通过抽查、组织学校读书竞赛活动检阅，促进学生的课外阅读。考级评价每学年进行一次。

2. 阅读考级评价程序

课外阅读的考级分为三级六等（见表1），学生达到相应的阅读量和古诗文背诵量即可参加阅读考级。

表1 旧部前小学课外阅读量达标标准

等级		每天阅读量	每月阅读量	累计总阅读量	累计古诗文背诵量
一	良	不少于150字	不少于4 500字	5万字	20首（篇）
一	优	不少于250字	不少于7 500字	10万字	30首（篇）
二	良	不少于1 500字	不少于4.5万字	50万字	50首（篇）
二	优	不少于2 000字	不少于6万字	100万字	70首（篇）
三	良	不少于4 000字	不少于12万字	150万字	90首（篇）
三	优	不少于4 500字	不少于13.5万字	300万字	110首（篇）

考级前学生必须上交《"悦读·成长"阅读手册》，审核课外阅读量、必读书目、读书笔记、古诗文背诵记录，达到要求的方可参加课外阅读考级。具体的考级程序如下：

（1）学生首先提出考级申请，填写阅读考级申请表；

（2）班级和学校考核小组再进行考核资格认定（分别从阅读量、必读书目、读书笔记、古诗文背诵记录、阅读测评5个方面是否达到相应级别给予认定）；

（3）年级考核小组对具有考核资格的同学逐一考核、登记、确认；

（4）学校确认后发放学校统一制作的"书香旧部阅读考级等级证书"。

3．阅读考级内容及标准说明

（1）关于本课程推荐课外阅读材料的两个理念。

一是分级阅读，即年龄段分级阅读。本阅读考级设计中的"三级六等"，即是依据小学阶段的三个学段而定，意图结合小学生身心发育、认知水平和年龄特征，推荐合适的阅读书目，培养小学生细化、深化的阅读习惯，从而产生"好雨知时节""润物细无声"的最佳阅读效果。

二是均衡阅读，即营养均衡的阅读。本阅读考级中所推荐的必读与选读书目，是在多年龄段分级阅读中，对各类知识的读物进行科学的、合理的配比，给学生提供知识结构均衡的阅读"营养大餐"。每个等级推荐书目中，内容涵盖文学、哲学、科学等方面，体裁包括绘本、童话、小说、散文、诗歌、纪实文学等。

（2）关于推荐书目。

学生课外阅读的书籍必须以推荐书目为主。"考试书目"中列出的书籍为每个参加考级的学生必须阅读的书籍。"必读书目"中所列的书原则上应该是必读的书籍，但考虑到学生的阅读个性，参加考级的学生也可根据自己的喜好，从另附的"课外阅读推荐书目"列表中挑选自己喜爱的同类书籍与"必读书目"中所列的书进行对换阅读（提出考级申请时加以注明）。学生通过学校的课外阅读考级后，学校将颁发相应级别的课外阅读考级证书。

（3）关于阅读测评。

参考三种国际比较通用的学生阅读能力评价体系PISA、PIRLS（国际阅读能力进展研究）和NAEP（美国国家教育进展评价），并对之进行校本化改造。阅读测评的形式以书面为主，检测学生是否阅读规定的书籍，是否具有一定的阅读习惯和能力，从"二级优等"起将增加学生阅读速度的测试。获得"二级月亮卡"的学生应达到的阅读速度是每分钟阅读 400 字以上,获得"三级星星卡"的学生应达到的阅读速度是每分钟阅读 500 字以上,获得"三级月亮卡"的学生应达到的阅读速度是每分钟阅读 600 字以上。

(三)个性化阅读评价

阅读是一种再创造的过程,它带有强烈的个性特征。没有阅读的个性差异,就没有阅读个性。没有个性化阅读教学,也很难培养学生的阅读个性。

1. 评价理念

(1)评价的目光面向个性:评价中充分注意学生显现出来的独特个性,即对学生参与活动(思维模式、行为方式、结果形态等)进行评价时,一定要注重学生参与的意识(兴趣、情趣、成功欲等)、质量(参与度、独立性、自主性、创造性等)和过程(合作、操作、整合、发散、协调、应变等)。

(2)评价的内容指向个性:评价内容要与教学目标结合,包括学习动机、兴趣、态度、习惯、意志等个性发展因素;评价应贯穿阅读教学全过程,使阅读学习各环节的动态置于评价、反馈、调控的视野;同时针对学习行为的不同方式和个性的不同表现来进行合理的评价。

(3)评价的方法展示个性:采取教师评、学生自评、学生互评等方法有益于情感、意志与个性交流,使学生能充分表现独特的内心世界和个性特征。

(4)评价的结果激励个性:每个人都有实现自身价值、获得较高评价的追求。因此,评价结果一方面要充分肯定其个性发展的潜力,让不同层次学生都体会到成功的愉悦;另一方面,要引导学生认识自身与更高水平还有差异,以促进个性发展的新方向,从而达到激励"自我求成""自我发展"的心理需要。

(5)在评价中体现人文关怀:评价不仅仅关注学生的知识和技能,更重要的是关注学生的情感态度与价值观,关注学生语文素养的全面提高,让不同层次的学生都能得到不同程度的提高,让课堂评价体现出一种浓浓人文情怀。

2. 进行层次性的评价

每个学生都是一个独立的个体,在人生经历、生活体验和文化积累上有着很大不同,这也就导致他们对于同一个阅读素材有着不同的理解,会赋予文章不同的情感理解。在对学生的阅读进行评价时,教师可以分层次进行,鼓励学生的创造性思维。在随堂评价时,教师要适时地为学生指明阅读学习的方向,促使学生不断进步。面对不同学生对于同一阅读素材产生的不同理解,教师应该采取包容的态度进行评价。

3. 使用延缓评价

在课外阅读教学中,我们可以适当使用延缓评价,在学生汇报阅读心得、感悟时,不急于评价,而是让更多的学生把自己个性化的理解与大家分享,激励发言的同学力求从表达的准确性、生动性、深刻性、广阔性去努力改进和超越。在课外阅读汇报分享中,教师把更多的时间交给学生汇报交流,让他们当主讲嘉宾,把自己感受最深的,或是自己感到困惑的,或是自己最得意的体会与大家分享。在这种没有预设程序、动态开放的环境里,师生多方充分对话交流,来自他人的信息被自己吸收,自己既有知识被他人唤起，不同的意见在碰撞中生成新的意义，每一个主体都获得对原有水平的超越，在合作中生成或建构自己的认知。整个过程充满了创造的色彩，大家互相欣赏、互相启迪，感受到自身努力的价值，这种阅读的乐趣将推动阅读步步深入。

4. 对活动成果进行评价

每月开展一次阅读活动或阅读经验交流活动，在活动中评价学生的阅读情况。学生在阅读的基础上会有各种不同形式的阅读成果，也在阅读交流活动中得到展示，通过作品展示评价学生的阅读成果，促进学生语文能力的提高。

建构 "智慧云山" 校本课程的实践与研究[①]
——以广州市越秀区云山小学为例

谢玉妃 邝家明 高梅花

一、学校简介

广州市越秀区云山小学（以下简称"云山小学"）是广东省义务教育标准化学校。学校创建于1959年9月，坐落在风景秀丽的白云山南麓。学校占地面积约15 328平方米，生均占地面积约18.6平方米。学校现有22个教学班，在校学生917人。现有教师52人，其中高级教师5人，一级教师42人。教师严谨治学"爱生、敬业、互动、务实"；学生"勤奋、善思、好学、探索"，坚持"奉献、关爱、自强、创新"的校训精神，学校努力培养学生成为学会学习、学会生活、学会做人、学会发展的社会主义新公民。

学校办学理念是"为智慧与绿色的人生奠基"，涉及两个层面：一是指向学生，让所有学生在云山文化的润泽下，打下智慧与绿色的人生基础，进而拥有在未来实现个人价值与社会价值相统一的能力；二是指向教师，努力锻造传承云山责任及追求幸福的教师团队，同时让教师享有因自己的教育生长而获得有品质的生活，以及受人尊敬的职业认同。

学校的核心价值是："智慧云山，绿色发展"。"智慧云山"实施"绿色发展"，就是以"科学观念"为桥梁，以"绿色行为"为表象，体现科技与人文、人与自然和谐相处、共进共荣共发展的生活方式、行为规范、思维方式以及价值观念等文化取向。"智慧云山，绿色发展"是云山小学的态度、观念、意识和核心价值。智慧云山人汲取着大树

[①] 本文写于2019年4月25日。

"向上"的精神和高山"担当"的品质，提炼出一股强劲的力量和纯粹的精神：积极向上、勇于担当。学校的口号是"做一名智慧的云山人"。

为实现"为智慧与绿色的人生奠基"的办学理念，学校一直在探索如何把"人"写进教育的核心，让教育从绿色生活开始，与智慧生命同行。学校聚焦新课程，遵循云山小学核心价值"智慧云山、绿色发展"，以课程要为学生多元化、个性化发展服务的原则，专注于培养学生的核心素养。

二、建构"智慧云山"校本课程实践与研究的背景

（一）国内外研究现状

1. 国内研究现状

2001年6月由教育部颁发的《基础教育课程改革纲要（试行）》中明确提出"为保障和促进课程对不同地区、学校、学生的适应性，实行国家、地方和学校三级课程管理"。校本课程开发已成为我国新一轮课程改革的重要内容之一，这对我国广大教师和教育工作者提出了新的挑战和要求。随着教育改革的不断深入，全国各地学校校本课程开发的内容很多，有的学校是对国家课程进行校本化实施和扩展，有的学校则根据自身实际开发具有地域特色的校本课程。如上海的一些学校在"智慧课程"的建设上进行了探索，自主开发了拓展型、探究型课程，形成"我会才艺，我快乐"、"我会运动，我健康"、"我会动手，我创造"、"我会学习，我智慧"、"我会探究，我成长"五大课程板块，涉及艺术、体健、活动、学科应用、综合实践五大课程领域，形成学校"智慧课程"结构。有的学校探索"智慧教育"的课程体系，积极探索校本课程学分制评价方式，如"智慧课程学分卡"，从关注结果转向关注过程，注重学生自我评价；在内容上综合化，注重学生学习习惯、创新精神和实践能力的培养。也有的学校关注学生个体差异，着眼于学生个体潜能的发挥，为学生提供丰富的可供选择的"智慧课程"套餐，大力构建"智慧课程超市"，推行可供学生自主选择"1+2"组合式课程菜单，引导学生自主选择。但是，通过文献的查找，笔者发现以信息化课程开发为主、多元文化课程为辅的"智慧校本课程"体系还不多见，基于智能化的"智慧校园"的课程建设理论也比较贫乏。

2. 国外研究现状

20世纪70年代，校本课程在人本主义教育运动的历史背景下应运而生。以马斯洛、罗杰斯为代表，建立在人本主义心理学基础上的人本主义课程论，在教育目标上强调个体的终身发展和自我实现；在教育方法上强调师生之间和谐平等的人际关系；在教学内容方面强调纳入以社会和个人为主题的课程；在教材组织结构方面强调学科之间整合的课程。从根本上说，人本课程改变了"以学科内容为中心"的课程，建立了"以学习者为中心"的课程。对于推进智慧教育最具影响力的当属2008年时任IBM首席执行官的彭明盛在报告"智慧地球：下一代领导议程"中首次提到的"智慧地球"，后来随着"智慧地球"思想渗透到不同领域中，催生了"智慧城市""智慧教育""智慧课程"等概念。

作为"智慧地球"思想在教育领域的延伸,世界上多个国家和地区已将智慧教育作为未来教育发展的方向,如澳大利亚、韩国、马来西亚、新加坡等均颁布了相关的国家教育政策。从数字化教育到智慧教育,这不仅仅象征着教育信息化中技术的数字化,转为智能化走向而促发的"形变",更蕴含着信息技术促进教育变革所追求的"质变",尤其是教育文化的创新。以智慧教育引领教育信息化创新发展,带动教育教学创新发展,最终指向创新型人才的培养,已成为教育信息化发展的必然趋势。

(二)理论依据

1. 2012年3月,教育部颁布了《教育信息化十年发展规划(2011—2020年)》

提出力争到2020年实现全面融合、部分创新的阶段性发展目标,要求"以教育信息化带动教育现代化,破解制约我国教育发展的难题,促进教育的创新与变革"。再观信息技术在教育教学中的应用,从计算机、互联网、多媒体等数字化技术逐步进入校园;到交互式电子白板、虚拟仿真实验等技术在"班班通"建设、数字化校园建设中的应用,数字化教育蓬勃发展中各种数字技术丰富了教与学的过程。当前,移动终端、物联网、云计算、大数据、移动通信等新一代信息技术的发展刺激了研究者和教育实践者去拓展学习的概念和开展学习环境的设计,推动着学习环境的研究与实践从数字化走向智能化。信息技术的发展成为促进教育教学变革与创新的重要动因之一。

2. 多元智能理论

加德纳多元智能理论把人的智能分为八种,认为每个人都有自己相对的优势智力和弱势智力,因而都有某方面发展的潜能和机会,每一个学生都是独一无二的,都能以其独特的方式对人类文明做出贡献。因此要重视发展每一个学生的智能优化,挖掘每一个学生的智能潜力,满足每一个学生的学习需求,促进每一个学生的发展。对学生而言,校本课程侧重于对学生多元性的关注,可以为学生量体裁衣,促进学生沿着不同的方向发现、发挥自己的优势,走多元成功之路。多元智能理论同样强调教师多元成功的可能性,校本课程开发与实施的过程也给予教师展示自己多元智能的机会和平台。

3. 建构主义理论

强调主动建构,学习并不是对外在事物的机械反应,而是和外在环境互相作用的结果。在这个过程中,外部的环境和学习者个人的认知结构等对建构过程同样起到重要的作用。建构主义学习理论从学习过程的角度诠释校本课程开发的必要性。第一,由于学习是一个主动建构的过程,给学生提供的课程就不应该远离学生的生活世界,同时也应该结合学生个体的特殊性。而校本课程则是从学生的现实出发,从学生的个别性出发进行课程开发,因此有助于学生进行知识的建构。第二,建构主义关注社会文化环境对学生学习的重要性,而校本课程开发就是一个有效地把学生的学习与生活情境联系起来的手段,也是开发出一种符合学校学生兴趣、能力及地区文化特色的课程,这显然跟建构主义所提倡的"学习要源于社会文化"的思想相吻合。第三,建构主义提倡情境化的学习论,提醒我们在进行校本课程开发的时候,应该十分关注社会文化以及儿童已有的经验。只有在对这两者有了充分考虑的基础上,我们才能够设计出提高学生学习主动性,使学习变得更加有意义的校本课程。

（三）校本课程的特色与创新之处

建构"智慧云山"校本课程的实践与研究是信息化环境下的智慧课程开发，它包括学生、教师和家长信息素养全面提升课程（具体包括学生低、中、高三阶段智慧课程教材，教师信息素养标准培训内容，学校管理人员信息应用标准内容，还有家长信息化应用普及教程），智慧教室的应用实验课程（涉及国家基础课程的各学科智慧课堂的教学），多元智能的校本文化课程（如一年级围棋课程、二年级语言艺术课程、三年级乒乓球课程、四年级足球课程、五年级思维训练课程、六年级智慧课程等）。该校本课程体系不仅面向学生，而且面向教师和家长，课程的内容建设既凸显"信息化"的智慧学习，也体现了学生和教师多元智能的发展。在现阶段，国内的校本课程建构范例中还少见类似的课程建构体系，在课程体系的建构和"智慧校园"的建设上都有创新之处。

（四）可行性分析

1. 单位条件

云山小学是全国现代教育技术实验学校、广东省标准化学校、广州市首批智慧校园实验校，在信息化建设上有良好的条件和经验。学校以全面"推进素质教育，整体优化，促两全（全面、全体）发展"为办学目标，在"智慧校园"建设上取得了可喜的成绩，形成了以关爱教育为主线，以信息网络技术为平台，以"智慧育人"为课程文化的办学特色。

2. 实验环境

学校的教学设备完善，有两间智慧课室，一间多功能综合电教室，每个教室和专用室都配有多功能教学平台，每个教师都有手提电脑。校园网主干光纤为1 000兆。学校的每台电脑在行政管理、教学应用、资源共享、信息共享等方面一体化，实现了校园网络与地区网络及国际互联网相连，给全校师生从事学科研究、教学活动和学习活动提供了良好的环境。

3. 实验人员

笔者曾参与多项课题研究，具有较强的科研水平和能力，有着丰富的教育经验和管理组织能力。实验教师也参与过"十五""十一五""十二五"等国家级、省级、市级和区级的重点课题或一般课题的研究和实验，并取得了优良的成果。

三、建构"智慧云山"校本课程实践与研究的设计

我国基础教育课程正从原来单一的国家课程模式走向国家、地方、学校三级课程模式。这一新的变化，使校本课程的开发成为21世纪初期我国课程改革乃至教育改革的热点问题。我校作为广州市首批智慧校园实验校，也深刻认识到：校本课程是学校课程体系的重要部分，它不仅有利于学校特色的建设与发展，而且通过校本课程的开发与实施能够形成具有一定影响力的品牌项目，进而带动学校的整体发展。为此，学校希望通过建构"智慧云山"校本课程的实践与研究，进行基于学生、基于教师、基于学校、基于家庭的智慧课程的开发和实践。

（一）"智慧云山"校本课程设计的内涵

学校特色定位为"智慧云山"，按照"特色项目—特色课程—特色教育—特色学校"的发展策略开展工作。

1. 传承云山教育信息化优势——智慧

云山小学自20世纪90年代初就已经在广州市带头开展教育信息化实验，在当时取得了辉煌的成绩，受到中央电教馆和省、市馆的多次表扬和推荐，且接待省内外兄弟学校和国际教育同行的学习和交流达200多场次。进入21世纪，云山小学在现代化学校的建设上仍然走在省、市的前列，2014年以来，作为智慧校园的样板校和实验校，在电子书包和网络空间学习的教学应用和实验上取得了喜人的成绩，2017年6月被教育部科技司和中央电教馆授予"网络学习空间人人通专项培训基地学校"。

2. 挖掘地域文化和精神——云山

云山小学因坐落在白云山南麓而得名，作为5A风景区的白云山风景秀丽，绿意盎然，充满灵动之美。"云"的灵动润泽心灵，启迪智慧；"山"的高大，寓意着坚毅、正直、担当与积极向上。所以，"做一名智慧的云山人"成为师生的追求目标，培育"智慧的云山人"是学校的主要办学目标之一。

3. 时代发展和人才培养的需要——智慧云山

随着社会的进步与发展，智慧教育成为教育信息化发展的新趋势，作为广州市中小学智慧校园样板校，学校以科学发展观为指导，全面贯彻落实《国家中长期教育改革和发展规划纲要（2010—2020年）》《教育信息化十年发展规划（2011—2020年）》《中共广州市委 广州市人民政府关于建设智慧广州的实施意见》等文件精神。我校以构建生态型智慧校园为目标，秉承"智慧云山，绿色发展"的办学理念，高标准推进学校信息化建设，努力探索智慧型人才培养的方法和途径，促进教师的专业发展和学生的个性化学习，为全面推进素质教育，培养21世纪人才，实现学校教育现代化而不断改革创新。

为此，学校把特色主题定位为——智慧云山，需要培养"云山"的精神，更需要发扬信息化优势，启迪智慧，大胆创新，锐意改革，努力培养适应未来社会发展的智慧型人才，促进学生的"绿色发展"。

4. 智慧云山与核心素养

"智慧云山"源于教育信息化，教育信息化现在已经进入2.0时代。"三通两平台"是教育信息化工作的核心任务，关键点"网络学习空间人人通"也进入实质性阶段。通过网络学习空间的应用促进学生核心素养的培养，云山小学以吉祥物"智智""慧慧""云云""山山"引导学生"思考与创新""沟通与选择"等关键能力的培养，促进"友善与感恩""责任与正直"等必备品格的养成。

5. 智慧云山与"三生教育"

进入互联网＋时代，网络在生活中，生活在网络中，基于网络的学习空间让生活教育成为学校的常态。生活教育是云山小学教育创新融合的底气和基石，教育与技术的融合、人与环境的和谐是学校生态教育的重要组成部分，教育的终极目标是人的多元个性发展，生命教育概念应运而生。"智慧云山"特色学校的建设，最终是为了培养智慧型人才，促进学生的"绿色发展"，为此学校主要通过开展"三生教育"，即"生活教育""生态教育""生命教育"来落实育人目标和凸显办学特色。生活教育、生态教育与生命教育让"智慧云山，绿色发展"更有发展的内涵、魅力与价值。

（二）"智慧云山"校本课程设计的内容

围绕"智慧云山、绿色发展"核心价值，进而形成"智""慧"系列课程和"云""山"文化课程，完善国家课程校本化、校本课程个性化体系，努力培养学生的核心素养，使智慧云山人具备身心健康、乐于学习、学会成长、家国情怀、审美情趣的特质，进而实现"为智慧和绿色的人生奠基"的美好愿景。为此，学校致力于建构"智慧云山"校本课程体系的实施与研究，课程框架如图1所示。

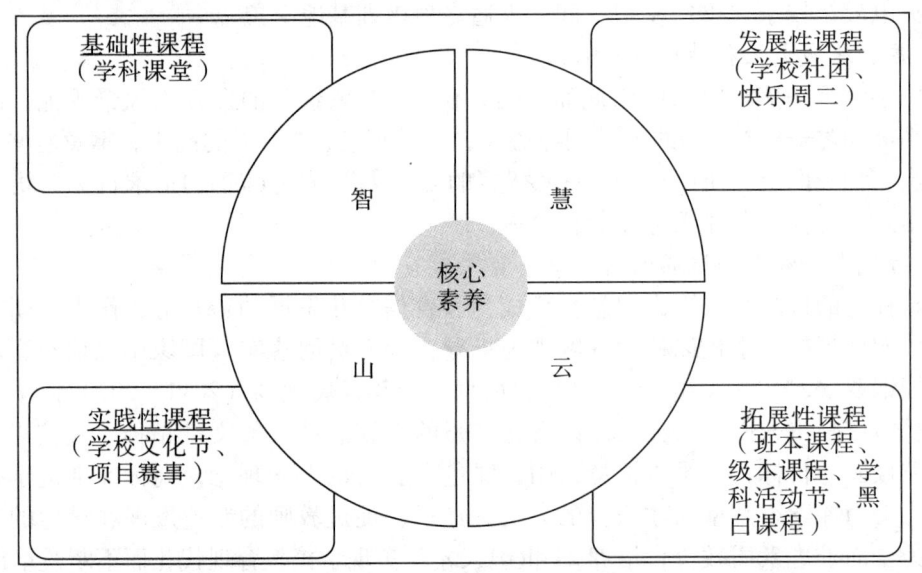

图1 "智慧云山"校本课程体系框架图

1. "智"系列课程指向基础性课程

基础性课程即国家课程，是学校课程中的基本组成部分，体现国家对公民素质最基本的要求，包含品德与生活（社会）、语文、数学、英语、美术、音乐、体育、科学、信息技术九个领域。"智"系列课程按照国家课程标准，按学校核心理念要达成"思考"与"创新"这两个关键能力的培养。

2. "慧"系列课程指向发展性课程

发展性课程是在基础性课程的基础上，对学生某个或某几个方面的素质发展相应地设置一些内容上显著地拓广或加深的一门或几门课程而形成的课程。它的直接内容主要有两个方面：一是强化学生的专长发展，二是强化学校的教育特色。"慧"系列课程包括年级课程、"快乐周二"课程，按学校核心理念要达成"沟通"与"选择"这两项关键能力的培养。

（1）年级课程是根据学生年龄特点，提供丰富的校本课程内容，让学生在成长阶段能较好地选择适合自己个性的项目加以发展。具体课程项目有：

①围棋（40分钟/周）：在一年级开设，每周一节。通过围棋启蒙教学，开发学生智力、培养善于思考的习惯，陶冶情操并激发学生积极向上的精神。

②语言艺术（40分钟/周）：在二年级开设，隔周两节。语言艺术学习有助于低年级学生对语言的理解和记忆，通过学语言、练口才，增加自信、提升情商、增长才干。

③乒乓球（40分钟/两周）：在三年级开设，每两周一节。乒乓球运动在发展人体的速度、灵敏、力量、耐力、协调等身体素质的同时，也能锻炼和培养学生勇敢、顽强、机智、果断等良好的心理品质。

④足球（40分钟/周）：在四、六年级开设，每周一节。足球运动可以锻炼学生的让意志品质和竞争意识，有利于培养积极向上、勇于拼搏、不怕困难、吃苦耐劳和团结协作的精神。

⑤智慧课程（40分钟/两周）：在一至六年级开设，每两周一节。智慧课程开设"智慧好学生"校本课程，进一步提高我校学生的信息素养，促进我校学生能更好、更快地掌握新时代的信息技术。

⑥科技博览（30分钟/周）：在一、四、六年级开设，每周两次，利用周二、四14：15—14：30进行，是拓宽学生学习视野，进行综合性学习的重要形式之一。课程内容的选择依据是积极健康、能激发学生探究欲望，以利于学生形成良好的人生观、世界观。具体内容包括：科学、天文、地理、动物、植物、环境保护等。

⑦经典诵读（30分钟/周）：在二、三、五年级开设，每周两次，利用周二、四14：15—14：30进行。内容包括：《弟子规》《千字文》《三字经》等。

⑧自主阅读（15分钟/天）：在一至六年级开设，每天在14：00—14：15进行，利用班级读书角开展读书沙龙活动，通过班级文化评比保障活动实施。

（2）"快乐周二"课程侧重于学生的发展性，是学校个性化教育的主体课程，体现学校的办学特色。主要包括年级兴趣和校级社团两大主题，突出"选择"及活动中的"沟通"，在选课过程中提供给每位学生发展的空间。学校初步构建"智慧云山"校本课程体系，"快乐周二"课程设置33个社团，课程涵盖了语言艺术、书法、国学、手工制作、体育、人文科学、科技等领域，很好地拓展了学生的课外知识，激发学生的学习兴趣。

3．"云"文化课程即拓展性课程

拓展性课程在国家课程、地方课程、年级课程及校级社团课程的基础上，更促进个体的全面发展与个性化成长。内容有学科活动节、黑白课程，按学校核心理念达成"友善"与"感恩"这两项必备品格。

（1）学科活动节开展丰富多彩的"学科文化节活动"，为学生提供展示的平台，语文、数学和英语学科分别开展学科节活动，学科节让每个学生都体验到学习的快乐与收获的喜悦。

（2）黑白课程是智慧云山课程的品牌。由于足球、围棋和钢琴的用具都是一黑一白，而且都是体现配合、需要动脑和顾全大局的，与智慧云山的理念贴合，故融合为"智慧云山，黑白课程"。

①足球：学校通过每年举办足球班级联赛、足球嘉年华活动及校队建设来营造足球文化。

②围棋：每年一度"迎春杯"围棋邀请赛。
③钢琴：每年一度"云山杯"钢琴比赛。
④2019年开始将跆拳道项目纳入"黑白课程体系"。白衣黑带作为跆拳道的象征，也是培养学生身体协调能力、锻炼毅力、提高自信心的重要载体。

4."山"文化课程即实践性课程

实践性课程以参加实践活动为主要特征，带有研究性学习的色彩和"做一名智慧的云山人"的情感特征。内容有研学活动、荣誉赛事、文化节活动和智慧星的评比活动。按学校的核心理念达成"责任"与"正直"这两项必备品格。

（1）研学课程是按照教育部加强中小学研学活动的相关要求进行的一年春秋季两次游学。

（2）荣誉赛事指代表学校参加各级各类比赛，代表学校最高水平，担当宣传学校、使命必达的重任。

（3）文化节活动包括科技艺术节和学校大型综合活动，如校运会、毕业典礼等。

（4）智慧星的评比包括每周之星、每月之星、学期之星和云山智慧星。结合少工委工作改革，深化吉祥物"智智""慧慧""云云""山山"的文化标志和感召力，形成"智慧云山学子"成长评价体系。

（三）"智慧云山"校本课程的目标

学校以学生发展核心素养为导向，围绕"智慧云山"特色，努力开展校本课程建设，通过校本课程的建设和开展落实三个目标。

一是课程目标：努力构建国家、地方、学校三级课程模式，强化办学特色，使校本课程更具合理性、科学性和适应性。

二是学生目标：提高学生的综合素养，突出学生个性、挖掘学生潜能；丰富学生的自然、社会常识，培养学生实事求是的科学态度；培养学生的创新精神和实践能力。

三是教师目标：培养教师为学生发展服务的教育意识；激发教师的教育潜能，积极参加学校课程开发的实验、研究；鼓励教师在科研中求发展，在科研中求创新、在科研中求成长；发挥教师在教学及科研中的主人翁精神。

四、建构"智慧云山"校本课程实践与研究的实施与成效

（一）紧跟时代步伐，大力开展智慧课堂教学实验

近几年来，云山小学通过申报广东省"义务教育现代化学校试点实验学校"，着力建设"智慧校园样板校"，充分依托智慧校园的教育信息化平台，以"信息技术支持学习变革与创新"为研究思路，重点探索"新技术与学科教学深度融合的教学模式和策略"。学校通过开展基于新技术支持下的智慧课堂的实验与研究，不断变革和创新学生的学习方式，开展课堂教学改革和实验，努力探索智慧型课堂的教学模式与策略，探索智

慧型人才培养的方法和途径，取得了较好的成绩。

1. 开展基于新技术的教学模式和策略的实验和研讨

学校组织各科教师在原来的信息技术与学科融合的成果基础上，进一步探索基于电子书包的智慧课堂、"一对一"数字化学习、基于项目的学习、利用可视化学习工具的学习、利用一体机与学科教学融合的教学模式。学校通过课堂实验和科组的专题研讨转变教师的教学方式，创新学生的学习方式，探究个性化学习、协作学习、移动学习、差异化学习、网络空间学习的有效策略。其中，语文、数学、英语学科形成的智慧课堂教学模式，分别在区、市和国家级相关会议进行交流和展示，获得了比较高的评价。

2. 利用可视化思维工具和开发学习资源，促进个性化学习

学校组织各科教师继续利用多种可视化思维工具和开发促进情境深度感知的微视频、微课，开展"基于互联网的个性化学习"的实验，以学生为主体，转变学习方式，凸显学生的个性化学习，让学生在轻松、愉快的课堂上高质、高效地学习。近年来，面向区、市、省以及日本的教师、专家和领导展示了多节利用可视化思维工具开展个性化学习的实验课例，获得了与会教师、领导和日本专家的肯定和好评。

3. 智慧课堂教学实验初见成效，产生了良好的社会影响

近年来，学校获得"广州市多媒体软件评奖活动最佳组织奖""越秀区一师一优课最佳组织奖""越秀区微课大赛优秀组织奖""越秀区首届创客作品评比优秀组织奖"等荣誉。教师们在实验中不断成长，近两年来教师在区级以上信息化各类比赛中获奖有400多人次，在2016年"一师一优课"评比中，获部级4节、省级9节、市级12节的佳绩，智慧校园实验成果发表在国家级刊物7篇、省级刊物11篇，编辑了《智慧好学生》上、中、下三册信息化学习校本教材和《走进可视化思维王国》信息技术实验教材，出版课例5个；学生在区级以上的信息技术相关比赛中获奖有300多人次，云山小学的赵晓穗同学在北京举行的"蓝天飞梦——2016全国模拟飞行大赛"中，力克强敌，勇夺了个人竞速第一名。

（二）立足课堂，科研导教促课改

学校立足课堂，注重以课题研究为抓手，把课改与课题研究相结合，把课改中出现的问题课题化，不断提高教师的研究意识。针对课改的重点、难点和薄弱环节，围绕教学方式和学习方式的转变、课程资源的利用与开发、新课程的教育教学评价、信息技术与学科教学的融合、家校合育、行为习惯培养等开展课题研究，为课改的实施和推进找到了多元活动载体，呈现出良性循环的态势。其中，与信息技术有关的课题实验占70%左右，在研的课题中，国家级子课题2个，省级子课题2个，市级课题1个，区级课题3个，还有16个教师个人申报和负责的广东教育学会的小课题。在教育教学实验过程中，近三年来教师们也取得了比较好的成果，教学课例、设计、论文、案例、微课等获区级以上奖励的有700多人次，发表在国家级刊物文章有10篇，省级刊物有14篇，区级刊物1篇。

（三）项目个性化，凸显"智慧云山"品质

在"智慧云山"特色学校建设过程中，尤其在校本课程的实施过程中，云山小学逐步形成了多个个性鲜明的特色项目，在这些特色项目中师生共同成长，收获知识，活跃思维，发展素质，提升能力。

1. 黑白课程活动——让孩子的身体和大脑一起智慧成长

"黑白课程"是指足球、围棋、钢琴的课程，课程分别安排在一至六年级里开展，通过动静的结合，培养学生的思维能力、协调能力、合作能力和审美能力，课程由校内和校外教师一起任教，共同开发教材。开展两年来，"黑白课程"深受学生和家长的欢迎，成为备受追捧的课程之一。每年，学校还定期开展"钢琴比赛""围棋比赛""班级足球联赛"，为孩子们展示各自的才艺搭建平台。

2. 班级足球联赛活动——让每个孩子都热爱足球

班级足球联赛是一个令孩子们着迷的比赛。作为"广州市校园足球推广学校"，云山的每个孩子都热爱足球，尤其每年一次的班级足球联赛，令一至六年级的孩子都为足球而疯狂。班级联赛产生了不少优秀的足球运动员，为学校足球队赢得了荣誉，特长生也在班级联赛里不断涌现，成为中学足球队的"生力军"。

3. 科技创新活动——让孩子创新的种子得到萌芽

科技创新包括创客、电脑机器人、创造发明、航模和海模等系列活动。这些活动在"快乐周二"课程中进行，教师借助课堂把科学和创新的种子埋在每个孩子心中，同时学校社团中也成立了相应的兴趣小组，让兴趣浓的孩子动手实践，把自己的奇思妙想变成现实。学校的创客、小发明创造作品在省获一、二等奖，航模和海模多次代表区参加全国大赛获一、二、三等奖。

4. 诗歌教育活动——让每个孩子都热爱生活

云山小学一直都非常重视经典诵读和开展读书活动，而诗歌教育活动则是其中一个特色项目。2016 年，云山小学被省委宣传部、省教育厅评为"广东省诗歌教育示范学校"，学校定期开展诗歌课堂教学研讨，请专家到校指导。每年 4—6 月，全校师生开展诗歌节的创作和展示活动，教师、学生和家长都一起参与，参赛形式多元化，包括纸质与电子文档，有图画、视频与音频，有师生合作与亲子合作。学校还组建了"云山风雅诗社"，在"快乐周二"中进行活动。在诗歌的孕育下，云山的学子更加关心身边的人和事，更加热爱生活。

5. 文化节活动——让每个孩子都能体验分享的喜悦

"云山小学文化节"是为深入推进特色学校建设，打造浓郁的校园文化氛围，全面提高学生的综合素质而开展的，它包括艺术、体育、科技、游园、作品展示五部分的综合性活动。在这里，每个孩子都可以展示自己的才艺，分享自己的作品，了解和体验自己感兴趣的项目。文化节活动留给每个孩子美好的印记，而这种印记也必将在孩子心中开花结果，使云山小学"智慧·阳光·快乐"的校园文化得到传承与创新，进而促进云山小学的"智慧云山，绿色发展"这一核心价值的精彩展现！

6. "智慧好学生"课程——让每个孩子成为时代的弄潮儿

由学校教师负责开发的《智慧好学生》上、中、下三本校本教材,将在一至六年级里开展学习,该套教材结合时代信息化的发展,以学生学习为中心,以培养未来人才为目标,从一年级开始就让学生掌握相应的信息技术技能,认识社会的新技术,学会运用现代信息技术开展学习、服务生活和了解社会,激发学生的创新意识,培养学生的创新思维和实践能力,为社会培养适应未来发展的人才打基础。

(四)校园诗意化,展现"智慧云山"魅力

在"为智慧与绿色的人生奠基"的办学理念指引下,学校的校园环境设计以适宜学生和教师的学习和工作为中心,努力营造一个民主、和谐、诗意的生态环境,让教师能静下心来教书,学生能快乐地学习。

1. 借助地域优势,让绿意无处不在

走进云山小学,就像走进了绿色的怀抱。这里不仅有白云山的满山绿树,还有校园里欣欣向荣的大王椰子树、木棉树、小叶榕、大榕树等,每层楼都有不同的植物,每个班级都有小花坛,天台植物园更是郁郁葱葱,生机勃勃。云山小学的师生每天都呼吸着新鲜的空气,在绿树环绕下学习和工作,心情舒畅,身体健康。

2. 充分利用每一堵墙,让教育无处不在

学校充分利用每一堵墙,设计理念墙、荣誉墙、校训墙、学科宣传墙、环境宣传墙、智慧长廊、云山智慧星墙、诗意云山墙、少先队评比墙等,让教育无处不在,榜样无处不在,分享无处不在;每个楼梯口都有文明用语指示,引导着每一个孩子做一个文明、有礼、守纪律的好学生。

3. 精心设计校园景观,让智慧无处不在

学校精心设计了多处校园景观,处处体现学校"智慧云山,绿色发展"的核心价值。如进入学校的校门墙,古典的建筑风格,凸显校园的人文气息,左边是理念墙,右边是荣誉墙,互相呼应,让人印象深刻;走进校园,映入眼帘的是校训墙,金漆的校训大字在阳光下闪闪发光,它让每个进入校园的师生都牢记学校的校训,并且身体力行;门口左边的红领巾广场,由雷锋像、雷锋书亭、智慧眼、少先队评比墙组成,同学们课间休息和放学等候父母时都喜欢在这里看书和看报纸,或者了解一下各班的一天评比情况;红领巾广场旁边就是智慧园,2017年7月刚建成的智慧园里有"智智""慧慧""云云""山山"四位吉祥物,它们是"智慧云山"的形象代表,也是孩子们的学习榜样,低年级的孩子们最喜欢在此参观和学习;抬头仰望,智慧园对面是"智慧展台",墙上的彩色大屏幕,不间断地播放着学校开展的各项活动以及教师、学生们的获奖情况,内容丰富多彩,有声有色,吸引了不少学生、教师和家长驻足观看;走上大操场,操场外墙是社会主义核心价值观宣传栏,图文并茂,让校园内外的人们都能受到教育;风雨操场是不少音乐爱好者喜欢逗留的地方,因为这里有一架钢琴任同学们自由弹奏,同学们称此处为"音乐天地";走上二楼,你发现有个滚动播放图文或视频的屏幕,它是发布学校公告、同学们日常活动、校园相关新闻的智慧教育屏,课间不少同学都驻足此处了解校园新闻,同时智慧教育屏还有相关的学科学习微课,同学们可以根据自己的需要自

主点播学习；走上天台就是天台植物园了，这里不仅有植物，还有雨水测量器等科学仪器，同学们课间可以在此耕耘本班的"微型植物园"，也可以读书吟诵、谈天说地。

4. 创设书香环境，让阅读无处不在

学校一直都非常重视书香校园的氛围营造，在校园建设了多个阅读书亭，如一进校门的"雷锋书亭"，风雨操场的"科技书吧"，每个课室设有"绿色书吧"，学校还建设有智慧图书馆、阅览室和藏书室。这些设施和设备让学生随处都可以找到书籍阅读，逐渐培养学生良好的阅读习惯。学校还定期开展经典诵读比赛、好书推荐活动、亲子阅读活动、诗歌节活动等，通过活动让学生热爱阅读、学会阅读。在每学年的寒暑假，学校都开展"绿色阅读之旅"，通过"一起阅读网"向学生推荐好书，引导学生开展线下阅读，线上交流和测试，大大丰富了阅读的体验和交流方式。

五、建构"智慧云山"校本课程实践与研究的展望

在推进素质教育与课程改革的进程中，在建构"智慧云山"校本课程实践与研究的过程中，学校获得了多项荣誉，在体育、艺术、科技、信息技术等方面获得了丰硕的成果，教师队伍素质得到了提升，学生综合能力得到了发展。希望云山小学在"为智慧与绿色的人生奠基"的办学理念引领下，将继续深化和提升"智慧云山"特色学校的内涵，紧跟时代的步伐，用心打造一个促进师生智慧成长的现代教育名校——"智慧云山"校园。

"创想城"课程建构与实施[①]

——以珠海市香洲区实验学校为例

余志君

一、学校简介

珠海市香洲区实验学校（以下简称"香洲区实验学校"）创建于2004年，原是一所九年一贯学校。2008年7月因人数过多将初中部分离出去，香洲区实验学校成为一所完全小学。笔者于2013年1月至2018年7月担任香洲区实验学校校长兼书记期间，创建"活力教育"品牌，坚持"知行日新·活力实验"办学理念，以"爱"为核心构建健康力、学习力、思想力、创造力四大活力元素，追求让每一个孩子"自由呼吸"的活力教育。香洲区实验学校在五年半的活力教育实践中，创造性地绘制了独具特色的学校课程图谱，以"创想城"为代表的特色课程将学校管理、教师专业发展、学生学业成就、学校制度创新融为一体，生动地诠释了学校"知行日新"的活力文化，印证了学校"尊重每一个，发展每一个，精彩每一个"的课程理念。"创想城"特色课程为全国品质课程联盟提供了深度课程变革的典型样本，累计接待来自全国各地的校长和骨干教师上百批次。笔者多次受邀在全国的大型校长论坛、课程会议上作课程报告，课程经验撰写成文，并在《中国教育报》《中国教师报》《小学语文教师》《新课程评论》《信息技术教育》《生活教育》等报刊发表，《中小学德育》等杂志还刊登有《寻找活力教育新向度》的校长专访，学校影响力由此向外界扩散辐射。

[①] 本文写于2019年5月。

二、"创想城"课程的背景

（一）活力教育——我们的课程哲学

1. 教育观：培养全面发展且追求个体发展活力的人

教育应以人的全面发展为目的。个体作为一个完整的人的存在，要求学校为其提供尽可能丰富而全面的教育。追溯古希腊教育传统，重视从体育、艺术、语言、科学等方面培养自由公民，造就全面发展的、具有公民知识以及智慧、公正、谦虚等诸多美德的人，今天的我们可以从中得到重要的启示——现代教育如何全面提升人的素养，显得尤为重要。

教育的目的是培养追求个体发展活力的现代人。这样的人，是自由、自律、友善，身心和谐健康的人；是主动寻求学习方向，在实践中获得知识或技能，实现自我意识与自我超越的人；是乐于探索未知，善于思考、思索，有独立思想的人；是敢于产生新思想，发现和创造新事物，有无限创造力的人。这样的人，是既张扬自我个性，又关怀社会、关怀自然、关怀人生的人。

2. 儿童观：每一个孩子都有创造力

每一个孩子都充满着创造精神。对世界的无穷好奇和探索是每一个孩子与生俱来的天赋，创造就在其间。在儿童的早期，创造力以各种形式表现出来，主要表现为好奇心、想象力，以及发现新事物、提出新设想的直觉、揭示、表达的能力。这对于儿童未来成为一个全面发展的人至关重要。

基于这样的儿童观，呵护孩子的敏感、好奇心，鼓励孩子的幻想、想象，培养孩子的自信、专注，珍视孩子的独立判断和批判质疑精神，成为活力教育的重要方向。

3. 课程观：成就每一个人的精彩

活力教育竭力提供满足全体学生多种多样需求的课程，以成就每一个人的精彩。孩子们从天然所具有的活力学习中自由追求他们想要学习、探索、创造的事物，这正是学校广泛提供多种课程的动力之源。香洲区实验学校希望从以下四个原则构建充满活力的课程。

一是自我成长的土壤。自我成长，是指教师突破体制内刻板功利的教育方式，学生充分发挥自由学习知识的活力，从而使得学校从僵化的教学机构转变为适合师生自我成长的场所，成为一片充满创造活力的自由土壤。

二是自然生发的秩序。鼓励教师充分发挥自我价值，尊重学生自由表达，寻求学习知识的方向，由教师和学生的互动而自然生发新的课程。在新的课程发展过程中，自然淘汰，"物竞天择"。这就是它的自然秩序。

三是猜测与反驳的方法。任何一种自然生发的新课程，毫无例外地必须运用猜测与反驳的方法予以验证。欢迎教师、学生、家长和社会对课程提出意见和建议，允许每一个新的课程经历试错、检验。正是在这样的历程中，课程得以科学地、健康地发展。

四是开放与融合的结构。开放的课程,犹如自然界,犹如社会,犹如人,只有在自由开放的状态下才具有一种可持续的发展远景。开放之下的课程结构,融合必会自然生发。无数的融合,使得开放的结构更加丰富,更加具有活力。

(二)活力实验——我们的办学愿景与课程图谱

1. 活力:学校发展的现实吁求

因在校学生曾多达3 548人,香洲区实验学校被珠海同行戏称为"航空母舰"。170名教师,平均年龄35岁,一支如此年轻的教师队伍,也理应是一支充满活力的教师队伍。然而,3年前的座谈调研与问卷调查中,教师们却表现出严重的倦怠,无休无止的午休餐饮服务、重复无趣的创建评估档案工作,低成就感、不被认可、不被赞赏,令教师群体呈现不同程度的焦虑,这支堪称全区最年轻、最壮大的小学教师队伍显出一种沉沉暮气甚至怨气。事实上,与区内其他学校的教师年龄结构做比较,香洲区实验学校最应当拥有活力,学校领导班子有责任也应当有智慧让这支队伍焕发无限活力。

学校地处发展迅猛、楼盘云集的新香洲地区。许多年轻的家长亲历新香洲的演变,在这里购房置业展开新的生活画卷,信心满满并且期待无限。家长们说喜欢实验学校的大,近4万平方米的占地面积让孩子有足够的空间尽情地伸展、奔跑、游戏,希望学校越办越有活力。而3 000多位学生更是热烈地表达了他们的意见:希望学校倾听孩子们的心声,了解孩子们的需求,办孩子们喜欢的学校!

2. 知行日新:概念的生成与意义的再造

倾听现实的声音,香洲区实验学校从早期办学思路中选择"知行"作为一个文化"生长点",提出"知行日新·活力实验"的办学理念,来生发新的学校精神与内涵。

"日新"出自"苟日新,日日新,又日新"(《礼记·大学》),形容事物的发展和进步很快,不断出现新事物、新气象。"活力"一词在《现代汉语词典》中解释为"旺盛的生命力"。"实验",既是学校之名,又有探索革新、先锋示范之意。"知行日新,活力实验",意即通过知行合一、知行并进的方式践行活力教育,促进师生和学校每天进步,建设一所充满生命活力的实验学校。

活力教育旨在让教育焕发生机和活力——教师要教出自信,教得幸福;学生要学出健康,学得快乐;师生能始终保持旺盛的求知心、进取心,不断体验各方面的成功喜悦,不断追求自我更新与进步。这成为香洲区实验学校新时期的办学愿景。

3. 活力课程:绘制我们的课程图谱

围绕活力教育理念,确立"知行日新·活力实验"为5年办学目标,在知行并进中激活师生与学校的自我更新与进步,构建一所充满生命活力的实验学校。

我们认识到,办学理念的落地、办学目标的实现,需要一张逻辑清晰、形象具体的课程图谱,以形成全体教师的课程共识与行动指南。为此,香洲区实验学校做好以下三件事。

一是诠释活力教育的内涵。活力教育以"爱"为核心,以健康力、学习力、思想力、行动力、创造力为要素,指向人的全面发展与个性发展的活力培养。

二是构建活力教育六大支柱。即活力课程、活力课堂、活力师生、活力评价、活力制度、活力文化,以此六大支柱牢固活力教育基础。

三是展开活力教育六大行动。同步展开活力环境改造行动、活力课程变革行动、活力课堂创生行动、活力教师孵化行动、活力班级草根行动、活力文化建设行动,丰富活力教育内容,拓展活力教育外延。

基于此,香洲区实验学校绘制了活力教育课程图谱(见图1)。

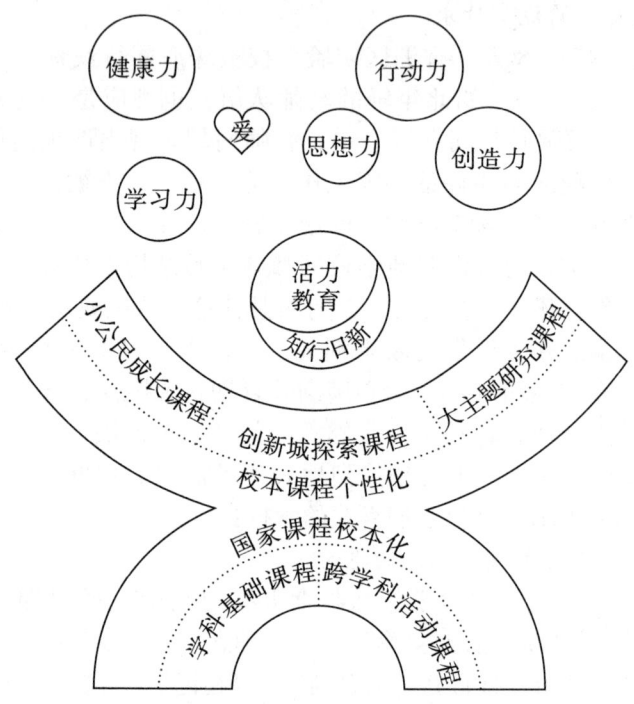

图1　香洲区实验学校活力教育课程图谱

图谱释义:香洲区实验学校活力教育的课程图谱的主体是"活力之人"。头部代表着活力教育的哲学思想,以"知行日新"为精神信条和行动准则,来实现活力教育的育人目标。"活力之人"的双脚稳稳地站在大地上,深深地扎进泥土里,象征国家课程校本化实施必须固本守正;双臂高高举起、奋力伸展,象征着校本课程的个性化与大胆求新,创想城探索课程、小公民成长课程、大主题研究课程是求新的具体表现。图谱上方是以"爱"为核心的健康力、学习力、思想力、行动力、创造力等活力要素,与国家颁布的中小学生核心素养三个方面六大核心素养对接融合。图谱背景代表"隐性课程",与"活力之人"等显性课程一起,共同构成活力教育的课程框架。

活力课程在实施中逐渐形成的三个特色课程:"创想城""成长书""悦读家",先后被珠海市教育局评为市级特色项目并得到资金支持,其中"创想城"成为香洲区实验学校最知名的一张课程名片。

三、"创想城" 课程的设计

创想城,是我们为几千个孩子创设的一座造梦城堡,图 2 是创想城的 Logo。这里,鼓励做梦;这里,所有的梦想、幻想、理想、奇想都是一粒种子,因为你不知道它在未来的哪一天就长成了参天大树!这里,追寻并实现我们每一个人的梦想……

创想城里,有 3 490 个小公民,每个星期五下午是他们的创想时间。

创想城里,有 79 门可选择的课程,每个孩子可以自由选择自己喜欢的课程。

创想城里,孩子们拿着护照通关,从一门课程走向另一门课程。

图 2　创想城

(一) 创想城课程目标与框架 (见表 1)

表 1　创想城课程目标与框架

	课程模块	模块特点	课程目标
创想城	A 梦想课程 (我想)	【与未来拥抱】 多元、宽容的 创业体验课程	将自己的人生理想与具体职业(特别引导和激励未来新职业)的体验相结合,让孩子领悟社会角色、职业贡献与当下学习、创造能力的关系,认知自我能力的重要性。 ——通过体验,感悟学习的必要
	B 幻想课程 (我做)	【与大师共舞】 探索、实践的 创作体验课程	与各领域的大师(间接与直接)交流,从模仿学习大师的创作思想与方法入手,到尝试拿出自己的个性作品。教师有意识地突破原有的膜拜仰视心理,让大师走下神坛,树立孩子们的创作自信心。真正向大师学习思想与方法,爱心与责任感。 ——通过理解,确立人生的自信
	C 创想课程 (我创)	【与创造同行】 浪漫、创新的 创造体验课程	快乐、勇敢、开放、浪漫的多领域创新体验实践。激励孩子们在年少有所发现、有所创造、有所贡献。从小到大,从艺术到科学,从自我生活到公共事业……尝试创新,体验创造快乐。 ——通过尝试,激励未来的梦想

（二）创想城课程目录（见表2）

表2 2016学年"活力实验@创想城"课程目录

年级	主题	梦想课程 （我想） 与未来拥抱	幻想课程 （我做） 与大师共舞	创想课程 （我创） 与创想同行
一年级	欢乐社区	彩笔涂鸦	趣味剪吧	琴韵雅社
		魔力巧手	快乐彩泥坊	梵高画艺社
		奔跑俱乐部	我爱五子棋	气球的艺术
		跳跳虎游戏馆	—	巧手折梦想
二年级	缤纷小镇	篮球俱乐部	DIY小饰品	服装设计师
		炫酷科学家	彩泥俱乐部	风信子舞蹈社
		骁勇轮滑队	西餐蔬果园	回收变变变
		炫彩邮电局	玩具总动员	百变纸艺术
		户外拓展营	巧手贴画坊	Dancers
三年级	幸福小区	瓶子烘焙	百变DIY	棋彩飞扬
		童心布艺轩	风雅口琴社	神奇魔方秀
		民间守艺人	指尖上的童话	远游旅行社
		小小美发师	精工巧手匠	机器人小博士
四年级	快乐大本营	中国结艺	三原色	自然笔记
		我是小棋手	不织布手工	梦想话剧社
		实验小交警	"包"罗万象	戏剧嘉年华
		小小美食家	英语绘本阅读	梦想电视台
五年级	七彩城堡	模拟法庭	剪之韵	巅峰话剧社
		快乐足球	我行我摄	创客乐园
		电脑刺绣	海心沙艺	珠海城市规划
		小安全员	青苗文学社	理财师成长营
		金口杯英语	—	—
六年级	神奇乐园	足球俱乐部	创意纸艺	小农人
		五彩编织社	摄影俱乐部	梦想剧场
		科学加油站	新印象版画	梦想桌游社
		快乐十字绣	星晖合唱团	模拟联合国
		时尚肥皂雕刻	尤克里里琴艺班	思思岩岩历险记

（三）创想城课程纲要举例

1. 梦想课程（I think）之"创想城"瓶子烘焙课程纲要（见表3）

表3　"创想城"瓶子烘焙课程纲要

开发教师		曾溢萍、朱婉毓
课程类型及名称		"梦想课程"瓶子烘焙
授课对象		三年级对烘焙感兴趣的学生
课程目标		1. 通过学习动手制作小西点，满足孩子当烘焙师的愿望； 2. 引导学生做中学，提高动手操作能力、创意实践能力和生活中的审美能力； 3. 鼓励亲手为父母、老师做点心，与父母、老师分享劳动成果和学习乐趣，表达对长辈的感恩之心。
课程内容		课程为期一个学期，包含15节课。课程的设计根据难易程度循序渐进，分别是：《烘焙工具介绍及使用方法》《美味葡挞》《焦糖布丁》《吐司蛋奶布丁》《棉花糖吐司》《水果吐司披萨》《芝士焗番薯》《香蕉麦芬》《番茄麦芬》《蛋香饼干》《芝士焗意粉》《天使蛋糕》，以及课程开放、成果展示和课程评价
课程实施	课程时间安排	周五下午2：30—3：30
	课堂教学策略	1. 活动化教学策略。课堂教学贯穿各种实践活动，学生积极主动参与，做中学； 2. 微课翻转教学策略。通过教师的"瓶子烘焙"微信公众号，每周推出课程内容，供学生与家长在家中自学； 3. 激励评价策略。通过在微信平台发布课堂学习剪影激励，通过邀请品尝自己烘焙的食品激励，通过开放课堂与客人交流激励，通过过程记录、创想城护照激励
	活动组织策略	1. 材料准备策略。学生通过"瓶子烘焙"微信平台了解要准备的材料，由家长协助完成； 2. 合作分享策略。强调人人动手，同时开展小组合作，并进行各种分享； 3. 成果展示策略。每堂课的烘焙成果，与教师、清洁工、电工、花工分享，带回家与家人分享，并拍照留念，展示分享食物的照片
课程评价	评价内容	1. 材料准备情况；2. 活动参与程度；3. 作品完成程度； 4. 合作交流程度；5. 情意兴趣状况
	评价方式	1. 自我品评；2. 相互评价；3. 教师、家长评价；4. 创想城护照评价
	成果展示	1. "瓶子烘焙"微信号每学期推出30~32期内容，向所有人展示学习成果； 2. 每位学生将获得一本《瓶子烘焙》小画册，包括每周的课程食谱、学生的课堂剪影，还有学生自评和教师、家长的评语

2. 幻想课程（I do）之"创想城"三原色课程纲要（见表4）

表4 "创想城"三原色课程纲要

开发教师		杨彩霞
课程类型及名称		"幻想课程"三原色
授课对象		四年级对美术有兴趣的学生
课程目标		1. 学习利用各种常见废旧材料进行美术创作，变废为宝，以实际行动阐释绿色环保概念，懂得节约资源； 2. 在创作过程中，思考哪些废旧材料可以利用，如何组合成新作品，尝试创作，提高学习兴趣和动手能力； 3. 在模仿中学习创造，激励学生做出属于自己的艺术品
课程内容		本课程的开展，源于"艺术创想"的教学视频，主持人尼尔·布坎南带领观众利用身边的废旧物品，就地取材进行手工创作，让孩子们巧动手，让生活中的"垃圾"变为"黄金"。 对于尼尔老师的创想，本人深受启发。根据我校的资源和学生美术基础情况，借鉴"艺术创想"的教学模式，以"学生与生活环境"为切入点，引导学生利用废弃材料进行艺术创作，变废品为美丽的装饰品和玩具的同时，体会动手的乐趣和体验废弃物都有它们潜在的利用价值。 主要内容有：利用废旧报纸，做成纸浆黏土，捏造搞怪形象；利用废旧盒子、纸巾筒等制作机器人；利用废旧纸皮、彩绳、果壳等制作奇异相框；在废旧的硬纸壳上绘制精美图案等
课程实施	课程时间安排	周五下午2：30—3：30 （根据学生课堂完成的进度，每个主题安排三到四个星期完成）
	课堂教学策略	在课堂教学时，借鉴"艺术创想"教学视频，向大家介绍如何利用日常生活中一些非常普通的材料，制作出各种意想不到的、具有个人独创风格的实用的艺术作品。最后，学生根据自己的想法以及所需材料，自由创作自己喜爱的艺术作品
	活动组织策略	学生根据自己的情况，选择合适的伙伴一起合作完成创作品或者单独完成，教师会根据学生的情况提供帮助
课程评价	评价内容	1. 参与度：参与活动的积极性； 2. 体验感受：是否有明确的活动体验感受； 3. 自主合作能力：自我创作以及与他人合作的能力； 4. 创作能力：是否原创
	评价方式	对学生创作期间的表现、作品的完成度进行综合评价。
	成果展示	学生在每个主题都会有完整的作品展现，摆在美术室内观赏。课程结束期间安排时间展览全部作品

3. 创想课程（I create）之"创想城"思思岩岩历险记课程纲要（见表5）

表5 "创想城"思思岩岩历险记课程纲要

开发教师	黎茂莲、杨思琪
课程类型及名称	"创想课程"思思岩岩历险记
授课对象	六年级喜爱漫画和故事创作的学生
课程目标	1. 通过"叙事题材漫画绘制"的学习与实践，培养学生想象创作的方法，解决漫画的构图、思思岩岩结构造型与漫画绘制等问题； 2. 创编各种故事，培养学生大胆想象的能力，培养发散性思维，完成思思岩岩历险记选编。丰富思思岩岩形象，为实验吉祥物赋予意义，使思思岩岩成为凝聚实验特色的形象人物
课程内容	思思岩岩是香洲区实验学校的吉祥物，具有天真活泼、勇敢自信、富于创新等特点。这两个吉祥物将在实验学校发生一系列有趣而又好玩的事情。本课程将通过四格漫画、故事汇编以及剧场表演等形式来展现。 四格漫画主要通过"叙事题材漫画绘制"的学习与实践，培养学生想象创作的方法，解决漫画的构图、思思岩岩结构造型与漫画绘制等问题的能力。 故事汇编以写作训练为主，并以举行"故事沙龙"的形式进行创作交流。 剧场表演以故事汇编小组为基础，通过筛选作品并进行合作排演，定期在本兴趣班以及校内进行巡演
课程实施	课程时间安排	周五下午2：30—3：30
	课堂教学策略	1. 优化情景。在创作中尝试表演，采取小组合作学习的方法，让学生在合作中动脑、动手、动口，从而达到同学间彼此沟通的目的，通过尝试表演，激励学生们未来的梦想； 2. 通过小组合作，展现创作成果。在表演环节中，每一个小组进行汇报演出，每一位组员都有表演的任务，这也有效地提高了学生的创作积极性； 3. 联系生活教学策略，通过活动直接或间接地反映生活或通过对生活的模拟以实现学生知识技能的有效掌握、智力能力的培养和个性发展的策略。激励孩子们在年少时有所发现、有所创造、有所贡献
	活动组织策略	1. 自找伙伴开展小组活动。学生自己找伙伴开展活动，可以保证活动本身很顺利地开展，经历快乐、勇敢、开放、浪漫的多领域创新体验实践； 2. 漫画展览。将所创作的漫画举行展览会； 3. 剧场表演。以故事汇编小组为基础，通过筛选作品并进行合作排演，定期在本兴趣班以及校内进行巡演

续上表

课程评价	评价内容	1. 参与度：参与活动的积极性； 2. 体验感受：是否有明确的活动体验； 3. 自主合作能力：自我创作以及与他人合作的能力； 4. 创作能力：是否原创
	评价方式	1. 自评、师评、生生互评； 2. 创想城"i币"获取的数量作为衡量成果方式之一
	成果展示	1. 漫画成果展。通过此活动，体验当漫画家的感受，激励自己梦想成真； 2. 戏剧表演。通过此活动，体验当演员的感受，激励自己梦想成真

四、"创想城"课程的实施

（一）"创想城"课程理念落地的 10 个办法

一是组织全体教师培训，主题是"特色课程开发模式与实操讨论"。后续在实施中伴随各类参与式培训。

二是根据办学理念，构建"活力实验@创想城"特色课程框架，撰写总课程纲要，并策划课程资源的组织与完善。

三是落实课程时间与课程组织。在每周五下午设置 55 分钟的长课时，打破原有行政班界限，自由走班选修。每学期预备周，教师根据自己的兴趣和特长，上报课程名称，课程总数约 77~85 门，组成"课程超市"供学生选择。第一周，学生选课，由年级组和教务处统筹协调。随后依课程计划实施，至最后两周，进行课程评价。

四是编制各门课程的纲要。观察课程实施情况，及时进行反思与反馈，各课程每学期修订一次纲要。

五是拟定各门课程的计划。同上，观察课程实施情况，及时进行反思与反馈，各课程每学期修订一次计划。

六是开展大型开放活动。精心设计大型开放日活动，提供真实情境，展示课程实施的过程与阶段性成果，迎接各方来宾，参与创想城 79 门课程互动，欣赏学生的课程学习成果，成年人翻转角色向学生学习，接受学生培训。关注课程公众号的嘉宾可获得 5 元创想币，购买学生作品。

七是开展城内课程联谊。将互联网思维用于课程建设，教师们在 79 门课程之间连线，进行课程联谊、开展课程合作。每位教师、每门课程之间，以自由连接碰撞出火花，创生更多的课程资源。学生则灵活运用多样化的学习方式，在自主、合作、探究的真实学习体验中获得成长。

八是开设创想城微信公众号。整个公众号围绕创想城概念进行风格与内容的设计，主要栏目有：创想导师、创想童行、城中草木、小城大事、城外来客、城里城外等。成立微信号运营团队，负责策划栏目主题、跟踪课程进度、挖掘课程人物与故事、及时采编推送等工作。

九是设计课程评价。发放"创想城通行证"，每学期末进行学期的终结性评价。设计与发行创想城纸币，用于课程学习和交流。把课程设计、课程组织和课程评价统整，使之融合为一个有机整体，贯彻到活动中去。一方面将课程设计和课程活动中师生的各种表现作为评价课程的依据；另一方面，注重把评价作为师生共同学习的机会，如每门课程派出若干观察员持考察表访问其他课程，并对其做出评价。制定"活力实验@创想城"的星级课程评价方案，评出钻石课程、黄金课程、待改进课程。以上举措让优质的课程走得更远，创想城课程由此不断迭代升级。

十是开设课程论坛，组建讲师团队。所有的课程都有机会登台介绍成功经验，其中优秀者成为接待、培训外来的同行，成为课程研发的导师。

（二）"创想城"课程实施中的创新

在香洲区实验学校，创想城何以成为创想城？

创想城，是为3 000个孩子提供丰富多样的、可供选择的，方式灵活并且更加强调体验与创造的个性化课程的一座创想之城。我们的创想城，以自然生发秩序为原则，摒弃僵化功利的计划，充分发挥师生学习的自主性、课程的自然创生性，顺势引导和扶持，允许出错，允许失败，鼓励竞争，鼓励榜样与创造。在"底线+创造"式的课程实施中，我们不断强调以下四个原则，以全体教师课程领导力的提升来保障创想城课程的品质活力。

第一，创想城里的师生共同寻找课程学习的需求。我们激发教师从自身生活与学习的阅历出发，充满热忱地寻找学生的学习需求，鼓励学生真实自由地表达，在课程设置与开发中认真分析和回应，从而建立起创想城课程的运作模式。

在创想城里，学生的学习需求是被多角度、多形式、全过程、多轮次地倾听并回应的。开学第一周的课程报名实行双向选择，可看作学生学习兴趣的试金石。所有的课程由教师设摊广告纳新，不能引发学生兴趣的课程门可罗雀，热门课程则人气爆棚，教师也可以对学生进行选择。三年级的杨波老师恰是在开学第一周的课程招新遇冷，而真正用心探寻学生的学习需求，终于开出了一个后来的金牌课程"精工巧手匠"；六年级的陈俊老师原本有一门颇受赞誉的"叶画创意"课程，但是他观察到课程内容对于高年级学生并不具有持久深刻的吸引力，于是毅然转型，改为毕业班孩子重新创设一门"尤克里里"课程，成为这个毕业季风靡12岁少男少女的高人气课程；对学习需求的关注与回应，伴随课程实施周期的全过程，成为课程发展的活力源泉。

第二，创想城的课程生发，基于兴趣、资源、理想三个维度的考量。兴趣是课程的起点，资源是课程的条件，理想是课程的方向。课程的目标、内容、实施、评价，在与兴趣、资源、理想三者的结合中，实现自然的生发、生长。

每学期初的课程招新，百花齐放的79门课程以学生兴趣选择为考量的竞争，教师们以课程魅力招徕学生。课程实施过程中会有大大小小的开放日，每门课程派出3~5名小观察员去访问其他的课程,并完成观察量表。孩子们在观察量表上的心语,在期末护照评定中的结语,带给教师们创生课程的不竭动力。于是,教师们在课程实施中不断拓展课程资源,回应课程需求的同时,努力推动课程朝更理想状态演进。这成为创想城里的自然秩序。

第三,创想城课程在师生的共同构建中不断发现和弥补缺憾。任何一门课程的内容都不天然地具有不可更改的永久性,创想城里的每一门课程都在实践中经历试错、验证和更新。学期末,经由教师、学生、学校课程管理团队多方面评价,创想城诞生了一批钻石课程、黄金课程,也出现了若干待改进课程。蒋慧丽级长带领年级教师从职业体验角度出发设置"幸福小区"课程,其中的"物业管理""美丽园艺师"课程仅出现一个学期就消失了,"趣味数学"课程则在困境迷茫中毅然转型为"神奇魔方秀"课程,成为连续几学期都颇受欢迎的黄金课程,"童心沙画"课程因内容过于低幼,购置9套专业沙画设备、投影、DV装备一间专门的沙画教室后,变成创想城最文艺范的"海心沙艺"课程,风靡校园。

第四,课程在动态的拓展变化中焕发活力。例如,将互联网思维用于课程建设,教师们在79门课程之间连线、进行课程联谊、开展课程合作。每位教师、每门课程之间,在自由的连接中碰撞出火花,创生更多的课程资源。学生则灵活运用多样化的学习方式,在自主、合作、探究的真实学习体验中获得成长。

梁海荣老师的摄影课程,在创想城非常受欢迎。他在课程实施中体会到对于孩子们而言,枯燥乏味的摄影知识虽然重要,但只适宜在拍摄实际操作中适当渗透,于是频繁采用课程联谊策略,先后与"瓶子烘焙"联谊(静态摄影)、与"快乐十字绣""海心沙艺"联谊(相对静态摄影)、与"奔跑俱乐部""篮球俱乐部"等跑跳类课程联谊(动态摄影),并期待学校在秋季提供一个学生作品展厅,延伸课程的展示、评议。黄晟老师的"梦想电视台"更是凭借课程联谊走出困境,他和学生在联谊中发现强大的校内课程资源,可以对70多门特色课程及其丰富故事进行采访与交流,学生在真实的设计、采访、拍摄、编辑中真正完成了一个节目制作的流程,对电视人这个职业有了更深刻的了解。每位教师、每门课程间,都在寻找和制造连接,他们在自由的连接中碰撞出火花,创生更多的课程资源。我们看到典型的互联网思维,每个人都是分享者,每个人都是生产者、贡献者,在互联、互通、共创、共享中,学校的课程生态、文化基因因此而改变。

正是在这样开放与融合的结构中,创想城更加丰富,更加具有活力,也更具有一种可持续的发展远景。

(三)"创想城"的未来构想

"创想城"有70多门可选择的课程。有人说,他们的学校有120多门课程。那么,课程是越多越好吗?也有人说,你们都在给课程种类做加法,是不是应该做减法?那么,做减法的课程,是否应该重新回到文科取士时代,只单纯地学习经史子集即可?

在我们看来,没有任何一门课程是涵盖全部知识的。孩子们从天然所具有的活力学习中自由追求他们想要学习、探寻的事物,这正是教师们广泛提供多种课程的动力之源。因此,关于课程,多种多样的需求是不证自明的。创想城课程,从诞生之初就努力符合以下四个原则：自我成长的土壤、自然生发的秩序、猜测与反驳的方法、开放与融合的结构。

未来的创想城，走向何方？

展望创想城的未来，在自然生发秩序原则的指引下，它将不断推陈出新，是具有长久生命力的。学校尝试尽可能地给在小学期间学习的孩子们提供人类、社会、自然的一切知识，固然，这样的学习不可能也不必要像大学那样提供精准的专业化学习，但由教师和学校开拓多种多样的课程，将更好地激发孩子自由学习的活力和动力。

未来的创想城，将融入并追求学校特色发展。一所学校的特色是其地域文化、社会群体的历史，以及学校教师和孩子们长期共同努力所积淀的结果，并非某种想当然的计划所能达致。自上而下地人为设定某种"特色"并以计划推行，就会制造出某种学校"特色"，这本身就具有逻辑错谬。"知行日新·活力实验"，活力教育不仅仅是实验学校特色之名，更是描述实验学校教育发展应有之义。"活力实验"的特色，在于教师和孩子们对活力教育的坚持，而非某种想当然的计划规划。唯有全校教师和孩子们真正地沉浸于自由活力的学习，在自然生发秩序下，才能够产生真正的活力教育特色。

未来的创想城，将致力于推动学校课程的文化创新。这也是活力实验未来课程文化建设的核心。我们期待创想城的发展，日益突破现有课程文化的僵化刻板与局限，探索新的课程文化，包括观念、价值、思维方式。实验学校的课程文化创新，是学校文化构建的长久目标，是一个长期发展的过程，作为校长则应以全新的观念来引导。

未来的创想城，将不懈追求实现人的完整完善。创想城里，有梦想、幻想、创想。创想城里，师生共同追寻实现我们所有人的理想……创想城，是一种崇尚自由的教育，其所有的课程及其创生演变，都是对心灵的自由滋养，其目的在于培养师生共同具有自由的精神、公民的责任、远大的志向。香洲区实验学校期许创想城里的每个人，为个体的生命成长确定方向，通过个体的改变为社会、为人类的进步做出贡献。

五、"创想城"课程的评价

创想城重构了一个有活力的教育空间。创想城的教师团队对校园空间里充斥的最简陋的功能主义进行改造，使之尽可能实现美与功能相结合。新建的一幢文体综合楼，成为全校的精神文化中心。几年间，学校改造63个常规教室，改造30个功能教室，改造两个架空层、两个报告厅、三个园林。创想城的教师团队想尽办法，使空间能够与人发生交流、互动，使之有教育的意义，成为课程的一部分。比如，沙池、园林很美，却跟人难以发生关联，为一年级小朋友做了他们喜欢的沙池，环境与人就发生关联了。比如，创造了巨大的热带雨林空间，在仿真彩绘的基础上，请公司开发了一个热带雨林的主题网站，又添购几个触摸屏，孩子们就可以随意浏览网站里的雨林百科知识。再做几个小木屋，设置留言板，孩子们可以在雨林里看书、留言、参与问答竞猜。甚至购置了一个老式邮筒，开办了一门校园邮政局课程，这一切都成为"创想城"的一部分。

创想城实现了教育工作者的活力回归。教室要装修成什么样，美术教师杨彩霞说了算。她很辛苦地画图，寻找材料，设计桌子、柜子，与工人沟通，最后把教室装修成她想要的样子。她很满意，不仅带孩子们做了很多装饰品，还给自己的课程空间命名为"三原色"。谢守莲是一位普通的数学教师，她带领"小农人"课程在菜地里建了一间会"生长"的教室，不但种秋葵、向日葵、种玉米、豆角、薄荷，还种了棉花。语文教师万琼兰，创想城的所有微信文章，全部出自她一个人之手，她还主编了创想城课程画册。笔者认为，创想城为教师提供了实现个人价值和角色转换的场景，创想城让每位教师找到创造的激情，实现了教育工作者的活力回归。

创想城激发了每一个孩子的成长活力。如果说国家课程侧重的是国家意志、共同素养、学术质量，创想城关注的则是个性发展、兴趣特长、自由成长。它创造了师生共同的课程生活，满足了儿童在国家课程之外的发展需求，使学校生活成为孩子乐于追求的生活，为孩子拥有诗性的童年提供了条件。有一些是属于比较特殊的那一类，如小皮同学的多动暴力无法自控全校闻名，但小皮在电脑绣花课上却非常专注，不再影响别人了；小余2岁时被诊断为自闭症，而在"思思岩岩历险记"绘本创作课程中却找到了快乐；小何则从小到大不肯把头发梳起来露出大眼睛，可是在剧团表演课上却主动地将头发梳到了一边，露出一双美丽的大眼睛令教师们惊奇无比。教师们说，创想城对很多孩子有疗愈功能。从某种程度来说，这些孩子并非有什么特殊，创想城尊重了他们的活力需求，满足了他们"一百种的百倍之百倍"的需要，他们也就呈现出圆满自足的智慧。

创想城让教师团队领悟到活力教育的真谛。教师团队理解了杜威所说的"做中学"。他说过"让孩子做什么比学什么更重要"，因为"做的时候必然要思考，于是，学习就自然发生了"。教师团队理解了陶行知所说的"自然发生、流淌出来的才是动力"以及"行动是老子，思想是儿子，创造是孙子"，从而更加认识到不能像过去那样教学生"读死书，死读书，读书死"。教师团队还更加理解了维柯指出的"儿童是诗人""诗即创造"，从而期待创想城能为每一位儿童提供创造力的源泉。

人作为理性的生命，繁衍进化到今天的状态，最重要的一个因素就是教育。在知识分散的情况下，更凸显了一切知识的传承即教育。而教育的过程中，无一不需要知识的传授者和接受者彼此都要带有一种积极性，包含热情、兴趣、严谨、认真、思考、实践等，更多的是使知识的接受者面对一种未来，如鲁迅对儿童寄予巨大的期待——"你们所多的是生力，遇见深林，可以辟成平地的，遇见旷野，可以栽种树木的，遇见沙漠，可以开掘井泉的"。这些有着旺盛生命力的孩子，会让人发出更多的赞美和赞叹！

教育也是社会文化成果的总体反映，人类的所有知识和智慧都是建立在不断继承已有经验之上的。人类的价值观念和精神指向决定着教育是否有活力。反过来说，有活力的教育，在反映社会文化活力的同时，也在有力地推动社会发展和文明进步。而缺乏活力的教育，映射社会痼疾的同时，也同样在扼杀社会文明的进步。

活力是"旺盛的生命力"。在社会层面，对群体而言，活力是自然生发的秩序，是社会和谐、繁荣、可持续发展的内在动力；对生命个体而言，活力的核心特点是自由。活力意味着激情、生机、能量，意味着运用身心能量展现出积极的精神面貌和有力的行动，促进身心健康，提升成就感，增强幸福感。

站在教育的实践角度，活力指向人的思想和行动，明确地指向教育主体中的儿童和教师。而笔者深信，活力即教育的目的。

教育的全部目的，就是生成充满活力的人。这便是"创想城"课程创设的意义。

综上，香洲区实验学校在五年半（2013年1月至2018年7月）的活力教育实践中，围绕"活力教育"理念构建了独特的课程图谱，开发了以"创想城"为代表的独特课程名片。创想城将活力教育理念下的课程建设与教师专业发展、管理制度创新、学校组织进化都融汇在以"活力"为鲜明特色的学校文化中。创想城，一座活力之城。我们在这里追寻并实现所有人的梦想和理想。

第三部分
核心素养特色课程

气质教育课程建构与实施[①]

——以佛山市南海区大沥实验小学为例

李佩球　许倩华

一、学校简介

佛山市南海区大沥实验小学（以下简称"大沥实验小学"）于2000年8月创办，是一所全日制寄宿实验学校。校园占地40亩，建筑面积45 000平方米，与广州毗邻，与广佛、广云公路接壤。现有54个教学班，在校学生2 224人，教职工300余人。校园布局合理，设备功能齐全，资源配置丰富，教学环境幽雅。办学伊始，学校就秉承"创特色名校，育世纪英才"的办学宗旨，把学生"培养成有世界眼光的有气质的现代人"作为育人目标，深入开展课程改革，着眼于"为每一位孩子的幸福人生奠基"。随着南海教育综合改革不断深化，从2010年开始，学校全面推进"气质教育"，构建气质教育课程体系，以气质教育品牌课程打造学校教育特色品牌，提升学校品牌竞争力。

如今，大沥实验小学围绕"气质"这一核心理念形成了一套完善的实践操作模式，从课程目标、课程设置、课程实施、课程领导力、课程创新等方面构建了气质教育课程体系，形成特色鲜明的校本课程，以发展学生的个性，培养学生的气质内涵，促进学生全面发展。

---

① 本文写于2019年5月31日。

二、气质教育特色课程的背景

（一）国际课程改革发展方向

世纪之交，面临着信息化、全球化和知识经济的巨大挑战，各国政府和国际社会都认识到了教育在迎接21世纪科学技术突飞猛进和知识经济迅速兴起所带来的种种挑战中的重要作用。谁掌握了21世纪的教育，谁就能在未来激烈的国际竞争中赢得战略主动权。因此，世界各国都致力于新一轮基础教育课程改革。从国际课程改革的发展方向上看，主要呈现出强调学生的综合素养全面发展，培养创新型人才，关注接受平等、公正的教育的权利，开发多样化、个性化课程等方面的发展趋势。

（二）我国课程改革发展方针

改革开放以来，我国的基础教育及其课程经历了30多年的改革和发展，为提高我国国民素质和造就成千上万的人才做出了巨大的贡献。但是，处于转型时期的经济社会的发展给基础教育改革提出了新的要求，赋予了新的使命。《国家中长期教育改革和发展规划纲要（2010—2020年）》提出："关心每个学生，促进每个学生主动地、生动活泼地发展；尊重教育规律和学生身心发展规律，为每个学生提供适合的教育"，并提出"坚持以人为本，全面实施素质教育是教育改革发展的战略主题"以及"坚持德育为先，坚持能力为重，坚持全面发展"的原则，同时强调："着力提高学生的学习能力、实践能力、创新能力，教育学生学会知识技能，学会动手动脑，学会生存生活，学会做事做人，促进学生主动适应社会，开创美好未来。"

《教育部关于全面深化课程改革 落实立德树人根本任务的意见》提到"研究提出各学段学生发展核心素养体系，明确学生应具备的适应终身发展和社会发展需要的必备品格和关键能力，突出强调个人修养、社会关爱、家国情怀，更加注重自主发展、合作参与、创新实践。这就要求教育工作者聚焦学生发展核心素养，科学设计学校课程，精心选择教育内容，建立从知识向能力、从能力向素养不断提升的发展水平等级标准，推进基于核心素养发展的教学改革，落实以人为本的素质教育理念，真正为学生的终身发展奠基。"

综上所述，"以学生发展为本"学生发展核心素养培养已经成为我国课程改革的趋势，建构注重全体学生全面发展和个性差异相统一的课程，将成为未来较长一段时间我国课程改革的发展方向。

三、气质教育特色课程的设计

（一）课程设计原则

基于课程改革及核心素养背景的气质教育课程建设，坚持以校为本、以人为本、立德树人，尊重学生个性发展，尊重学校特色文化的发展，尊重本土文化的传承，尊重学生气质内涵的培养，在实施过程中遵循以下五个原则。

1. 以德育人原则

《国家中长期教育改革和发展规划纲要（2010—2020年）》及《教育部关于全面深化课程改革　落实立德树人根本任务的意见》提出"坚持立德树人，坚持德育为先，坚持能力为重，坚持全面发展"的原则，气质教育坚持先成人后成才的育人原则，坚持通过大量的实践体验活动培养学生的家国情怀、创新精神、实践能力、勇于担当、乐于助人、懂得感恩等良好品格，重视在知识与技能的学习过程中发展学生的思维，提升学生综合能力，培养学生的品德修养，塑造学生成为品学兼优、内外兼修的有气质的现代人。

2. 校本化原则

《国家中长期教育改革和发展规划纲要（2010—2020年）》提出："关心每个学生，促进每个学生主动地、生动活泼地发展；尊重教育规律和学生身心发展规律，为每个学生提供适合的教育。"气质教育的思想具有鲜明时代特征及前瞻性，为培养适应本土经济发展及城市化建设需要的人才打下坚实基础。气质教育课程建设以学生发展为本，立足本土文化与校本思想，为每个学生的发展提供适合的教育，把国家课程与气质教育课程高度融合，整合、补充与拓展国家课程，使国家课程校本化实施。同时，充分挖掘本土特色文化资源，为学生的气质成长提供适合的课程。例如，"童话佛山"美术校本课程的实施让学生深入了解佛山传统文化特色，佛山"咏春"拳术学习课程、佛山地域文化课程等。这些课程让学生通过丰富多彩的实践体验活动学习本土特色文化，让气质教育更接地气、更有本土特色、更有文化特色，更能培养学生的家国情怀及适应现代化、国际化人才培养的需要。

3. 融合性原则

气质教育课程建设的宗旨是为学生终身发展而奠基。为此，课程建设尊重多元文化的融合，尊重跨领域学习，尊重跨学科的渗透，尊重多元方式的运用，实施主题式、综合实践式、探究式、互动式等开放的、个性化的、定制式的多元学习方式，满足学生个性化多元化发展需要，实现多元文化的融合与承载，促进学生综合素养的整体提升，为适应未来社会打下坚实基础。

4. 活动性原则

我们强调"学生的能力从活动中来"的核心思想，即多种多样的活动满足了学生的发展需要，为学生提供活动的机会和环境，让学生在主动的教育教学活动中学习并获得发展。气质教育课程主要通过实践活动的方式，激发学生参与学习和活动的积极性、主动性和创造性，通过综合实践活动、兴趣超市活动、社团活动、社会实践体验活动等方式培养学生发现问题、解决问题、获取信息的能力，培养学生的实践能力和创新意识，提升学生的气质内涵。

5. 选择性原则

气质教育体现了素质教育的全面要求，即面向全体学生，开发全面科目，注重全面发展，让每一位学生学有所乐、学有所得、学有所进。气质教育体现了个性教育的个性化要求，为学生"量身定做"一套适合其发展的个性化方案，充分尊重学生的个性发展，尊重学生的个体差异，尊重学生对课程的选择。学校通过开发多元的气质教育特色课程满足不同个性发展需要的学生，为每位学生提供必修课程与选修课程，把课程的选择权还给学生，让每一位学生选择适合的课程进行学习体验，为每一位学生提供自我发展的平台与机会，让每一位学生发挥特长、张扬个性、亮出自己、展示自己、发现自己、完善自己。

（二）课程设计目标

大沥实验小学一直践行着"以人为本，充分尊重人的发展"的办学核心理念。2010年，随着大沥镇城市化进程不断深入，富裕的大沥人追求更全面、更优质的教育。面对师生与家长对于学校教育不断提升的强烈期盼和南海教育综合改革不断深化的现实要求，大沥实验小学在学生个性化培养基础上，全面推进"气质教育"，充分尊重学生的个性发展，培养学生的创新精神和实践能力，给学生充足的自我发展空间，着眼于"为每一位孩子的幸福人生奠基"。

大沥实验小学推行的气质教育的核心理念是把学生"培养成有世界眼光的有气质的现代人"。这里所说的气质并不是心理学意义上的气质，而是文化和社会意义上的气质。大沥实验小学中的每一个人认为，一个人的气质是内部修养、外在的行为谈吐、待人接物的方式、态度等的总和。该校倡导的气质教育是对气质本身的培养，以及通过气质培养提升孩子的人文品位和个性化特质。

气质教育是素质教育的一种具体形态，旨在通过教育将学生培养成为内外兼修的优秀人才。而个性化培养则是一种因材施教、激发学生潜质、帮助其实现自我成长、自我完善及自我超越的教育模式。气质教育的根本指向就是实现学生的个性化成长，个性化培养课程是实施气质教育的主线。通过开展气质教育，学生形成在全面发展基础上的独特个性。

1. 气质教育课程总体目标

实施气质教育，把学生"培养成有世界眼光的有气质的现代人"，让学生、教师、学校三方都得到提高与发展，真正实现学生成才、教师成名、学校发展。

2. 学生气质目标

（1）三个总体要求。

有活力：指学生朝气蓬勃，具有旺盛的生命力。

有个性：指学生精神面貌好，有思想，有品质，有性格，意志坚定，情感丰富。

有梦想：指学生有理想、有追求。

（2）九个具体要求。

阳光：学生积极向上，乐观开朗，活泼有朝气。

自信：学生具有相信自己能行的积极的信念。

文明：学生具有正确的价值观，并传递给周围的人。

友爱：学生在与人交往时能够相互理解信任，相互支持帮助。

真诚：学生真心实意，坦诚相待，感动他人并最终获得他人的信任。

胆识：学生同时具备见识和勇气。

智慧：学生拥有较强的理解、思考、分析、探求真理的能力。

担当：学生具有敢于承担责任的魄力。

卓越：学生在某些方面具有突出的才能。

（3）关联目标三个层次，根据学生的年龄特点，按低、中、高年级分别达到大方、大度、大气三个培养层次。

大方即阳光、自信、文明。

大度即友爱、真诚、胆识。

大气即智慧、负责、卓越。

3．"一四九"工程

大沥实验小学经过深入的研究和论证，围绕"气质"这一核心理念形成了系统的理念体系和系列的实施操作模式，全面规划了"一四九"工程，以具体项目推动气质教育的开展。

"一"是指一种形象，即"有世界眼光的有气质的现代人"形象。

"四"是指培养学生具有四种习惯，即自觉的学习习惯、"大成"的思维习惯、绿色的生活习惯、关注世界的习惯。

"九"就是通过六年的个性化培养课程，使学生具备九种素养，包括能说一口标准的普通话，能说一口流利的英语，能弹奏一种乐器，能画一幅好画，能写一手漂亮的字，能掌握一项健身技能，能掌握一些信息技术基本技能，能掌握一定的科技探究方法，能具备一定的领导才能。

对于整个"一四九"工程项目，大沥实验小学制定了实施目标、实施课程、实施方式、课程内容和评价方式的实施方案，具体指导和实施"一四九"工程行动计划。

气质教育的课程目标体系与国家的核心素养体系是完全一致的，是国家核心素养体系在该校的个性化表述。

（三）课程设计内容

课程是实施育人目标的载体，课程的设置与开发是关键。课程设置是指学校选定的各类课程的设立和安排。人们常常把"课程设置"仅仅理解为学科课程的开设，这是不够全面的。

一间学校的课程设置充分体现了这间学校的办学理念和育人目标。大沥实验小学在气质教育实施的过程中，在开足国家课程的基础上，不断开发了多元化的校本课程，其中包括"我有气质我快乐"课程，九种素养培养课程和个性化培养课程以及兴趣培养、社会实践等拓展课程。

经过多年的探索，大沥实验小学建构起以国家课程为核心的气质教育课程体系，该体系主要包括了国家课程、校本课程、拓展课程。国家课程是指国家有关部门制定和颁布的各种课程，每间学校都必须实施的课程，是实施气质教育的主要课程；校本课程分为主导性课程和互补性课程，是实施气质教育的针对性课程；拓展课程主要包括社团培训课程、兴趣超市课程、社会体验课程，是实施气质教育的辅助性课程（见图1）。

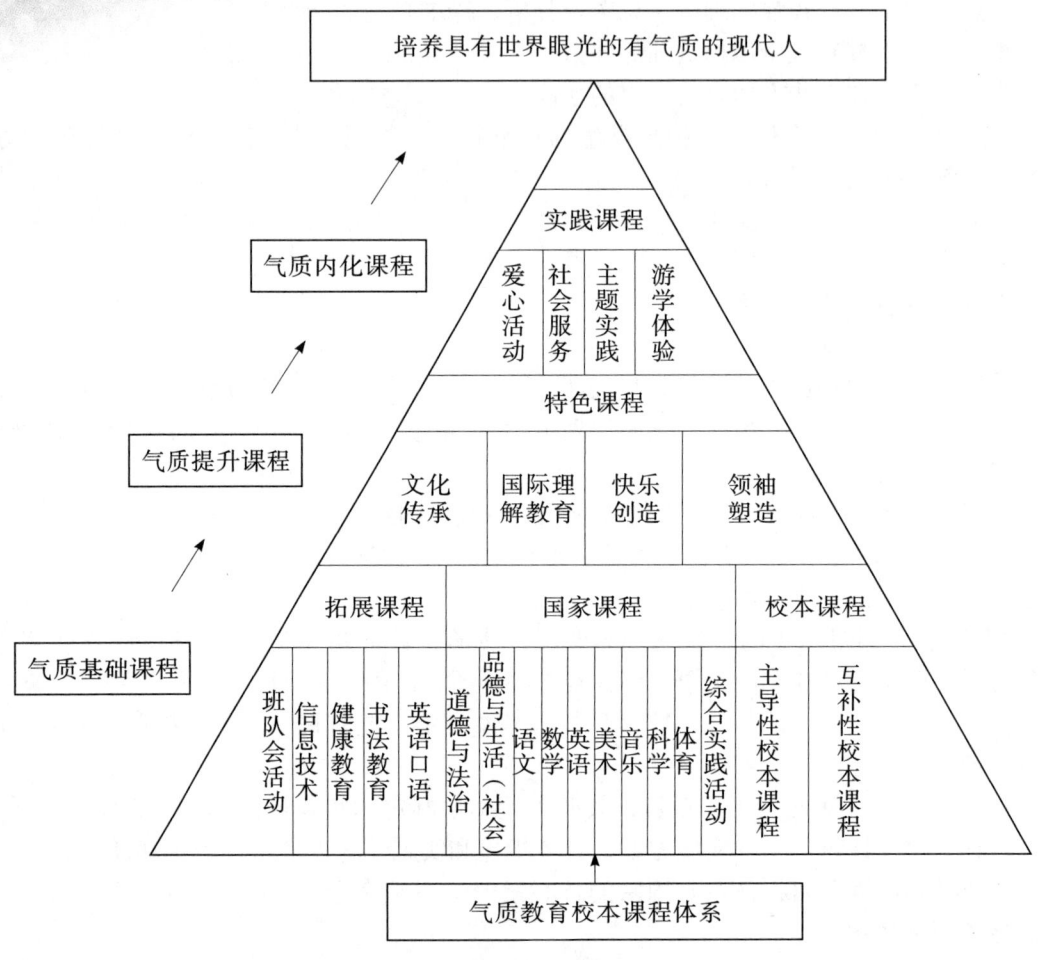

图1 气质教育课程体系

实施气质教育,三种类型的课程各有侧重,相辅相成,缺一不可。学校通过国家课程校本化、校本课程多元化、拓展课程立体化的课程理念把三种类型的课程有机融合,充分培养学生个人气质。

1. 国家课程校本化

国家课程主要是指品德与生活(社会)、语文、数学、英语、音乐、体育、美术、科学、综合实践活动等课程,是学生核心素养形成的基本保障。国家课程校本化是大沥实验小学实施气质教育的重要途径。

(1)大沥实验小学以气质教育的理念重构国家课程,凡是国家课程里有符合培养"有世界眼光的有气质的现代人"的内容都要特别强调,在国家课程教育教学中渗透校本化内容。例如,语文课程渗透校本口语交际内容,数学课程渗透校本系列数学综合实践活动研究,英语课程渗透国际教育理解,体育课程渗透校本跳绳运动和羽毛球运动技巧,音乐课程渗透口风琴教学,美术课程渗透佛山本地剪纸和陶艺艺术。在国家课程中渗透学校特色课程,形成学校特色文化,培养出学生个性化的气质。

(2)学校以气质教育的理念重构国家课程,用"乐学五步法"的课堂教学模式贯彻国家课程标准。各学科均开发了以气质教育理念为指引,以国家课程标准为导向的具有学科特点的"乐学五步法",即"情境导入—自主探究—合作交流—互动评价—拓展提升"的课堂教学模式。"乐学五步法"教学模式的教学思想是以"乐"为核心,以"学"为中心,引导学生乐参与、乐思考、乐质疑、乐表达、乐实践、乐合作、乐交流、乐分享、乐评价、乐总结。通过"乐学五步法"的课堂教学应用,培养学生形成乐学好问、乐于助人的人生态度,展现出阳光、自信、大方的气质。这样的课堂教学模式为高效课堂奠定了良好的基础。例如:语文课堂采用"情境导入—自读感知—精读感悟—熟读提高—拓展延伸"的阅读教学模式;数学课堂采用"创设情境(乐引)—自主探究(乐学)—合作交流(乐辩)—达标测评(乐练)—拓展延伸(乐思)"的教学模式;等等。

2015年11月5日,大沥实验小学迎接了"南海区高效课堂示范学校"评估,35位南海区教研员、学科名师听了大沥实验小学83节课例,优秀课例达到90.36%,优良率100%。在所有参评的学校中,大沥实验小学的优秀率是至高的!在评估总结时,区教研室主任说:"'管中窥豹,可见一斑。'这些优秀课例全面反映了学校全面发展、全面育人的教育理念。果然如校门口大石头上镌刻的'十年磨一剑',不磨一剑何来天下好剑?不磨一节节课,何来大沥实验小学平时课堂上的节节好课?还有一点不得不提,大沥实验小学的教师在课堂上展现了优雅睿智的师者气质,教师的气质又深深地影响着学生的气质。因此,我们看到孩子们气质优雅、彬彬有礼、落落大方、自信表达。这一切都是与大沥实验小学开展的气质教育密不可分的!"南海区数学教研员情不自禁地夸奖道:"我已经很久没有听过如此让人赞不绝口的课了!应该让更多年轻的教师来实小听课!"

可见,大沥实验小学的国家课程校本化是高效的,具有示范性的。

2. 校本课程多元化

校本课程主要是指该校在国家课程的基础上,根据气质教育的目标而有针对性地开发的课程,其特点是内容校本化、形式多样化、课程多元化。校本课程主要包括有主导性课程和互补性课程。

(1)主导性校本课程——"我有气质我快乐"。

该课程以培养学生的"一种形象""四种习惯"为课程总目标,即培养学生"有世界眼光的有气质的现代人"形象和自觉的学习习惯、"大成"的思维习惯、绿色的生活习惯、关注世界的习惯等良好的气质内涵。根据课程目标设置了五大主题:"气质形象""自觉学习""大成思维""绿色生活""关注世界"。按照学生的年龄特点,学校在一至六年级分别开发相应的一个单元学习内容,并对各年级的课程实施、评价做出了具体规范和指导,而这些内容都是有层次性、渐进性和紧密联系的。根据课程的目标、内容和实施建议,学校编写一至六年级《我有气质我快乐》校本教材,每学期学习三至四个单元的内容,有效落实了"我有气质我快乐"课程的理念。

(2)互补性校本课程——九种素养校本课程。

该课程以落实"一四九"工程,培养学生以"九种素养"为课程目标。"九种素养"校本课程包括:"能说一口标准的普通话"校本课程、"能说一口流利的英语"英语口语校本课程、"能弹奏一种乐器"口风琴校本课程、"能画一幅好画"童画佛山美术校本课程、"能写一手漂亮的字"书法校本课程、"能掌握一项健身技能"游泳校本课程、"能掌握一些信息技术基本技能"Scratch少儿趣味编程校本课程、"能掌握一定的科技探究方法""开心发明"校本课程、"能具备一定的领导才能"学生领导力培养校本课程。

这九种校本课程是对国家部颁课程的强化和补充、拓展和延伸。例如，"能说一口标准的普通话"校本课程和"能说一口流利的英语"英语口语校本课程是对国家课程的强化；"能画一幅好画"童画佛山美术校本课程和"能掌握一定的科技探究方法""开心发明"校本课程是对国家部颁学科课程的深化和延伸。这些校本课程是对国家课程的再加工，具有鲜明的校本个性。该校还通过课题的形式开展深入的研究，如"国际理解教育""开心发明"都是广东省"十二五"课题。教师用课题的形式去做研究，可以提升课程的深度和广度。

3. 拓展课程立体化

拓展课程以培养学生个性化特长，丰富学生社会实践经验为课程目标。拓展课程分为社团培训课程、兴趣超市课程、社会体验课程。

（1）社团培训课程。

社团培训课程是以团队为单位，围绕某个项目而设置的专业培训课程。社团培训课程具有较强的专业技术性，以培养学生个性特长为目标。学校开发了15门社团培训课程，覆盖了体育类、艺术类、科技类、学科类、语言类、生活类、实践类等不同类别的55项学生个性化发展校本课程，如童童乐管乐社团、童梦艺术坊社团、创意空间站社团、小辣椒歌唱社团、小精灵舞蹈社团、羽毛球社团、开心发明社团等。这些社团成员一般由社团负责人挑选，并每天对社团成员开展专业训练，甚至定时聘请校外专业人士进行辅导。

（2）兴趣超市课程。

兴趣超市课程是以学生个人选择为主，以培养学生兴趣、增强学生特长为目标而设置的一般培训课程。学校开设了87个兴趣超市课程学习班，依靠本校优质教师资源，依托社区公共资源，同时适当聘请校外专业辅导教师，以满足学生各自不同的兴趣爱好，学生参与率达100%。兴趣超市课程每周开展一次，学生根据自己的兴趣报名参加丰富多彩的个性化小组活动，如学校开设了法语、德语、西班牙语等小语种课程，首次报名的学生就达100多人。这些个性化课程深受学生们的喜爱，点燃了学生的兴趣爱好，放飞了孩子们五彩的梦想。

（3）社会体验课程。

社会体验课程是根据气质教育的培养目标，结合学校的实际情况、年级情况，学校开发了社会服务、爱心活动、主题实践、军训体验、游学体验等系列活动。例如，在社会服务中，有开设义工服务、敬老活动、孝敬日活动等，让学生更多参与社会，从小富有社会责任；在爱心活动中，参与社区"千人行筹款活动""南海一日捐活动""校园义卖活动""赴贫困山区手拉手活动""社区义工文化节——爱心义卖活动""扶助单身特困家庭"等，从小培养学生受恩于人、施恩于人、感恩于人的感恩意识，学校的学生家长林治平先生以他女儿林嘉琪的名义给大沥医院捐赠500万元，另外每年还拿出10万元给学校作为"林嘉琪奖学金"以奖励学习优秀者。学校的学生为善亦不甘后人,为汶川大地震的灾后重建工作捐献赈灾款达 31 万元;近几年,学校给四川省阿坝州汶川县水磨镇八一小学捐款十多万元。这些活动为学生将来服务国家奠定了一定的思想基础。

四、气质教育特色课程的实施

气质教育特色课程既深化、补充和拓展国家课程,又彰显校本特色。学校在体育、艺术、语言、信息技术、科技、文化学科等七个方面定制式、订单式开发课程资源,通过快乐课堂、快乐大课间、快乐兴趣超市、快乐大舞台、快乐大本营"五大"学习平台,从不同的角度开发与实施传统文化、国际理解教育、快乐创造、领导力培养四种特色课程群的内容,做到因地制宜、因科制宜、因人制宜,促进学生个性发展、全面发展。

气质教育课程主要通过"三大"方式和"五大"平台的全方位、立体式、多元化实施,通过国家课程校本化、社团活动、实践活动三种方式从不同方面实施课程内容。

(一)课程实施"三大"方式

1. 以国家课程校本化方式实施课程

国家课程的实施是学生核心素养形成的基础保障,气质教育课程建设把国家课程与气质教育课程有机融合,实现课程目标校本化、课程内容校本化、课程教法校本化。国家课程校本化使气质教育课程更能适应及满足学生多元化发展需要。同时,为进一步培养气质学生发展核心素养,气质教育课程在国家课程的基础上补充和拓展以下课程内容,进一步实现国家课程校本化思想。例如,在科学课程中补充和拓展"开心发明"科学创新课程,在美术课程中补充"童画佛山"本土传统美术课程,在综合实践活动课程中开设"我有气质我快乐"校本课程,在语文课程中补充"书法"课程,在英语课程中补充"英语口语"课程。这些校本课程的实施是对国家课程的补充与拓展,既与国家课程高度融合,又是对学生进行的普及性教育。通过对课程内容有机整合,对课程学生做减法,使课程内容更充实,更具校本特色,更适合学生气质个性化发展需要。

2. 以社团活动方式实施课程

气质教育课程是以学生个性发展为目标,学校根据学生发展需要,开发各种适合学生兴趣特长及个性发展的社团活动课程。学校充分利用校本及社会资源,即充分发掘学校教师个性特长优势与充分利用社区或社会教育资源优势,从体育、艺术、科技、信息技术、语言、数学、礼仪、生活八个方面的领域开设不同类别的社团课程,尊重学生兴趣特长的发展,尊重学生的选择,满足学生个性发展需要。各种社团课程分年段及等级设置,顺应学生实际年段及发展水平,并根据学生参与课程学习的实际情况开设初级班、中级班及高级班。学校做好学生年段及发展水平的衔接,做好社团梯队建设,每周设置 2~4 课时保障社团课程的实施,保障社团课程资源的有效开发与应用,推动特色课程建设,打造特色社团。

3. 以实践活动方式实施课程

气质教育倡导"学生的能力从活动中来"。通过大量的实践体验课程，培养学生的创新意识和实践能力，提升学生的领导力，是气质教育课程建设的重要途径。实践活动类课程涵盖各个领域、各学科，分别从传统文化、国际理解教育、快乐创造、领导力培养四个方面设计各种实践活动课程，结合学校、年级、学科、特色项目实施情况，利用学校及社会资源，开发主题实践、社会服务、爱心活动、游学体验等系列实践体验课程，让学生走出教室及校门，走进社会，走进大自然，走向世界，实现拓宽视野、锻炼能力、形成气质、提升领导力的培养目标。

（二）课程实施"五大"平台

气质教育课程建设主要通过快乐学习"五大"平台具体实施，即快乐课堂、快乐大课间、快乐兴趣超市、快乐大舞台、快乐大本营。同时，"五大"平台从不同的角度开发与实施传统文化、国际理解教育、快乐创造、领导力培养四种课程内容，使用不同的学习方式促进学生个性发展、全面发展（见图2）。

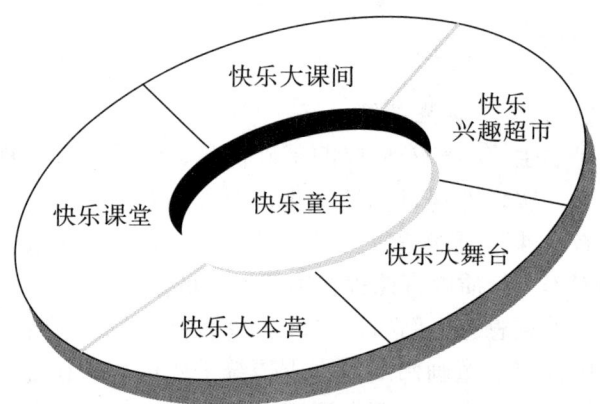

图2　大沥实验小学气质教育课程实施"五大"平台

1. 快乐课堂

以"自主学习，轻负高效"为主题，提高学生学习效率。倡导学生快乐学习，构建以"自主、合作、探究"为核心理念的"乐学五步法"教学模式。课堂中注重"三动"，即师生互动、思维灵动、精神感动，学生在积极快乐的氛围中获取知识，体验生活，形成能力，启迪智慧，树立正确的价值观。各学科课程在实施过程中融合气质教育课程理念，通过构建"乐学五步法"课堂教学模式，开发气质教育课程资源，发展个性，培养思维，养成乐学品质，为学生核心素养发展奠定良好基础。

2. 快乐大课间

以"强健体魄，健康未来"为主题，练就学生强健的体魄。全体学生每天参加全校性的"快乐课间"活动，通过站军姿、跑步、绳操、花式跳绳、自由飞扬、放松操等系列形式多样的健身活动，让学生喜欢运动、快乐运动，在运动中培养学生的意志毅力、强健体魄，并学会调节情绪、加强沟通、享受快乐。

3. 快乐兴趣超市

以"参与活动,培养兴趣"为主题,培养学生的兴趣爱好。学生在活动中自由选择喜爱的项目,或向教师提出个人想学的项目,学生犹如逛超市一样选择自己喜爱的活动。每周利用一个半小时开展"快乐兴趣超市"活动,全面开展种类各异、程度不同的课程学习班,供学生自主选择。这项活动可以使学生学会选择、发展、交流与管理,并培养兴趣,形成技能。

4. 快乐大舞台

以"我生我才,个性飞扬"为主题,在活动中展示学生能力。学校成立形式多样的学生社团,如英语俱乐部、新苗文学社、机器人操作、童童乐管乐团、童梦艺术坊等各类型社团,引导学生有计划参与各项活动。学生在各种竞赛、展示活动中,能力得到充分提升,个性得到充分张扬,气质得到绽放。

5. 快乐大本营

以"实践体验,提升能力"为主题,培养学生的社会活动能力。学生可以走进大自然,走进企业,走进社区,在活动中体验生活,增强社会责任。这个活动可以有效培养学生的活动能力、实践能力、创新意识和领袖风度。

(三) 课程实施"三大"策略

课程改革的目的是提高教育质量,提升学生的核心素养,为学生的幸福人生奠基。学校通过规范教师们的教育教学行为,倡导教师们利用科学的方法提高质量,实现"轻负高效"。

1. 建立课程研发团队

气质教育课程的实施与研究需要强有力的研发团队。学校专门成立"气质教育研究中心",组成专家、教师、家长研究团队,科学、规范推进课程建设。以教育科研的方式进行研发活动,以课题形式开展研究活动,充分发挥级科组、备课组、课题组、名师工作室各个研究团队的作用,收集实践案例,开发课程资源,创新课程模式。

2. 国家课程校本化实施

坚持国家课程计划,学校充分利用学生每天在校 6 小时的学习时间,开足、开齐、开好国家课程和地方课程,整合、调整、补充和拓展国家课程,以"精细化备课"及"乐学五步法"课堂教学模式研究落实课程内容,把气质教育课程与国家课程有机融合,确保国家课程校本化实施。

3. 校本课程多元化实施

气质教育课程充分利用资源,在体育、艺术、语言、信息技术、科技、文化学科等七个方面定制式、订单式开发课程资源,通过兴趣超市、社团活动、社会实践、国际理解教育等多元化的综合性、活动性课程为学生提供发展平台,发掘学生不同智能,促进学生个性充分发展。

五、气质教育特色课程的评价

课程评价是课程改革的重要内容和新的生长点，更是促进课程有效实施的核心工程。大沥实验小学在气质教育课程实施过程中，以"培养有世界眼光的有气质的现代人"为目标，突破传统的将考试作为唯一的课程评价手段和过分注重分数的做法，树立开放、全面、正确的育人观及质量评价观，实行等级评价，实施分项考查，采取过程性评价与终结性评价有机融合的多元化评价机制，尊重学生个性发展，注重学生在知识与技能、过程与方法、情感态度与价值观等三个维度的整体发展，关注学生的体验和经历，以及创新精神和实践能力的形成与表现。

（一）对学生的评价

气质教育校本课程实施中对学生的评价主要采取多元化的评价机制，运用分项考查、分阶段检测的方式，采取行为观察、情景测验、学生成长记录等多种方法，通过自评、他评、教师评等互动评价方式，对学生各学科课程的学业评价、气质教育九种素养培养校本课程的学习评价以及促进学生个性气质成长的活动课程评价。评价分两种方式：一是对学生在学习气质教育过程中的情感态度、参与状况等发展状态进行分项评价，帮助学生认识自我、建立自信、培养领导力，提升学生的气质内涵；二是对学生学习气质教育课程进行分项考查，不同学科、不同项目采取不同方式与不同的标准，采取操作试、口试、笔试等方式对学生进行分学科、分项目的评价，保障各层次学生得到全面、多元、客观的评价与发展，促进学生气质个性化。

（二）对教师的评价

学校全面规范课程管理，规范教师的教育教学行为，在开足、开齐、开好国家课程的基础上，鼓励教师积极进行各种适合学生发展的课程改革与创新，采取多元化评价机制促进课程的设计、建设和实施，提高教师课程开发的针对性和实效性。学校通过对教师的听课与评课、课程资源开发与运用、教学研究与教学质量情况等方面，全面、综合、客观地评价教师，专门制定《教师教学质量目标奖励制度》《教师特殊贡献奖励制度》《师生获奖激励制度》等规章制度提高教师开发与应用课程资源的积极性，提升教师的专业素养及幸福感。

课程改革为学校持续发展赢得先机，课程创新焕发学校发展的内在活力。气质教育课程建设将是大沥实验小学未来发展的核心工程，是进一步提升学校品牌竞争力的重要抓手。在学生核心素养培养的背景下，大沥实验小学将在气质教育课程建设中不断修改与完善，形成一套具有极强实践意义与创新价值的气质教育课程体系，让学生绽放人生精彩，为国家培养高素质的栋梁之材！

"亮彩" 教育课程体系建构与实施[①]

——以广州市南沙区黄阁小学为例

潘小斌

一、学校简介

广州市南沙区黄阁小学（以下简称"黄阁小学"）位于南沙区黄阁镇东里村凤凰岗东麓，依山而建，环境优美。学校于1942年建成，校名"悦山小学"；1945年后学校曾更名为"国民中心小学""中山县国民第二中心小学"；1950年选新址并命名为东里小学；20世纪80年代更名为中心小学；2007年6月改名为南沙区黄阁小学。学校目前有12个班，拥有一支德馨业精、敬业爱生、结构合理的教师队伍。学校有省骨干教师1名、区级骨干教师及学科带头人2名、广州市卓越小学校长培养对象1名、广州市"百千万人才培养工程"小学名教师培养对象1名、广州市名师1名、广州市小学语文教学研究会中心组导师1名、广州市优秀教师3名、南沙区优秀教师10名、南沙区小学语文教学研究会委员2名。学校办学理念是"亮出每个生命的精彩"；办学宗旨是"为了学生发展，为了教师发展，为了学校发展"；管理理念是"优质服务、专业引领、人本发展"。学校积极开展"以质量取信誉、以特色求发展"的各项教学活动，取得显著的办学成效。

[①] 本文写于2019年5月1日。

二、亮彩教育课程体系的背景

（一）素质教育存在明显不足

我国基础教育的发展和以往的课程改革都取得了巨大成就，对促进我国政治、经济、科技、文化等各方面的发展都做出了巨大贡献。但是，我们同样清醒地认识到，现代科技的发展使得综合素质和创新能力显得越来越重要，而创造性人才的脱颖而出有赖于学生个性的充分发展，有赖于有特色的学校教育。而当前我国基础教育的现状同时代的发展、肩负的历史重任之间还有许多的不适应。譬如，课程依然以知识为本位，使学生不能得到全面发展，这显然是不符合时代需要的。新的时代呼唤新的教育，21 世纪的素质教育所倡导的学生个性发展，既是提高素质的需要，又是培养社会创新型人才的需要，必须从培养卓越人才的战略高度认识素质教育所强调的个性特长的发展，处理好整体素质提高和特长发展的关系。无论是培养学生的创新精神和实践能力，还是培养适应领导 21 世纪发展的卓越人才和培养 21 世纪合格的公民及社会劳动者等，都需要落实到学校课程与教学上来。学校课程是实现办学特色的基础，学校的办学特色首先体现在课程与教学中，学校只有形成具有特色的课程体系，才能实现具有特色的个性化教育，而且办学特色需要有与之相配套的校本课程来加以保证。

（二）粤港澳大湾区建设发展的要求

2015 年 3 月，国家发改委、外交部、商务部发布《推动共建丝绸之路经济带和 21 世纪海上丝绸之路的愿景与行动》提出要"深化与港澳台合作，打造粤港澳大湾区"；2016 年 3 月，国家发改委将"推动粤港澳大湾区和跨省区重大合作平台建设"列入国家"十三五"规划，强调要"携手港澳共同打造粤港澳大湾区，建设世界级城市群"。这一规划强化了广州作为全国经济中心城市的地位，而提升广州经济、文化、教育、区域交通枢纽地位对于带动粤港澳大湾区周边内陆地区的发展具有决定性作用。南沙作为广州的副城市中心，是广州实现新腾飞的重要目标地，在粤港澳大湾区建设中处在最重要的战略地位，因此建设优质教育是目前南沙区发展的重中之重。因为，唯有优质教育，才能吸引人才；唯有优质教育，才有南沙的持续发展。为此南沙积极寻求发展，不仅与香港科技大学签订合作办学协议，而且还引进了华南师范大学附属中学、广州市第二中学、广州大学附属中学等名校到南沙办分校，利用名校的经验、资源、名气实现南沙教育的弯道超车。此外，对于区内的学校，南沙提出了"适合的教育才是最好的教育"口号，提出"一校一特色，一校一品牌"的学校建设目标，这些举措都不同程度促进了南沙区学校的发展和进步。

（三）南沙庆盛枢纽建设的要求

南沙庆盛枢纽区块是南沙自贸区七大区块之一，定位为粤港澳大湾区重要科技创新节点、国际智慧创新城、人工智能产业引领示范区、南沙新区北部组团中心，规划形成"一区多园、两轴一带、双核联动"的空间结构，可容纳2.05万人的居住人口。根据规划，南沙庆盛枢纽综合开发项目所在的庆盛枢纽区块内将布局人工智能、高等教育等产业，其中科创教育核心区工程总占地面积约为6平方公里，投资总额约为164亿元。目前，香港科技大学（广州）、新鸿基交通枢纽综合体、广州人工智能全球示范中心、广州南沙国际人工智能产业研究院已正式落户，随着广深港高铁、南沙大桥的开通，庆盛枢纽区块独特的区位优势和交通优势将更加突出，必将吸引更多高端项目落户。如此，大批高端人才涌入，必然对庆盛周边的教育提出更高要求。黄阁正处于庆盛枢纽的核心，是广州市南拓建设战略之下的一片热土，黄阁小学又是黄阁镇的中心小学，理当在教育方面起到示范引领作用，在办学上有值得借鉴和推广的经验，因此黄阁小学的教育发展对庆盛枢纽的发展有至关重要的影响。

（四）学校具有的发展优势

第一，领导班子高效务实、团结协作，班子成员结构合理、优势互补；学校管理能够坚持民主集中原则，能够充分发挥各处室的管理功能和协调作用。

第二，学校文化底蕴深厚。多年来的教育教学实践，具有一定的文化积淀。

第三，学校有经验丰富、在社会上享有较高声誉的中年教师，也有朝气蓬勃、德才兼备、富有创新精神的青年教师，实现了教育资源的最佳搭配。优质的师资条件为学校开发校本课程，全面实施素质教育，提高教育教学质量奠定了良好的基础。

第四，课程改革取得优良成绩。学校始终以课程改革为契机，积极探索课程教学改革的新路，强化学科教育基础，教学质量逐年提高。

（五）学校面临的问题

第一，学校特色建设工作尚待深入。2017年才开始学校特色建设，凤凰文化的提炼虽已完成，但是凤凰文化的打造只是初具雏形，凤凰型学生的培养才刚刚开始，如何在实际工作中渗透、深入、创新、拓展等还需要不断研究、反思、改进，使学校特色真正落到实处，而不只是空谈。

第二，管理体制需要进一步完善。学校没有形成系统的管理体制，学校工作的遗留问题比较多，管理的精细化程度不够，制度化建设和人文化管理的和谐统一需要加强。

第三，教师队伍建设需进一步加强教师的思想观念、业务水平、教科研能力与现代教育发展的要求、家长追求优质教育的期望尚有差距。尽管教师的整体素质优良，但专家型、学者型教师不足，青年教师的专业化发展动力不足，学术研究的功利化思想较重。部分教师的教学理念、教学方式等专业素养与新课程改革要求、与培养创新型人才的要求还有一定的差距。同时，学科教师出现结构性缺编，学校教师老龄化趋势严重，年轻教师太少，不利于青年骨干队伍的形成。

第四，学校学生中农村居民和外来务工人员子女占较大比例，相当一部分家长忙于工作，不重视子女的教育，把教育学生的任务全部交给学校，家校教育合力很难形成，对学校教育的教学优质发展有不良影响。

第五，南沙小学与金隆小学的名校形象已深入人心，要打破当前局面，黄阁小学若想要提升到南沙区一流学校的水平，成为南沙教育的口碑学校，任重而道远。

总的来说，如今的黄阁小学有种种不足，面对种种困难，更有千载难逢的机遇，有实干、有魄力的领导，有团结一心、积极努力的教职员工，有渴望进步的学生，黄阁小学必须抓住此次机遇，正视优点和不足，以打造一所创新优质的一流品牌学校为己任，在教育实践中昂首前行。

三、亮彩教育课程体系的设计

（一）课程名称

1. 何为"亮彩"

亮，有双重含义，作形容词时有闪耀、光亮、光明、明亮等意，指的是引导孩子不畏艰难，"向着明亮那方"健康生长；作动词时有亮出、展现、点亮之意，指学校创设各种平台，鼓励师生积极主动，勇于展示自我。

彩，即精彩、光彩、出彩之意。既指每个生命都有出彩的一面，学校教育让每个生命发现自己的长处，各美其美，绽放自己的光芒，也指黄阁小学有多彩的教育追求，让每个师生亮出自己的精彩，使整个校园五彩缤纷、百花齐放。

2. 何为"亮彩教育"

苏霍姆林斯基指出："真正的教育是自我教育。"真正的教育是灵魂的教育，教育要唤起生命的自觉，让每一个生命灿烂地绽放。亮彩教育以凤凰的崇高精神感染师生，唤醒师生内心强大的精神力量，鼓励师生发展自己的个性特长，自我完善，自我超越，亮出美好风采的教育。

3. 亮彩教育的追求（见图1）

（1）德有馨香向光明。

人才的培养是育人与育才相统一的过程，人无德不立，育人的根本在立德。《大学》言："欲明明德于天下者，必修其身。"亮彩教育以凤凰高尚的德行、光明的追求为指引，培养学生良好的品行，使孩子在日常的生活与学习中养成良好的道德操守，责任担当，友爱同学，诚实守信，具有君子之风。

（2）博采众长成其美。

孔子云："三人行，必有我师焉。"凤凰绚丽多彩的美丽来源于集百鸟美丽之大成，启示我们要博采众长，善于学习吸纳别人的优点与长处，

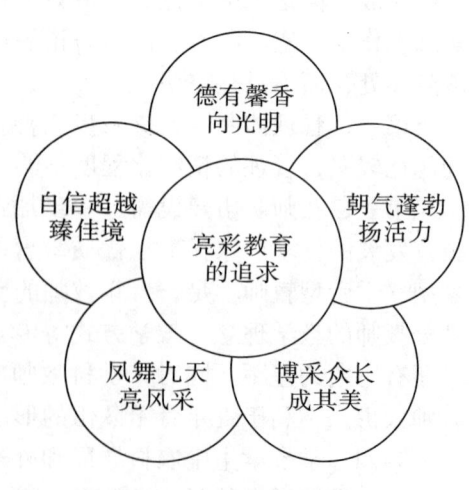

图1 亮彩教育的追求

完善自身。

（3）朝气蓬勃扬活力。

凤鸣朝阳是生命活力的外在体现，凤凰生机勃勃，活力四射。每一个个体都蕴含着生命力量，以良好的作息养护生命，以合适的运动引发力量，让生命更加强健。因而，亮彩教育重视健康与运动，引发师生生命活力，彰显师生生命力量，让整个校园朝气蓬勃。

（4）凤舞九天亮风采。

每一个孩子都是一只向着朝阳待展翅翱翔的雏凤，都有无穷的潜力和美好的愿望，都有追求卓越和放飞自我的权利，都有着无限可能的未来。我们要积极引导孩子培养其高雅的艺术爱好，激发其潜能，发扬优长，彰显个性，勇敢展现自我的风采。

（5）自信超越臻佳境。

亮彩教育倡导师生以阳光积极的心态应对生活中大大小小的挑战，不畏挫折，超越自我，超越平凡，将自己的能力与追求发挥到极致，迈向更光明的未来。

4. **办学理念：亮出每个生命的精彩**

亮彩教育的内涵及教育追求形成黄阁小学独特的办学理念：亮出每个生命的精彩。"亮出每个生命的精彩"意味着我们坚信每一个生命都拥有自己的色彩，这种色彩通过个体不懈的努力就可以绽放。它是一种基于生命价值的自主成长和自我实现，寻求的是最好的自我。因而，学校教育要关注、包容、发掘每一个人身上的长处，并将之放大，同时，创设丰富多彩的展示平台，让师生都能亮出自己的风采。

5. **育人目标：培养自主、自信、自律、自强、自华的新时代学子**

结合亮彩教育的内涵及学生发展核心素养的要求，黄阁小学以培养自主、自信、自律、自强、自华的新时代学子为育人目标。

6. **学校核心价值观：尊重个性、多元发展**

尊重个性，即以人为本的理念，尊重学生之间的差异，因材施教，开展个性化教育。美国著名心理学家霍华德·加德纳提出"多元智能理论"，认为人的智能是多元的，学生之间的差异只是不同智能的强弱与组合，每个学生都是可造就的人才。黄阁小学相信每一个孩子都有其亮点和光彩，学校要做的就是让他们将自己的个性和潜能发挥到极致，体现生命的价值。

多元发展既培养了学生德智体美劳多元化的素质才能，又培育了不同特长的孩子成长为多元独特的人才。黄阁小学努力为每个学生提供适合的教育，促进学生多元发展，实现多元成才。

7. **办学目标：把学校办成扬师生个性之优长，展师生才华之风采，亮学校发展之特色的示范性学校**

扬师生个性之优长，是学校尊重个性、多元发展的要求与实践。黄阁小学用赏识和发现的目光去看待学生，认为每位学生都是有待发掘的璞玉，通过鼓励学生全面发展，把他们培养成为既符合时代共性要求，又具有鲜明个性、独特创造力和开拓精神的新型人才。同时，黄阁小学通过科学的管理，激活学校教师的主动性和积极性，把教师独具个性的教学方法、教学经验、才艺特长有机融合于学生教育与学校发展，使他们潜在的创造能力得到充分的发挥。

展师生才华之风采，是黄阁小学的不懈追求。通过"亮彩教育"，使每一位师生找到自己生命中的闪光点，成就璀璨人生。黄阁小学给每一位师生搭建梦想的舞台，让他们可以尽情展示才华与风采，同时增进师生间的沟通交流，营造和谐共美的校园氛围。

亮学校发展之特色，是新时代学校发展的必然之举。根据教育形势和学校实际，黄阁小学开始打造自己的特色，并依托各种有效载体，展示学校成果，彰显学校办学特色，以提高学校的综合办学能力与社会知名度。

8. 亮彩教育课程体系的命名

基于育人目标，黄阁小学以"亮彩"命名整个课程体系，希望学校培养的学生都能像小凤凰一样蓬勃向上，自我超越，亮出自己的色彩。

这一命名体现学校扬师生个性之优长的追求，是学校尊重个性、多元发展核心价值观的要求与实践，因此，亮彩教育课程体系是开放的、多元的课程体系。

（二）课程理念

1. 开放

打造开放的课程体系是指以开放包容的心态，采用先进的教育理念和教育方式，吸纳一切可以育人的资源，办面向世界、面向社会、面向未来、具有新时代气息的教育。在这里，学生的学习可以随时随地发生，无边界的生活世界都是课程的实施场所。家庭、博物馆、图书馆、科技馆等社会资源让学生的视野更加广阔。

2. 多元

打造多元的课程体系指的是学校给学生提供多样性课程，开设课程超市，让学生能够依据自己的特质去尝试学习不同的课程，激发自己的潜能，展现风采，彰显个性。

（三）课程目标

学校站在整体育人的高度设计学校课程体系，突出育人功能，培养自主、自信、自律、自强、自华的新时代学子。在亮彩教育追求之下，黄阁小学培育自主、自信、自律、自强、自华的新时代学子，在品德、学识、体育、生活、艺术方面都有相应的分目标。他们向往光明，拥有馨香的德行；博采众长，拥有丰富的学识；朝气蓬勃，拥有健康的身体；不断自我超越，拥有高远的志向；各具风采，拥有突出的才艺。具体见图2。

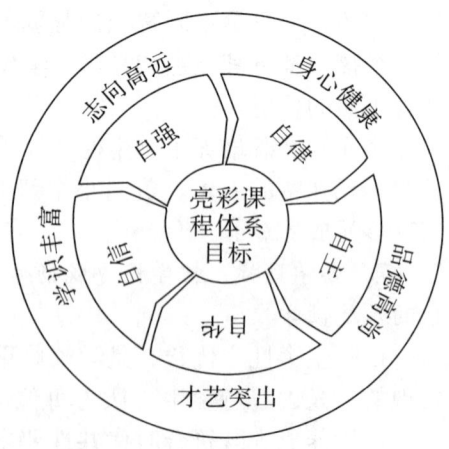

图2 亮彩课程体系目标

（四）课程框架

黄阁小学根据育人目标与核心素养，在亮彩教育的基础上，依据学校实际构建纵横交错的五类四层亮彩课程体系。

1. 横向：五个课程群

亮彩课程体系的横向分类参考苏霍姆林斯基对个性全面和谐发展的要求，结合凤凰文化中的五彩以及学生发展核心素养，将内容分为五个部分。

（1）"道德与品质"红色课程群：红色，意指星星之火可以燎原，象征着责任担当；指向学会担当的分目标，着重培养学生的社会责任及国家认同。

（2）"人文与科技"黄色课程群：黄色，意指大地的广博与积淀，象征丰富的学识；指向学会学习的分目标，着重培养学生的学习能力、科学精神，形成良好的阅读习惯。

（3）"体育与健康"青色课程群：青色，意指草木蓬勃发展之势，象征着茁壮成长；指向学会健体的分目标，着重培养学生良好的运动习惯以及对体育的热情。

（4）"艺术与审美"紫色课程群：紫色，意指优雅与高贵，象征着高雅的审美；指向学会审美的分目标，着重培养学生健康的审美价值取向以及艺术才能。

（5）"交往与生活"白色课程群：白色，意指高洁的鸿鹄，象征着积极的心理品质与自我管理；指向学会生活的分目标，着重培养学生良好的生活习惯、健康的心理品质以及自我管理的能力。

2. 纵向：四个层次

亮彩课程体系的纵向分类依据课程的任务不同分为基础型课程、拓展型课程、探究型课程及特色活动。

（1）基础型课程即国家课程，以学术性课程为主体。黄阁小学亮彩课程严格执行国家教学大纲、课程标准，基于区域情况与师生情况，通过国家课程校本化实施，促进学生个性化成长。

（2）拓展型课程即对基础型课程的拓展，主要服务于学生的持续发展和终身发展，分为拓展型必修与选修。拓展型必修课程是学生限定选修的课程，以学科渗透的形式开展；拓展型选修课程是学生自主选修的课程，以社团课程的形式开展。拓展型课程帮助学生形成对知识的整体性认识，关注学生的学习方式的完善、潜能的开发和兴趣的陶冶。

（3）探究型课程是对基础型课程的延伸，以生成性为主，引导学生运用多学科知识综合解决问题，进行项目设计或课题研究。探究型课程关注学生的主体意识的培养，关注学生自主学习能力的形成。

（4）特色活动是结合学校育人目标，整合和利用学校德育活动平台，通过以学生为主体的体验、浸润式的德育课程，展示学生的才艺，彰显学校的特色。具体课程体系框架如图3所示。

育人目标	培养自主、自信、自律、自强、自华的新时代学子				
分目标	学会担当	学会学习	学会健体	学会审美	学会生活
课程名称	"道德与品质"红色课程群	"人文与科技"黄色课程群	"体育与健康"青色课程群	"艺术与审美"紫色课程群	"交往与生活"白色课程群
基础型课程	道德与法治、道德与社会	语文、数学、英语、科学、信息技术	体育	艺术、音乐、美术	心理、综合实践活动
拓展型必修课程	诚信教育、凤凰五德故事剧场	英语口语、数学口算、益智工坊、数学阅读、国学经典诵读	足球、健康、武术	书法、围棋、麒麟舞	安全教育、习惯养成、理想教育
拓展型选修课程	爱心社	乡村少年宫（科技类）、凤凰文学社、演讲与辩论、声临其境、手抄报	体育俱乐部	乡村少年宫（艺术类）	礼仪队
探究型课程	寻找英雄足迹、生态卫士	美丽黄阁研学课程	武术的秘密	黄阁民间艺术探秘	走进黄阁美食系列活动
特色活动	爱心环保公益节	文化科技节	亲子运动会	艺术节	"我的理想"演讲比赛

图3 亮彩课程体系框架

3. 部分课程说明

（1）"凤凰五德"故事剧场。

学校开设"凤凰五德"故事剧场，利用班会课时间，由班级学生自愿分组，从书本、生活情景、历史故事中挖掘与凤凰五德"仁义礼智信"相关的主题故事，创编剧本、准备道具等，进行表演。

（2）益智工坊。

以益智玩具作为媒介物，帮助孩子主动探索其中的数学元素，从玩与操作中探究其所蕴含的数学规律。

（3）数学阅读。

把儿童数学绘本融入教学，第一阶段是"以绘本为载体提供更丰富的情景和角度"，教师提供或创作有利于融入教学的数学绘本，如《从小爱数学》《数学大王》等，并融入单元教学；第二阶段是"围绕主题创作，形成同一题材的群组绘本"；第三阶段是"以儿童原创绘本为课本，开展多元教学"。

（4）乡村少年宫（科技类）。

此类包括机器人、创客、电脑制作、微电影、科技探究、科技小论文写作等。

（5）乡村少年宫（艺术类）。

此类包括动漫社团、绘美画社、陶艺社团、剪纸、广绣、木刻浮雕、凤鸣合唱团、凤凰乐团（西洋管乐、二胡、扬琴、古筝、打击乐）、凤姿舞蹈团（拉丁舞、现代舞）等。

（6）寻找英雄足迹。

教师带领学生了解革命英雄的生平，参观英雄故居，并绘制英雄的人生轨迹图，以班级为单位，绘制以英雄事迹为主题的画册。

（7）生态卫士。

教师引导学生探究黄阁生态问题（如水资源污染、空气质量等），并通过互联网、图书馆等资源探究背后的原因以及可能的解决方式，提高他们的环保意识。

四、亮彩教育课程体系的实施

（一）校本课程实施原则

学校统筹规划，教师自主实施，学校监督检查，教师总结反馈。

（二）做好宣传动员，统一思想认识

学校以"特色鲜明"为办学目标之一，依据地域特征和文化背景进行特色建设和品牌打造，不断将体育、艺术、科技教育做大做强。结合音乐、美术、体育、科学课程、校本课程和综合实践活动课程的开发与研究，努力地从特色项目向学校特色迈进，最终实现特色学校。

将课程方案扎实有效地落实，是打造特色学校、实现学校课程目标的重要一环。

落实的前提是所有教师和学生对课程体系的了解和认可，只有了解和认可了才会积极行动起来，投入课程实施中。为此，学校召开全校教师大会，将当前社会发展、学校未来、亮彩课程体系的理念、目的、内容等一一跟教师宣讲清楚，使教师能明白其中真意，激发起他们的热情和动力。

（三）做好课程计划及教师安排工作

基础型课程按照国家要求开足开满，根据教师情况合理安排教师的基本教学任务；拓展型必修课程安排在每周三下午第三节课；拓展型选修课程则安排在每天下午第四节课开设。探究型课程则与德育和教学结合在一起，班主任每学期安排一次探究型课程，中高年级语文、数学、英语教师每学期各安排一次探究型课程，不另外安排课时。

拓展型课程根据学生的年龄特征，分低年级和中高年级分别开设。低年级拓展型课程内容重在培养兴趣，符合儿童身心与趣味发展的要求，开设如：故事会、小小主持人、古诗会、儿童画、英语口语、朗诵、科技制作、七巧板、合唱、探究天地、体育踢跳等内容。中高年级拓展型课程则重在培养能力，重视开展文体活动、科技活动，提高学生的艺术修养，发展学生的创造能力与实践能力，开设如：兴趣诵读、经典诵读、故事会、写作、趣味数学、奥数、书法、合唱、舞蹈、腰鼓、口琴、鼓号、手工艺、剪纸、信息技术、羽网球、篮球、田径、乒乓、科技制作等内容。

特色活动则根据每个学期情况安排，以体验教育为基本途径，以重大节日、纪念日为突破口，每月确定一个主题、一个内容，开发具有儿童情趣和时代气息的特色活动，切实加强对学生思想品德教育和创新精神与实践能力的培养，引导并促进少年儿童在少先队组织中健康成长。

科技课是学校特色拓展型课程，每个年级每周安排一节课，使每一个学生都能受到科学教育，参与科学实践活动。培养一批科技专职教师，探索科技教育的途径与策略。开发校本教材，课堂教学与课外活动相结合，提高学生的科学素养。进一步将探究型课程与学校科技教育有效整合。通过节能减排系列、小发明系列、环保主题教育系列等教育实践活动，培养学生科学的学习态度、主动探究意识、社会小主人责任意识，体验与人合作、共同研究的愉悦，提高学生的整体素质。

学校对已开发的必修和选修课程统一制定课时计划，对任课教师、教学场地等进行规划安排，采用小班授课和走班授课的形式。

拓展型必修课教师和选修课教师一部分由学校里有专长的教师担任，一部分聘请校外专业人士担任。

（四）有序组织、定点定人，做好学生动员及报名统计工作

第一，班主任到班里给学生介绍亮彩课程，宣传实施校本课程的意义，激发学生参与校本课程学习的热情和积极性。

第二，学校向学生公布必修和选修课程的开设科目、指导教师及课程说明等，让学生自由、自主选择课程。学校通过问卷调查等形式，了解各门课程的选课人数等，以便于规划实施校本课程。学生自选科目时，教师应尊重学生的意愿，报名后按各自选择编组活动，充分发挥学生的个性特长。

第三，视学生选课情况及场地限制，按必修及选修课程的课时计划表，有目的、有计划地实施拓展型必修和选修课程。

（五）教学形式

第一，任课教师根据课时计划制订好教学计划，并根据教学计划组织学生，联系场地、器材等，方便后续开展课程。课后任课教师对学生参与学习的情况进行总结评价，并对自己的教学进行反馈总结。

第二，作为一门以学生实践为主的课程，它的教育方式势必要打破固有的教学模式，教师要尽可能给学生提供更多更大的自主交流活动机会。

（六）配套措施

一是教导处、年级组、教研组要积极帮助教师制订好教学计划，负责协调安排和组织指导教学计划的执行。

二是学校聘请社会有关人员担任部分课程的教学，邀请市、区教研员、专家到校指导工作。

三是拓展型选修课程与必修课程一样，计入教师工作量。

四是学校保证课程开展必需的经费、器材等物质条件。

（七）运作机制

1. 管理网络

校长（副校长）→教导处主任、办公室主任、总务处主任、德育处主任→年级组长、教研组长、班主任、校本课程教师。

2. 运作流程

制订计划→动员→自选课程→编组→完成学习→成果展示与评估→小结→组织教师制定教学进度→研究教学模式→进行备课活动教学→小结。

3. 教师培训

在职教师能否适应与承担新课程的教学任务，已成为提高校本课程教学质量高低的关键。根据学校在职教师的现状，特制订目前师资培训的计划与方法。

（1）走出去——参加市内外有关单位组织的培训。

（2）请进来——聘请校外有关师资。

（3）老带新——通过名师带教培养青年教师。

（4）自学——通过提供书籍、资料、器材，经过一段时间学习，掌握一门或几门校本课程教学方法。

（八）教材建设

要满足学生的需要，培养学生的创造精神和实践能力，拓展型课程的教材必不可少。学校组织任课教师进行大量创造性的劳动，以丰富的实践为基础，参考有关资料，自己动手编写教材；学校进行教材的刊印，保证拓展型课程的可持续发展。同时根据学校实际，开发导学案、单元、期中、期末复习资料以及学业检测复习系列资料。完善学生竞赛序列，确定学生竞赛的时间和训练时间，重视特长生、尖子生的培养，提高学业竞赛获奖档次，增加获奖数量。

（九）课程建设保障

要保证亮彩课程体系整体良好运转，以下六个方面工作要贯穿始终。

1. 学校管理

从学校师生的具体情况出发，以师生共同成长为前提，构建科学精细管理机制，推行人文管理体系，营造和谐平安、积极进取的校园氛围。

2. 建设强有力的师资队伍

以师德建设、专业提升和校本研训为重点，助力教师的专业发展，提高教师的课程开发能力与课程执行能力，促进学校课程建设工作健康发展。

3. 注重舆论宣传

学校领导首先组织学校中层干部进行学习，充分把握亮彩教育的理念、内涵，切实把握精髓；其次，在全校教职工中进行充分的动员与宣传，使教师理解学校"三年发展规划"实施对于学校发展的战略意义，营造规划实施的良好舆论氛围，形成共同愿景。

4. 组织保障

一是学校成立以校长为组长，分管副校长为副组长，教导处、德育处、总务处、办公室为组员的"三年发展规划"领导小组，全面负责规划的制定、论证、实施、评估等。

二是党政工职权明确。党支部发挥政治核心作用，充分发挥党员的模范带头作用；行政中层职责分明、责任到人、分工合作；工会起好桥梁作用。

健全校务公开、民主决策和民主评议制度，定期召开教职工大会。"三年发展规划"需经教职工大会通过。一经通过，扎实落实，制订相应的年度实施方案和评估体系方案；每学期、每学年检测学校"三年发展规划"的实施情况，针对实施中出现的问题，采取有效措施进行调控、修订。

5. 资源保障

①经费保障。

学校要认真审视，做好学校年度经费预算，争取区教育局的支持，加大资金投入，保障教师培训、科研、课程改革及特色建设等各项工作的顺利开展。

②激励机制。

完善教师的绩效奖励制度，调动教师的积极性。

③政府、社会保障机制。

学校发展规划的落实，发展目标的实现，离不开学校所在社会、政府的支持。学校尽最大努力取得政府的关心与支持，尽快改善办学条件和广大教师的工作、生活条件，广泛吸引社会优质教育资源流向学校，吸引社会有识之士为学校的发展献计献策，力争实现学校更快、更好的发展。

6. 后勤保障

加强后勤制度与机构建设，使学校的校产管理、财务管理更加规范、有序，为教师有效使用教育设施设备，推进教育改革创造条件。

五、亮彩教育课程体系的评价

课程评价是课程实现学生学习价值的指向标。完善课程设置、激励学生学习和改进教师教学是课程评价的目的。从师生的发展出发，建立评价目标多元化、评价方法多样化的发展性课程评价体系是学校课程建设中的重要环节。编制黄阁小学《校本课程评价量表》，对开设的校本课程的目标达成度、教材的编写质量、办学理念的体现、学生对课程实施的满意度等方面制定评价标准，构建并实验符合新课标理念和广州市学生学业评价标准的学生综合素质评价体系，发挥评价的教育和引导功能。

亮彩教育课程体系的评价包括对学生的评价、对教师的评价、对课程的评价，其中以对学生的评价为主。

1. 对学生的评价

（1）通过问卷了解学生的兴趣、满意度。学生是课程评价的一个重要信息来源，对校本课程的兴趣和意见在很大程度上是评价课程的一个重要参考指标，为课程的调整和改进提供依据。在对问卷进行分析和总结的基础上，通过继续设计问卷或深度访谈的方式对问卷显示的问题追踪调查以发现问题的成因，探讨解决问题的对策。

（2）建立一套与育人目标相匹配的"凤凰之星"评价机制，激励所有的学生开展"争星创优"活动，让更多的学生获得成功，让不同的学生获得不同的发展，让他们及时、真切地看到自己的成长，认识到自己的长处和不足，不断完善自己的行为，成为更光彩夺目的自己。课程研发小组将根据育人目标，借助大数据技术记录学生在课程中的成长。每一位学生将于学期末在学会担当、学会学习、学会健体、学会审美、学会生活五个方面进行具体分析，每个方面的分数结合学科特点以及《学生成长手册》记录的学生日常的表现，以作品展示、汇演、笔试等方式，由学生、家长、教师及校外聘请的教师团队组成评价小组进行综合评价后赋予十个星级，形成结构图。黄阁小学为学生量身定做的课程评价，能直观地看到学生的优缺点，以及对比学生每个学习周期的进展情况，从而及时调整、优化课程，为学生的发展提供更科学、具体、可操作的评价方法。

（3）每个班级定期统计星星的数量，以评选出每个方面的"凤凰之星"，如"红凤凰之星""黄凤凰之星""青凤凰之星""紫凤凰之星""白凤凰之星"，评选综合表现最佳的"风采之星"，并予以表彰。

2. 对教师的评价

对教师的评价主要从教师编写的课程纲要、课堂教学、教案设计、资源搜集、学生作品等方面进行自评、互评、学生评。学校对教师的评价指向教师开发与实施校本课程的教育理念和能力、教学手段和方法以及由此达成的教学效果。教师的自我评价，是指教师对自己的教育思想、教学方法、教学过程和效果进行的反思，通过评价与反思，促进教师的业务水平进一步提高。评价内容主要包括"四看"：一看学生实际接受的效果，二看领导与教师听课后的反映，三看学生问卷调查的结果，四看教师的教学案例、教案等。

3. 对课程的评价

学校建立专门的课程过程监控、质量提升与评价机构。学校通过组织"最受学生欢迎的校本课程评比"、学生满意度评估、家长满意度调查、学期末教师校本课程展评、学生校本课程成果展评等活动，促进课程质量的提升。学校还可以建立优质校本课程资源库，每学期在学生评价和教师展评中挑选优秀的校本课程，整理编撰成为校本教材，逐步形成学校的精品课程资源库。

"和美" 课程建构与实施[①]

——以广州市天河区天府路小学为例

欧阳琪 陈郁阳

一、学校简介

广州市天河区天府路小学（以下简称"天府路小学"）创办于2004年9月，信奉"美人之美，和而不同"的"和美教育"办学理念，现有东方校区和翠湖校区两个校区，教学班66个，学生2 704人，教职工169人。这是一所崇和尚美且追品求质的公办学校，获国家、省、市、区级荣誉达60余项。

多年来，天府路小学在"和美教育"的"尊重差异，注重创美，倡导多样，讲究和谐，追求质量"行动准则引导下，追求有目标、讲联结、接地气、重评价、善管理的课程品质。聚焦教学质量，致力于"和美课堂"，关注差异、孵化情趣、讲究生成、催生对话、点燃智慧、激发创造的价值实现；关注学习需求，激发教师的专业能量，追求"接地气"的课程开发态势；开发家长和社区的教育资源，进行第二课堂与学生社团的整合，每学年均开设80多门课程，实行"走班制"学习，社团开展活动，提高学生的综合素质。

二、课程背景

2010年，天府路小学确立"和美教育"办学理念时，将课程理念厘定为"人人都有美课程，个个都创课程美"；基于课程发展新态，在2014年将课程理念厘定为"让每个

[①] 本文写于2019年6月10日。

学生成为闪亮的星"。学校对整体课程进行顶层设计，既落实国家政策、顺应时代的发展，同时应对学校的发展变化，使学校课程发展能够有效应对时代迅变和校本生机所带来的机遇与挑战。

（一）时代迅变

当今时代，是复杂多变、矛盾多样、机遇多元的新时代。天府路小学立身其中，要实现优质的可持续的发展，就需要勇于面对新挑战，善于把握新机遇，来迎接以优质课程培育优质人才的发展新挑战。

1. 为国家育英才

2019年3月，党中央、国务院发布了《中国教育现代化2035》，对教育现代化建设进程做出全面系统的规划。其中，文件强调要突出改革创新、坚持统筹推进。以改革促发展，系统谋划教育现代化的制度框架，将体制机制创新作为教育现代化的根本动力，充分运用新机制、新模式、新技术激发教育发展活力，确保教育现代化目标的实现。未来，天府路小学需要应对新时代的大变局，不断地改革创新，深入推进"和美教育"的实践探索，创生优质的课程，为国家培养未来英才。

2. 用课程担大任

自2014年3月30日我国颁布《教育部关于全面深化课程改革 落实立德树人根本任务的意见》以来，各级各类学校在充分发挥课程在人才培养中的核心作用，提升综合育人水平，以更好地促进学生全面发展、健康成长方面，进行了深入的实践探索。未来天府路小学要深化课程改革，更好地发挥"和美课程"的价值，落实立德树人根本任务。

3. 让素养伴成长

2016年9月13日，我国发布"中国学生发展核心素养"研究成果，以此引导学校开展学生发展核心素养教育。未来天府路小学要以培养"全面而有个性地发展的人"为核心，将核心素养融入各学段"四美八星好少年"具体要求之中，全面建设"和美课程"，促使学生具备适应终身发展和社会发展需要的基本观念、必备品格和关键能力。

（二）校本生机

在充分认识与把握新时代迅变、充分分析与理清学校课程发展已然态势的基础上，天府路小学顺应新时代发展的新挑战与新机遇，顺应新时期课程的生长点与资源点，继续深入地改革创新，进一步建构与完善能够匹配办学愿景的课程体系，以更好地发挥"和美课程"价值，进而焕发出新的课程生机。

1. 用蓝图种生机

播种"和美课程"发展生机，首先解决如何以课程理念为指导，描绘出新的课程蓝图，进而呈现出能够匹配办学愿景的课程理想、课程追求、课程框架、课程路径、课程效能及课程成果。

2. 以行动催生机

催生"和美课程"发展生机，关键解决如何以课程蓝图为抓手，系统地提升课程水准，进而呈现出学校整体课程的目标确立、结构设计、内容设置、实施铺排、评价推进、保障跟进等落实到位的态势。

3. 让成果焕生机

焕发"和美课程"发展生机,主要解决如何以课程体系为依凭,全面地释放课程发展的力量,进而呈现出教师课程领导力不断提升、学生核心素养不断发展、家长积极参与校务的景象。

(三)开发条件

学校课程发展已有怎样的基础、有哪些资源可以融入学校课程发展之中、又有哪些课程发展问题亟待解决,是学校规划课程需摸清的家底。

其一,课程理念的演变。2010 年,天府路小学确立"和美教育"办学哲学时,将课程理念厘定为"人人都有美课程,个个都创课程美",追求的是每一个学生在"美课程"与"课程美"的滋养下,不断地因吸纳文化精华与迸发智慧火花而"美事美人",成为一个个因美而更卓越的人。2014 年,天府路小学创建广州市义务教育阶段特色学校时,基于课程发展新态,将课程理念厘定为"让每个学生成为闪亮的星",追求的是每一个学生如星,都有各自的位置,在自己的轨道上各美其美;每一个学生如星,都有各自的光芒,在共生的天穹里美美与共。但已有的课程哲学直抵办学理念的内核"育人目标"不足,尚需进一步凝练与"育人目标"更匹配的课程理念。

其二,课程目标的研拟。创立"和美教育"之时,天府路小学就把育人目标确立为:四美八星好少年。天府路小学由其延展的课程目标,2010 年为"让每一位学生美得更卓越",2014 年为"课程和美,群星璀璨",表 1 则是育人目标与课程目标的关联。但已有的课程目标呈现阶段化、体系化的特点不足,尚需进一步按年级分解并构建目标体系。

表 1　天府路小学育人目标与课程目标之关联

育人目标 (四美八星好少年)		课程目标
领域	内涵	要求
身心美	身体强健	懂得生命可贵,爱护自己,尊重他人;体验锻炼之美,喜欢体育,乐强体质
	心理健康	欣赏劳动之美,参与班务,讲究效率;体验活动乐趣,善对挫折,与人协作
品行美	人品善正	懂得与人为善,关心自己,热心助人;体验做事乐趣,善尽职责,服务社区
	德行高雅	欣赏他人之美,互助共进,共达目标;体验意见征询,适切选择,共创经验
智能美	智力鲜活	懂得点滴聚学,乐于求知,善于学习;体验学法之妙,勤于实践,敢于探究
	才能见长	欣赏多元文化,眼界开阔,竞展才能;体验交往之美,丰富美感,收获希望
个性美	特长初显	懂得和谐相处,感悟生活,发现美丽;体验自信之益,感受幸福,分享快乐
	风采动人	欣赏生命活力,兴趣广泛,超越自我;体验做学合一,展现特长,和谐发展

其三,课程架构的搭建。2010 年,天府路小学以"人人都有美课程,个个都创课程美"课程理念为指导,搭建了"和美课程"架构。在此基础上,2014 年天府路小学以"让每个学生成为闪亮的星"课程理念为指导,搭建了"和美课程"架构(见图 1)。但已有的课程架构是学校课程发展旧时期的逻辑演绎,尚需随学校课程发展新阶段而进一步建构。

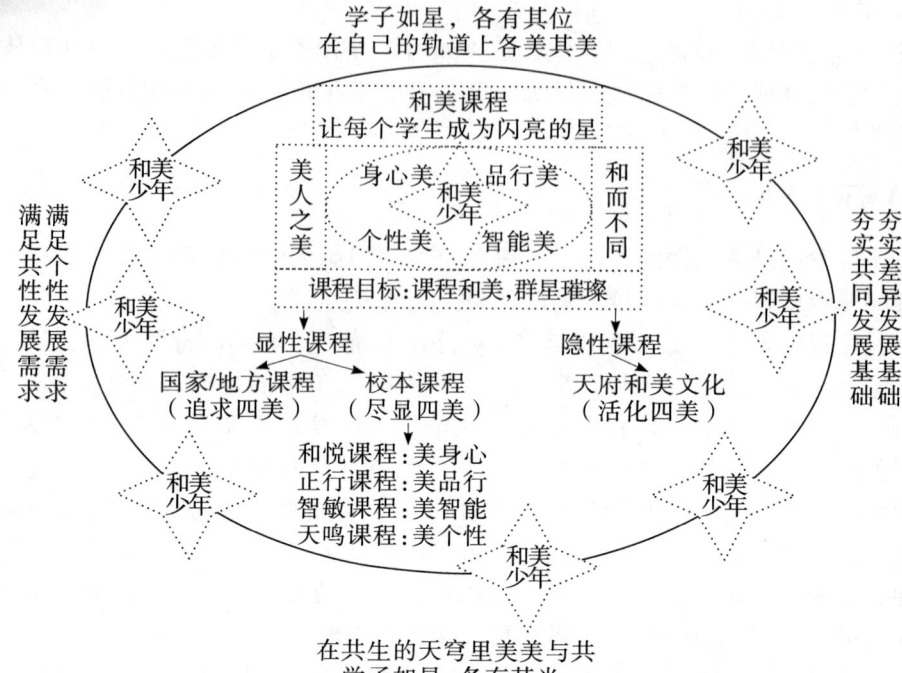

图1 天府路小学"和美课程"架构

其四,课程设置的明晰。2014年,天府路小学根据"和美课程"架构,对学校课程进行了相应的设置(见表2)。但已有的课程设置由旧时期课程架构而建立,尚需随学校新时期的课程理念与课程架构来进一步调整。

表2 天府路小学"和美教育"课程设置(2014年)

向度	类别		科目
显性和美课程	国家课程		语文、数学、英语、品德、体育、美术、音乐、科学、信息技术、综合实践
	地方课程		健康教育、心理健康、环境教育、毒品预防教育、廉洁教育、民族大家庭、民族常识
	校本课程	和悦课程	阳光体育:大课间体育活动、围棋初级、篮球、花样篮球、乒乓球、羽毛球、独轮车、武术、童军训练、啦啦操、国际象棋
			健康心理:团体心理辅导
		正行课程	天府四典:入学典礼、入队仪式、十岁庆典、毕业典礼
			天府八星:健美星、书香艺术星、创新实践星、勤思善学星、领袖星、环保自护星、文明礼仪星、进取星
			天府角色:新生培训、多榜齐鸣

续上表

向度	类别		科目
显性和美课程	校本课程	智敏课程	学科拓展	语文：经典教育、中华成语龙、作文细节教学、和言 数学：趣味数学 英语：外教口语、国际理解、英语单元主题阅读、英语PHONICS教学 美术：美术欣赏网络课程 综合实践：中西文化探究
			第二课堂	语言美：绘本阅读、写作、儿童诗赏析、语文能力训练、名篇段赏析、童话剧、小记者、小主持、外教口语、国际理解、朗文英语、趣味英语、英语单元主题阅读、英语PHONICS教学 逻辑美：奥数、数学思维 艺术美：合唱、舞蹈、管乐、儿童画、动漫、中国水墨、书法、压花艺术
		天鸣课程	天府社团	小记者、鼓号队、管乐队、田径队、武术队、拉丁舞、合唱队、舞蹈队、观鸟社、诵读社、无线电测向
			天府四节	书香节、科技节、艺术节、体育节
			天府吉尼斯	魔方挑战、一分钟金鸡独立、一分钟记忆、玩转悠悠球
			天府榜样	八星耀彩、美榜题名
隐性和美课程	天府精神文化		办学理念系统、楼名释义等
	天府制度文化		促进学生"美人之美，和而不同"地发展的制度
	天府物质文化		学校设施、校园文化及班本文化
课程设置说明	1. 开设依据：《广州市义务教育课程计划》。 2. 实施要则：走课程创生之路，让学生在课程学习中发现美、欣赏美、追求美、创造美、分享美。 3. 国家/地方课程：拓展、丰富、升华其内容，指向和美课程目标，促使学生养成良好学习习惯和掌握科学学习方法，强化基础知识与基本技能，为可持续发展创设条件。 4. 校本课程：彰显个性，凸显立美育人之要义；开发多样性可供选择的课程，以面向全体、加强文化底蕴与实践能力为基础，充分考虑学生个性特长，多样化与层次性的设置各种课程，促使学生主动探究与实践，拓展他们的发展空间，发挥他们的兴趣爱好，培养他们的多元化发展能力		

其五，课程实施的推进。学校注重课程认证与评估，凡与"四美八星好少年"这一育人目标融合的课程科目，就鼓励教师大力开发，并由学校课程领导小组认证后实施，同时做好常态化的成效评估，以保证教师开发的每一门课程都能卓有成效地服务和美少年。但已有的课程实施的路径体系化、效能明显化还不够，尚需进一步完善课程实施路径和提高课程实施效能。

其六，课程制度的制定。为有效创生课程，天府路小学制定了相应的课程制度：《和异互融 创美人生——广州市天河区天府路小学"创生之美"课程开发行动计划（2010—2015）》《天府路小学综合实践活动课程规划方案》《"中华文化美文赏析"课程开发指引》《教学常规管理制度》《校本教研制度》《集体备课制度》《天府路小学"和美课堂"教学设计框架》《天府路小学"和美课堂"教学评价表》等。但已有课程制度的整体性与一体性还不够，尚需进一步随课程规划的设计与实施而制定课程发展的系统化制度。

其七，课程评价的跟进。基于育人目标和课程目标，天府路小学通过使用《"和美少年"成长足迹手册》对学生综合素质的发展进行评价，关注学业成绩，更关注学习过程，采用灵活多样、具有开放性的评价方法，评价他们学习国家课程、地方课程和校本课程的情况。但已有的课程评价体系还不够完善，尚需整体性建立涵盖课程发展、教师发展和学生发展的课程评价体系。

三、课程设计

（一）目的所在

天府路小学基于"和美教育"的办学愿景：人人因美更卓越。天府路小学发展期许和理想追求是以"建设和谐园、创造美教育、成就生命美"为己任，让每一个人在尽情地释放创造力的教育生活中，和而不同地卓越发展。

基于这样的发展定位，天府路小学聚焦于课程发展与办学愿景的匹配一致，并具体落实以下三个方面的课程发展之目的。

1. 描绘课程蓝图

全体教师发扬"发掘教育美，创造美教育"的天府精神，基于国家需要、家长期盼，从师生发展出发，立足于办学基础，系统性地描绘出能够匹配办学愿景的学校整体课程蓝图，以展现学校整体课程的追求、框架与路径，以及预期要达到的效能与成果，是天府路小学规划课程的目的之一。

2. 铺排课程要素

全体教师发扬"发掘教育美，创造美教育"的天府精神，系统设计学校整体课程规划，并在实施中不断完善，有效地构建出能够匹配办学愿景的学校整体课程框架，以展现出学校整体课程的哲学、目标、内容、实施、评价、保障、成果等系列要素的铺排，是天府路小学规划课程的目的之二。

3. 焕发课程价值

全体教师发扬"发掘教育美，创造美教育"的天府精神，全面建设能够匹配办学愿景的学校整体课程，不断地创造并丰富课程建设的经验，促进教师提升课程领导力，促进家长积极参与校务，促进学生提升核心素养，以展现出焕发学校课程价值的多样课程成果，是天府路小学规划课程的目的之三。

（二）准则所向

天府路小学基于"和美教育"的办学使命：群美共生耀人生。天府路小学发展使命和价值取向是崇尚"文化自觉"的价值观，坚信"美人之美"的教育观，秉持"和而不同"的发展观，实践"多姿多彩"的生命观，致力于让学校每个成员享受因各美其美又美人之美而美美与共的教育生活，进而闪耀群美共生的幸福人生。

基于这样的发展信念，天府路小学将以"明确成长目标、丰富学习经历、适应社会发展、着力项目学习深耕行动研究"为基本准则，系统规划学校整体课程。

1. 丰富学习经历

学校整体课程要做到全要素丰富学习经历，创造适合学生发展的课程，让每个学生充分享有多元灿烂的学习经历，是天府路小学规划课程的生命性准则，即课程规划以丰富学习经历为准则，才能实现其增长才干、绽放风采、提升素养的育人价值。

2. 适应社会发展

学校整体课程做到全要素适应社会发展，把社会发展需求与学校课程相糅合，使课程能够培育社会进步所需人才，是天府路小学规划课程的社会性准则，即课程规划以适应社会发展为准则，才能实现其融通文化、整合资源、培育英才的创生价值。

3. 深耕行动研究

学校整体课程做到全要素深耕行动研究，把行动研究作为学校课程建设的关键，使学校课程在动态生成中演绎学校教育追求，是天府路小学规划课程的实践性准则，即课程规划以深耕行动研究为准则，才能实现其承传基础、立足现实、面向未来的发展价值。

（三）课程内容

学校对整体课程进行顶层设计，既要基于学科课程创生来探索课堂变革，又要基于校本教研优化来推进课堂变革，使学科课程创生并能够落地而行。

1. 行动目标

天府路小学基础科目的三大行动目标，主要研拟的是学科创生、课堂变革、教研优化三大行动试图达至的境地，呈现的是三大行动的基本标准。

（1）学科创生目标。

天府路小学要以学科课程创生指南的制定与实施为抓手，构建各学科课程创生的整体框架与操作路径，进而描绘出各学科的课程发展蓝图，促使各学科课程在不断提升品质的过程中焕发价值，展现出学科课程创生的和美化态势。

（2）课堂变革目标。

天府路小学要以"和乐益智，善学至美"的教学哲学为指导，制订并实施"和美课堂"变革方案，构建"和美课堂"的理论框架与操作系统及评价体系，促使师生在课堂天地里实现"滋养四美，化育八星"的课程追求，展现出课堂变革的和美化态势。

（3）教研优化目标。

天府路小学要建立多元化的课程共同体，让每个共同体基于校本教研的基本要求，自行设计并实施各自的学年教研计划，促使每个共同体既有各自的教研专题，又有各自的教研范式与教研成果，展现出教研优化的和美化态势。

2. 行动方略

天府路小学采用"立思想、见行动、要效能"三大行动方略，来达成学科课程创生的目标。

（1）立思想：明确学科课程的创生追求。

天府路小学以创生为取向，追求"创生学科课程，绽放和美形象"的学科课程发展景象。以"四美八星好少年"为核心，基于学科课程标准，从学科素养出发，立足于学科课程发展实际，依托学科教材，整合课程资源，建构学科课程群，创造丰富多元的学习样态，促使学生在提升学科素养的同时绽放"和美形象"。

（2）见行动：构建学科课程的创生操作。

天府路小学主要以"学科课程创生指南"为载体，来创生学科课程，进而提升教师的课程领导力，促进学生学科素养的提升。

学科课程创生指南的设计，围绕以下七个方面进行：第一，确立学科课程理念，即对学科价值观进行定位，并提炼出校本化的学科课程理念；第二，拟定学科课程目标，包括总体目标和分项目标；第三，建立学科课程结构，包括学科课程架构、学科课程设置，能够呈现出学科的课程逻辑、课程图谱、课程类别，能够呈现学科课程的类别化分年级设置；第四，确定学科课程开发思路，能够立足于学科课程已有的发展基础，基于学科课程的理念与目标及框架，确定学科课程的开发资源与开发方式；第五，组织学科课程的实施，提出学科课程的实施任务、实施策略、实施预效；第六，制定学科课程的评价，包括对课程实施项目的评价，对教师课程领导力的评价，对学生学习素养的评价；第七，衡定学科课程的保障，包括学科课程创生组织、学科课程评估方式、学科课程成果提升。

（3）要效能：建立学科课程的创生评价。

天府路小学各学科依据学科课程创生指南，推进学科课程的创生，制定并依托"天府路小学学科课程创生评价量表（2018—2022年）"，从课程理念、目标、结构、开发、实施评价、保障等方面，把握其质量和效量，从而实现学科课程的创生价值。

四、课程实施

在课程实施方面，学校通过变革课堂教学和优化校本教研两大途径进行。

（一）变革课堂教学

1. 立思想：明确课堂教学的变革追求

天府路小学"和美课堂"的核心理念是：和乐益智，善学至美。

和乐益智——以尊重学生独立性、差异性与创造性为要，营造师生间、生生间民主而和谐的教学氛围，创造有利于学生体验成功的审美化教学情境，让学生在乐学乐用中化识为智，演绎"美人之美"的学习美。

善学至美——以引导学生乐学、会学与善学为要，遵循美的规律，创造教学之美，使课程创生、过程推进、目标达成都具有美的特质，让学生置身于美的课堂而乐于学、精于学、善于学，演绎"和而不同"的生命美。

2. 见行动：构建课堂教学的变革操作

天府路小学追求"和乐益智，善学至美"的"和美课堂"，展现的是其"三维六象"教学样态：差异·情趣、生成·对话、智慧·审美。

"和美课堂"是基于学生差异，关注差异性学习的课堂，是激活课程趣味，实现情趣性学习的课堂。

"和美课堂"是基于课程创生，关注生成性学习的课堂，是激活多方互动，实现对话性学习的课堂。

"和美课堂"是基于生命智慧，关注智慧性学习的课堂，是激活多样见解，实现审美性学习的课堂。

如何实现"和美课堂"的教学追求，并展现"三维六象"教学样态？其操作之道在于设计"和美课堂"变革方案。方案主要呈现的是"和美课堂"的变革内容：基本理念与主要目标，基本行动与主要策略，项目评价、教师评价与学生评价及变革成果。

这一方案的设计，为天府路小学推进课堂变革的三大行动指明方向：做强单次课教学，催生"和美课堂"教学样态；做好实践单元课教学，催生"和美课堂"教学样态；探索学期课教学，催生"和美课堂"教学样态。

做强单次课教学：一是基于学科素养的分类型单次课教学，二是基于教科书单元编排的单次课教学。

做好实践单元课教学：一是基于教科书的单元整体性单元课教学，二是单元化重构教科书的单元课教学。

探索学期课教学：一是整学期从整体到部分到整体的学期课教学，二是一天一课型的五天制学期课教学。

无论是单次课教学，还是单元课教学，抑或学期课教学，都需要依托教学范式的锤炼来优化操作。天府路小学将探索以多种教学范式来追求"和乐益智，善学至美"的教学价值，如"主题领学"教学范式和"三学见美"教学范式。

所谓"主题领学"即指在单次课教学中，一体化贯通"主题呈现，告知目标—自主探究，尝试解决—互动交流，点拨深化—综合训练，当堂解决"的教与学，提升学生的质疑解惑、深化提升、综合运用的高级学力，进而有效地内化与外显学习所得。

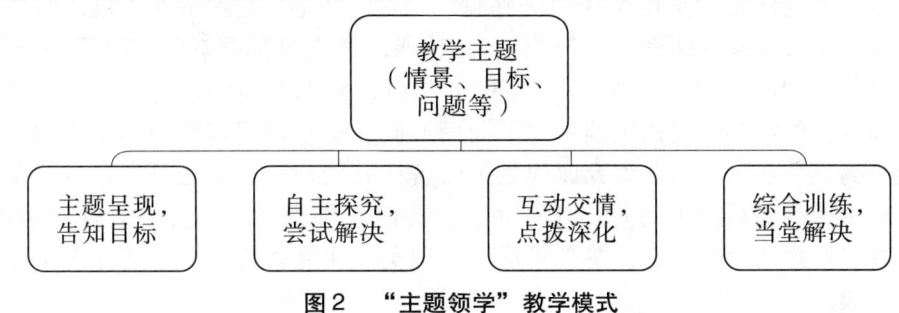

图2 "主题领学"教学模式

这一教学范式的思考点在于：主题是课堂教学的灵魂，课程围绕主题展开，教与学就是对主题的演绎与建构；学习资源的整合、学习程序的设计、学习方法的选择和学习内容的编排等，都需要围绕主题展开；教学主题是教师构思课堂教学设计的基本依据和根本意图，是贯穿教与学完美结合的灵魂，是学生学习过程的主线，在教学过程中具有不可替代的地位；课堂是对主题的展开过程，教师越是能够引领学生经历质疑解惑、深化提升、综合运用的学力提升过程，就越能达至对主题进行意义建构的学习高度；由课程到目标到问题到任务展开主题化学习，并融合性地运用自主、合作、探究、审辨的学习方式，整个"主题呈现，告知目标—自主探究，尝试解决—互动交流，点拨深化—综合训练，当堂解决"学习进程就会更有效。

表3 "主题引领，分层解决"的程序、策略和目标

教学程序	解决策略		目标
	教师	学生	
主题呈现，告知目标	创设情景，引入主题	接收任务	引起注意，激发兴趣
自主探究，尝试解决	提供分层解决问题的策略指引，指导学生开展自学活动	分层思考，分层处理，独立解决	分层自学，形成习惯
互动交流，点拨深化	搭寻宝互动交流的平台，实现多元化评价，分享收获	分层汇报，陈述学法，畅读收获	分享成功，师生共长
综合训练，当堂解决	有梯度地设计课堂练习，丰富练习的内容和形式，及时纠正练习中的错误	分层训练，分层达标	学会运用，人人达标

所谓"三学见美"即指在单次课教学或单元课教学或学期课教学中，以学生为主体，一体化贯通"浅学课程：美在哪—深学课程：为何美—延学课程：展啥美"的学习，点燃学生浅悟课程美、深究课程美、延展课程美的风采，进而有效地内化与外显素养。

这一教学范式的思考点在于：课程之美，美在其内容与形式，而课堂学习就是一个由浅入深地经历课程之美的感悟、深究、延展过程。发现课程之美是课堂起始阶段的学习方略，聚焦的是浅要地感悟课程"美在哪"；深究课程之美则是课堂推进阶段的学习方略，聚焦的是深入探究课程"为何美"；而延展课程之美是课堂收尾阶段的学习方略，聚焦的是延伸性创展课程"展啥美"。不同的学科，其课程美的内容与形式不同，同一学科，其课程美的内容与形式也因主题不同而不同。课堂学习需要引领学生学会感悟课程之美而解构其美在哪，学会深究课程之美而解构其为何美，学会延展课程之美而解构其展啥美。由课程到目标到问题到任务而展开即时反馈性学习，并融合性地运用自主、合作、探究、审辨的学习方式，整个"浅悟课程美—深究课程美—延展课程美"学习进程就会更有效。

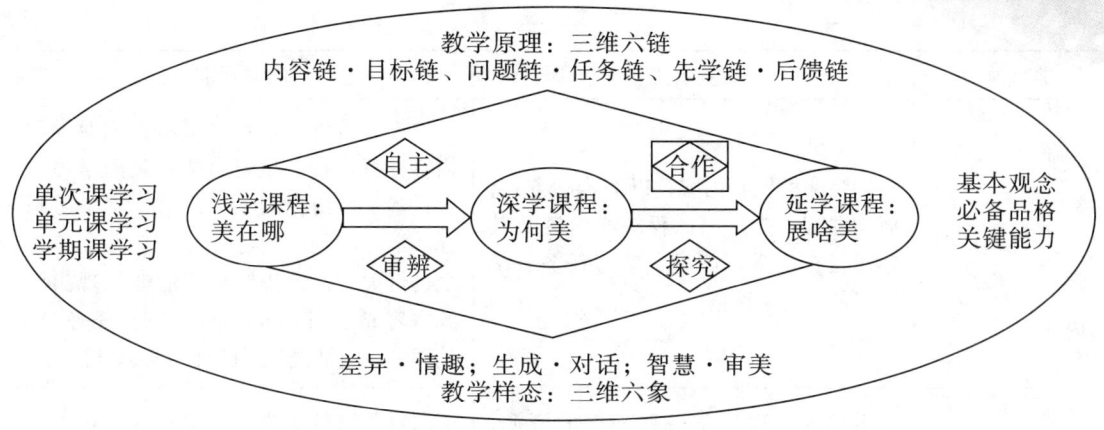

图 3　"三学见美"教学模式

"三学见美"这一教学范式演绎的，是"和美课堂"的"三维六链"教学原理：内容链·目标链、问题链·任务链、先学链·后馈链。

"内容链·目标链"教学原理："和美课堂"是对学习内容进行意义建构的课堂，是以学习目标导航一致性学习的课堂。阶段性学习内容共同构成一次完整学习的内容链，阶段性学习目标共同构成一次完整学习的目标链。

"问题链·任务链"教学原理："和美课堂"是对学习问题进行多法破解的课堂，是以学习任务驱动一致性学习的课堂。阶段性学习问题共同构成一次完整学习的问题链，阶段性学习任务共同构成一次完整学习的任务链。

"先学链·后馈链"教学原理："和美课堂"是以自主、合作、探究、审辨方式进行前置学习的课堂，是对前置学习进行即时性反馈学习的课堂。阶段性前置学习共同构成一次完整学习的先学链，阶段性即时学习反馈共同构成一次完整学习的反馈链。

基于"三学见美"教学范式，"和美课堂"教学设计的编制要则（见表 4）是各学科由此衍生各自具体的教学设计框架。

表 4　"三学见美"教学设计的编制要则（2018—2022 年）

学习模块		编制要点	编制标准
学习目标	浅学课程目标	以学生为主体，聚焦于浅学课程的学习问题与任务，拟定学生完成这一学习问题与任务要达成的学习目标	目标明确性标准：符合课程标准的要求，并对课程内容进行合理的解构；符合学生的学习实际，精要、明了，具有可操作性；不用模糊语言，而用可检测的明确用语；按学习进度分为浅学课程、深学课程与延学课程三大层次目标；如果实行分层教学，三大学习进程目标中，则都需包含优生学习目标和弱生学习目标
	深学课程目标	以学生为主体，聚焦于深学课程的学习问题与任务，拟定学生完成这一学习问题与任务要达成的学习目标	
	延学课程目标	以学生为主体，聚焦于延学课程的学习问题与任务，拟定学生完成这一学习问题与任务要达成的学习目标	

续上表

学习模块		编制要点	编制标准
学习内容	课程地图	围绕课程核心内容，以图示的方式，解构课程，构建出课程核心内容及其学习目标、学习问题、学习任务、学习素养等关系图谱	课程解构性标准：以图示方式对学习内容进行解构，呈现出结构化的学习内容；基于结构化的学习内容，将学习目标、学习问题、学习任务、学习素养与之进行关联；课程解构图能够呈现出资源内容链、目标链、问题链、任务链、先学链、后馈链的六链合一的学习特点
	课程链接	链接与本次所学课程相关的资源，包括浅悟课程、深究课程、延展课程三阶段必要的资源	课程关联性标准：与课程内容相关联的资源，概览性地呈现，既有利于推进学程，又有利于促进与丰富学习
学习进程	浅学课程：美在哪	先学：以问题为纽带，以任务为驱动，学生围绕一个主问题，依循基于解决这一问题的任务进行浅学，初步完成浅学课程的学习任务	浅学落地性标准：浅学任务以有价值的一个主问题呈现，引发学生积极地浅学课程；浅学任务有学法可依，切合学生最近发展区；浅学任务清晰，有抓手有着力点，在合理时间内能完成；浅学任务有利于学生把新旧知识与生活相连，形成融会贯通的衔接；浅学任务有利于学生有效地浅悟课程之美
		后馈：师生对浅学课程的学习进行反馈，实现浅学任务的有效完成，共同见证浅学的效果	
	深学课程：为何美	先学：以问题为纽带，以任务为驱动，学生围绕一个主问题，依循基于解决这一问题的任务进行深学，初步完成深学课程的学习任务	深学效能性标准：深学任务以有价值的一个主问题呈现，激发学生积极地深学课程；深学任务有学法可依，切合学生最近发展区；深学任务清晰，有抓手有着力点，在合理时间内能完成；深学任务有利于学生把新旧知识与生活相连，形成融会贯通的衔接；深学任务有利于学生有效地深究课程之美
		后馈：师生对深学课程的学习进行反馈，实现深学任务的有效完成，共同见证深学的效果	
	延学课程：展啥美	先学：以问题为纽带，以任务为驱动，学生围绕一个主问题，依循基于解决这一问题的任务进行延学，初步完成延创课程的学习任务	延学适度性标准：延学任务以有价值的一个主问题呈现，诱发学生积极地延学课程；延学任务有学法可依，切合学生最近发展区；延学任务清晰，有抓手有着力点，在合理时间内能完成；延学任务有利于学生把新旧知识与生活相连，形成融会贯通的衔接；延学任务有利于学生有效地延展课程之美
		后馈：师生对延学课程的学习进行反馈，实现延学任务的有效完成，共同见证延学的效果	

3. 要效能：建立课堂教学的变革评价

对于"和美课堂"的变革效能，天府路小学将从多方面进行评价。其中，基于"三学见美"教学设计的编制要则，其教学评价框架以相应量表（见表5）呈现，各学科由此衍生各自具体的教学评价量表。

表5 "三学见美"教学评价表（2018—2022年）

评价模块	评价标准	评价要素	评价权重/分	评价得分/分
学习目标	浅学课程目标	目标明确性标准	符合课程标准的要求，并对课程内容进行合理的解构	2	
			符合学生的学习实际，精要、明了，具有可操作性	2	
			不用"了解""理解""掌握"等模糊语言，而用"能记住""能说出""会运用""应解决""会分析""会评价""会创造"等可检测的明确用语	10	
			作为浅悟课程美、深究课程美与延展课程美的第一层次目标	2	
			如果实行分层教学，浅学课程层次目标中，需包含优生学习目标和弱生学习目标	2	
	深学课程目标	目标明确性标准	符合课程标准的要求，并对课程内容进行合理的解构	2	
			符合学生的学习实际，精要、明了，具有可操作性	2	
			不用"了解""理解""掌握"等模糊语言，而用"能记住""能说出""会运用""应解决""会分析""会评价""会创造"等可检测的明确用语	10	
			作为浅悟课程美、深究课程美与延展课程美的第二层次目标	2	
			如果实行分层教学，深学课程层次目标中，需包含优生学习目标和弱生学习目标	2	
	延学课程目标	目标明确性标准	符合课程标准的要求，并对课程内容进行合理的解构	2	
			符合学生的学习实际，精要、明了，具有可操作性	2	
			不用"了解""理解""掌握"等模糊语言，而用"能记住""能说出""会运用""应解决"等可检测的明确用语	10	
			作为浅悟课程美、深究课程美与延展课程美第三层次目标	2	
			如果实行分层教学，延学课程层次目标中，需包含优生学习目标和弱生学习目标	2	

续上表

评价模块	评价标准		评价要素	评价权重/分	评价得分/分
学习内容	课程地图	课程解构性标准	以图示方式对学习内容进行解构,呈现出结构化的学习内容	6	2
			基于结构化的学习内容,将学习目标、学习问题、学习任务、学习素养等与之进行关联		2
			课程解构图能够呈现出内容链、目标链、问题链、任务链、先学链、后馈链的"六链合一"的学习特点		2
	课程链接	课程关联性标准	与课程内容相关联的资源,概览性地呈现,既有利于推进学程,又有利于促进与丰富学习	4	4
学习进程	浅学课程:美在哪	浅学落地性标准	浅学任务以有价值的一个主问题呈现,能够引发学生积极地浅学课程	20	4
			浅学任务有学法可依,切合学生最近发展区		4
			浅学任务清晰,有抓手有着力点,在合理时间内能完成		4
			浅学任务有利于学生把新旧知识与生活相连,形成融会贯通的衔接		4
			浅学任务有利于学生有效地浅悟课程之美		4
	深学课程:为何美	深学效能性标准	深学任务以有价值的一个主问题呈现,能够激发学生积极地深学课程	20	4
			深学任务有学法可依,切合学生最近发展区		4
			深学任务清晰,有抓手有着力点,在合理时间内能完成		4
			深学任务有利于学生把新旧知识与生活相连,形成融会贯通的衔接		4
			深学任务有利于学生有效地深究课程之美		4

续上表

评价模块	评价标准		评价要素	评价权重/分	评价得分/分
学习进程	延学课程：展啥美	延学适度性标准	延学任务以有价值的一个主问题呈现，能够诱发学生积极地延学课程	20	4
			延学任务有学法可依，切合学生最近发展区		4
			延学任务清晰，有抓手有着力点，在合理时间内能完成		4
			延学任务有利于学生把新旧知识与生活相连，形成融会贯通的衔接		4
			延学任务有利于学生有效地延展课程之美		4
学习总评				100	

（二）优化校本教研

1. 立思想：明确校本教研的优化追求

从学校整体课程到基础科目、特色科目及校本文化的建设，到各领域各类别以及具体课程的开发与实施，需要相应团队基于校本教研展开扎实的行动研究，才能有效地促进课程发展，实现课程价值。为此，天府路小学从"和美课程"发展需要出发，建立各种样式的课程共同体，并基于课程创生对校本教研进行范式化设计，让每一个课程依循校本教研新要求，根据各自的课程创生专题，设计并实施各自的教研计划，扎实推进课程创生的行动研究，进而使每一次教研过程都成为课程共同体提升课程领导力的过程。

2. 见行动：构建校本教研的优化操作

基于课程共同体的校本教研优化，主要依托"课程共同体教研行动"来操作。其操作框架见表6。

表6　天府路小学课程共同体教研行动框架（2019年）

共同体名称						
课程简介						
教研设计	目标	总体目标				
		阶段目标				
	范式	范式结构				
		范式解读				
	推进	教研主题				
		要解问题				
		时间节点				
		操作要点				
成果预期		文本成果				
		展示成果				
		价值成果				

3. 要效能：建立校本教研的优化评价

随着校本教研的实效推进，课程共同体创生课程的样态，既表现为其行动研究的扎实推进，又表现为其课程创生的不断推陈出新，还表现为课堂变革的新象迭出。要达到这样的教研效能，建立相应的校本评价是必不可少的。天府路小学基于课程共同体创生课程的教研评价，主要聚焦于三个方面：研究性评价、展示性评价和述职性评价。

研究性评价：每一个课程共同体都应把其承担的课程创生作为课题来进行研究，并能够按教研计划展开行动研究。其评价节点在第一个学期末。

展示性评价：每一个课程共同体都应在课程创生的行动进程中，以论坛、课例研讨、

作品展等多种形式展示其研究成果。其评价节点在每个学期之中。

述职性评价：每一个课程共同体都应向上一级课程领导小组进行教研述职，汇报一学年以教研推进课程创生的工作质量，校级课程领导小组与年级课程领导小组则向全体教师述职。其评价节点在第二个学期末。

五、课程评价

在"和美课程"的实施过程中，学校通过建立评价机制和管理机制，来实现保障"和美课程"的有效实施，其中，建立评价机制，包括对教师课程领导力的评价和对学生课程学习力的评价；在管理机制方面，则包含学校课程组织、学校课程制度建设、学校课程信息宝库和学校后勤保障机制等四个方面的内容。

（一）建立评价机制

天府路小学视教师与学生为学校课程建设的核心主体，并由此建立"和美课程"的评价体系。

1. 对教师课程领导力的评价

课程领导力是教师对课程系统的认识及课程行为的自觉程度，是对课程设计与实施进行系统把握的能力与力量。教师一旦能够不断地提升课程领导力，则意味着学校课程建设的质量也在不断提升。

天府路小学按照"建立课程组织—分析课程情境—厘定课程理念—设计课程框架—推进课程实施—落实课程保障—评估课程效能"的流程来建设"和美课程"，其整个进程就是教师提升课程领导力的进程，也是考察教师课程领导力提升效能的进程。为此，天府路小学对教师课程领导力的评价，主要着力于两个方面：一是教师参与课程建设的进程性评价，二是教师参与课程建设的水平性评价。

对于教师参与课程建设的进程性评价，主要考察的是学校以校长为首的课程领导组人员的课程领导力，即他们在课程组织的建立力、课程情境的分析力、课程理念的厘定力、课程框架的设计力、课程实施的推进力、课程保障的落实力、课程效能的评估力这一系列的课程领导力方面的表现如何。其评价聚焦点有二：一是就领导这些课程事件的完成情况，进行相应的评价；二是就领导这些课程事件的完成效能，进行相应的评价。

对于教师参与课程建设的水平性评价，主要考察的是全体教师参与学校课程建设的课程领导力，即他们在"和美课程"基础科目的创生力、特色科目的创生力、校本文化的创生力这三大系列的课程领导力方面表现如何。其评价聚焦点有三：一是就教师对基础科目、特色科目和校本文化创生的设计效能，进行相应的评价；二是就教师对基础科目、特色科目和校本文化创生的实施效能，进行相应的评价；三是就教师对基础科目、特色科目和校本文化创生的评价效能，进行相应的评价。

2. 对学生课程学习力的评价

课程学习力是学生对课程学习的认识及课程学习的自觉程度，是学生参与课程创生、融入课程学习、展现课程成果的能力与力量。作为学校建设课程的核心受益人，学生能够不断提升课程学习力，则意味着学校所建设的课程能够不断地促进学生核心素养的提升。天府路小学评价学生的课程学习力，以设计与使用《"和美少年"成长手册》来进行。《"和美少年"成长手册》的设计力求对学生学习课程进行全面评价，既要评价他们学习"和美课程"基础科目的效能，又要评价他们学习"和美课程"特色科目的效能，还要评价他们化养于"和美课程"校本文化的情况，以促进他们在原有水平上获得发展，实现个体价值。

围绕培养目标与课程目标，立足于年级课程体系，研制年级成长评价指标，制定学分制、星级制等评价方式，以呈现"和美少年"年级化成长的评价体系。

（二）建立管理机制

有效运作课程建设的"立组织—析情境—定理念—设框架—推实施—实保障—评效能"整个流程，是天府路小学建设"和美课程"所需的管理机制。

1. 学校课程组织

天府路小学在学校层面上要建立四大课程组织组：课程领导组、课程开发组、课程后援组和课程评估组。课程领导组负责对"和美课程"建设整个过程的动态管理，对学校各个课程共同体实施"和美课程"的监督、检查、考核、反馈与调控，以确保"和美课程"建设能够有效地实施。课程后援组负责"和美课程"建设所需要的智力支持、资源支持与技术支持，以及所需要的义工服务。课程开发组负责"和美课程"的具体开发与实施工作。课程评估组负责"和美课程"开发与实施的质量评估，以及相应改进建议的提出。这四大课程组织共同构成一个系统，组织分工协作，共同建设学校的"和美课程"。

2. 学校课程制度建设

建设学校课程制度就是要引导学校建设课程变不确定性为确定性，通过对课程建设各个环节各方面权利、职责、义务的规定，以及各种适当的课程行为的明确界定，减少课程建设活动个体行为的随意性，加强和促进课程建设活动中个体行为与组织行为之间的协调和一致，从而保证课程建设活动的系统运行。

学校课程制度包括课程选择制度、课程决策制度、课程开发制度、课程实施制度、课程评价制度等多个领域制度，它们构成一个有机整体，彼此相互联系、制约和补充，形成一个完整的学校课程制度系统。

3. 学校课程信息宝库

随着持续深入地推进学校课程建设工作，学校课程发展将是一套怎样的体系，教师是如何参与课程创生并经历了怎样的课程领导力提升，学生是如何学习课程并经历了怎样的素养提升，家长是如何参与学校课程的建设工作，都会留下诸多过程性的信息。将它们汇聚一起，就是学校课程发展的信息宝库。

天府路小学将建立"和美课程"信息库，并随着"和美课程"建设工作的有效推进，主要从以下四个方面运用多种技术收集与汇整信息：一是学校建设"和美课程"的相关信息；二是教师创生"和美课程"的相关信息；三是学生学习"和美课程"的相关信息；四是家长参与"和美课程"的相关信息。

4. 学校后勤保障机制

天府路小学建设"和美课程"，将在理念、目标及举措方面建立相匹配的后勤保障机制。

后勤理念：发扬服务精神，助力课程发展。天府路小学在后勤工作方面，要发扬"服务就是发展"的精神，提高后勤工作的专业化水平和效率，为师生及家长建设"和美课程"提供及时高效的支援，进而促使学生随着"和美课程"高质量发展，享受"滋养四美，化育八星"的学习生活。

后勤目标：面向"和美课程"各类课程共同体，提供让师生大力点赞的优质后勤服务；完善学校后勤工作规章制度，提高后勤服务人员的积极性和创造性；为"和美课程"发展提供可能的现代技术的有效支持；形成一支高素质的后勤管理队伍，让"和美课程"因优质的后勤服务而获得实质性发展。

后勤举措：一是制定并落实后勤岗位责任制度，注重后勤工作人员的学习，使他们提高工作认识，能够为"和美课程"高质量发展而尽心工作；二是严格遵守国家关于财务方面的有关法规条例，全力支持"和美课程"发展必要的经费；三是瞄准"和美课程"发展愿景，营造"滋养四美，化育八星"的课程发展氛围，使学校"和美课程"建设更富品质。

"合创" 课程体系建构与实施[①]

——以广州市荔湾区汇龙小学为例

梁丽珠

一、学校简介

广州市荔湾区汇龙小学（以下简称"汇龙小学"）创办于 2004 年。学校以"合创教育"思想为引领，以"人人不一样，个个都发展"为办学理念，以培养具有"和雅融活"核心素养的现代公民为育人目标，以创建具有"合创文化"特色品牌为办学方向，以可分散组合的创意校徽为"合创精神"的物象，积极践行"修己善群，博学求新"的校训，致力使合创特色与课程再造、校园建设、师生发展有机融合，努力打造"以和怡情，以雅导行，以融治学，以活增智"的教育生态。学校经过 12 年办学，教育教学质量稳步提升，科技教育跃居区域龙头学校行列，办学成效获得上级部门、社会各界、学生家长的广泛赞誉，先后被认定为中国可持续发展教育项目示范学校、广东省绿色学校、广东省现代教育技术实验学校、广州市安全文明校园、广州市垃圾分类教育示范基地、广州市知识产权教育试点学校、荔湾区校长培训实践基地等。

二、"人人不一样，个个都发展"的课程愿景

无论是学生还是教师，每一个人都是独特的存在，每一个人的独特性都应该得到尊重和关注；每一个人的起跑线都不一样，每一个人身上都隐藏着潜在的创意，需要合适

---

① 本文写于 2019 年 5 月 6 日。

的条件唤醒和发展。而正是对于"学习者"的这一认知,决定了合创课程是关注教育公平的、以人为本的课程。"人人不一样,个个都发展"是合创课程具有认知意义的起点。

合创成为汇龙人共同的文化信仰,合创文化融入全体师生的思想与行为之中,让更多的人能够发现自己有成为大师的可能。而正是对于"学习结果"的这一价值追求,决定了合创课程是承载教育本真使命、充满生命气息的课程。"人人不一样,个个都发展"是合创课程理念具有价值观意义的终点。

关注学科知识之间的融合、人与人之间的融合、人与优秀传统文化的融合、人与自然的融合,引导人乐于创作——积极做好共同的事、有所创举——坚持做实有意义的事、成为创客——追求做有意思的事、勇于创新——尝试做别人没做过的事,为每一个孩子提供契合生命成长需求、契合时代需求的发展优势,让每一个人的"不一样"得到理解,让每一个人的"发展"得到重视,这就是培养"学习有乐趣,生活有情趣,生命有志趣,人生有意趣的和雅融活的现代公民"的"合创"课程(见图1)。

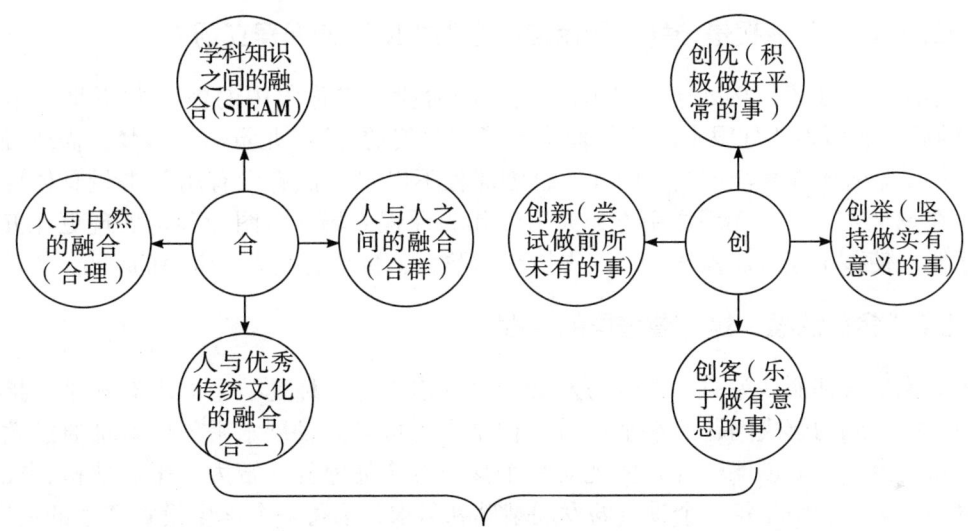

图1 "合创"课程的课程愿景

因此,合创课程,是基础性课程的"合"与"创",是拓展性课程的"特"与"融",是选择性课程的"趣"与"新"。因此,合创课程,是"融"中学和学中"融"的二重奏。

"人人不一样,个个都发展"是汇龙小学的课程理念,而"合创"这个关键词,则是汇龙小学课程所要到达的远方。"和雅融活"是课程所要培养的核心素养,是最高度浓缩的"课程标准"。

(一)"合创"课程是一种"从理解到理解"的课程追求

"合创"课程秉持"人人不一样,个个都发展"的课程理念,把"人"放在中央,课程内容设置基于"让每一个人有尊严地、自由地生长"的期许，课程起点源于对"人的需要、价值、情感"的理解，力图"照亮学生前进的路"；教师心里装着"人人不同"的明白走进课堂，教学起点内蕴于对学生的理解，力求"从他者的角度着想，感召、教化和解放"；学生怀着梦想走进课堂，学习起点内蕴于对未来的理解，从而积极地"通过学习，进入生活，逐渐达成对自身生命意义的澄明"。

（二）"合创"课程是一种"学校、教师与学生共同发展"的课程价值

学校的课程、教师的教学要直面未来，深挖资源，超越自我。学校的课程要生活在未来，这体现"视野比视力更重要、开窍比开心更重要、心灵比心情更重要、见识比知识更重要、成长比成功更重要"。"合创"的核心意义就是"融活"，透过"融活"使课程高于"现在"，能够进行"光合作用"，可以创生"无尽可能"；教师要生活在未来，这体现"终身学习"精神，积极突破学科专业局限寻求多元发展。

（三）"合创"课程是一种"无用之用方为大用"的课程立场

小学阶段的孩子，正处于"认识自我"的阶段，"你眼中的他"并不是"最终的他"，因此不能因为"你眼中的他"而决定了"最终的他"。儿童需要做梦，需要慢慢地长大，小学教育不能急功近利。因此，合创课程不以"考试有没有用"考量具体课程内容的存在意义，而以"无用之用方为大用"作为课程立场，力图为孩子展现更加五彩缤纷的生活，使孩子通过课程学习，获得情感的孕育、智慧的生成、生命的享受。

（四）"合创课程"是尊重差异的课程

正如维果茨基所认为的，学生的发展有两种水平：一种是学生的现有水平，指独立活动时所能达到的解决问题的水平；另一种是学生可能的发展水平，也就是通过教育教学所获得的潜力。合创课程首先体现对每个孩子的个体差异、智力水平、性格特征、家庭环境的尊重，着眼于每一个学生的发展基础和需求，为每一个学生设置合适的助跑器，引发每个孩子积极向上的生命价值，即基于学生的基础和步调设计课程内容和学习过程，不以统一的标准、格式去局限学生的学习和发展。

（五）"合创课程"是倡导融合的课程

合创课程追求以"和"怡情，以"雅"导行，以"融"治学，以"活"增智，倡导"有个体存在感的融合"。这样的融合，不是强调集体弱化个体的融合，不是让人迷失自我的融合。相反，合创课程首先强调"人人不一样"。因此，合创课程帮助学生强运用、扩眼界、树信心，引导学生乐实践、敢创新，使之成为真正的"有智慧会合作，有能力勤探究，有个性能发展，有情趣懂生活，有理想会做人"的新时代公民。

（六）"合创课程"是培育创意的课程

创新是一个国家发展的不竭动力，是一个民族的灵魂。合创课程努力宣扬发现精神、呵护精神，培养坚持、奉献和科学探索的品格，致力让孩子置身于能创造性发展的学习

情境中，唤醒他们的创造潜能，让每一个孩子发展成为"和雅融活"的现代化人才——和：谦和有礼，和衷共济，和谐发展，和而不同；雅：仪表优雅、言行文雅、情趣高雅、气质儒雅；融：兼容并蓄，博采众长，融会贯通，融合通达；活：生动活泼，灵活变通，突破自我，开拓创新。

三、"统整融合，灵活创生"的课程建设路径

"合创课程"建立在以下基础上：第一，以认真落实国家课程为前提，在"内容整合"与"课堂改进"上"说实话、做实事、得实效"；第二，以尽可能满足学生的发展需求为宗旨，在"国家课程校本化、特色课程普及化、选择性课程生本化"上着力，建设特色鲜明的合创课程体系。

汇龙小学正处于迈向特色品牌学校建设的重要历史阶段，"合创文化"是学校办学特色的关键词。合创课程作为一个多层级的体系，在课程理念、课程模式、课程方案三个层级的架构上，都契合于"合创文化"。此外，人的发展要求是不断变化的，学校课程必须动态跟进，才能真正做到聚焦儿童成长与发展。因此，合创课程的建设实施，遵循"有破有立、有章有法、有品有质"的建设路径。

有破有立——在继承的基础上创新，把"人人不一样，个个都发展"办学理念转化为课程理念，抓住"课程"这个关键词，加大课程统整力度，把优势特色项目转化为滋养合创精神的特色课程，把兴趣小组、学生社团转化为提升合创力的选择性课程，把国家课程转化为彰显合创文化的基础性课程。

有章有法——以合创课程的深入实施为宗旨，进一步完善学校的章程和管理制度、学校的文化氛围，优化学校的育人环境，创新学校的评价体系，形成合创特色制度与文化体系，推动合创课程平稳发展，有效实施。

有品有质——不断强化"合创文化"这一教育品牌，以"和雅融活"为核心素养，以"尊重每一个人，促进每一个人发展"为教育情怀，实施更有"质感"的合创教育，触动更深入的课程整合，增进特色项目、特色课程的辐射力和示范性，使"汇龙"校名因"合创"而绽放独特的光彩。

"合创"课程建设的总体思路：在课程类别上，设置必修课程与选修课程两种，其中必修课程指向国家课程与本校特色课程，选修课程指向兴趣课程与社团课程；在课程内容上，划分为人文科学、自然科学、生命科学、社会科学四大类别；通过国家课程中各学科知识的融合统整，提高课时教学效益，争取课时盈余；设立"太极、中医药文化、七巧科技、DI奇巧之旅"四个必修的本校特色课程，通过"长短课"的时间统整，加大实施力度，为"以和怡情，以雅导行，以融治学，以活增智"奠定更坚实的基础；设立兴趣课程与社团课程两种层面的选择性课程，对国家课程进行有针对性的延伸和拓展，通过"兴趣小组"和"学生社团"的资源统整，使兴趣课程成为学生"发现自我"的"一扇门"，使社团课程成为学生"发展特长"的"一片沃土"。

在合创课程的建设与实施过程中，所有的课程内容都不是一成不变的，所有的课程

参与者都是课程的开发者和创造者。合创课程强调开放性、变革性、生成性和自主选择性。

四、"太极意象，合生创展"的课程建设成果

汇龙小学作为一所校龄小、规模小、名气小的小学，生源处于学片的最底层，大部分家长都潜意识把自己归类到"没钱、没权，只能读最普通的学校"的群体中，大部分学生缺乏目标感和自信心，大部分老师潜藏"家长不支持学，孩子不用劲学，怎么教也没用"的心态。针对这样一种把自己边缘化、自我放逐的消极心理状态，学校课程建设的首要的使命是"消弭错觉、促进融合、唤醒潜能、激活信心、共育共荣"。与此同时，面对数字时代这一宏大背景，学校的课程建设还必须突破旧的、传统的教育观念、教育模式、教与学的方式，用"创新性学习"取代"维持性学习"，致力创设条件让学生学会系统性思考、多维度地探索问题。因此，"合创"课程体系取太极八卦"浑然一体，万物化生"的意象，围绕"合创"特色与"和雅融活"核心素养之间的逻辑意义，用心做好本校特色课程、国家课程、兴趣课程、社团课程之间的"加减乘除"，力求实现人与课程、课程与文化的"合生创展"，搭建了如图2所示的合创课程整体架构。

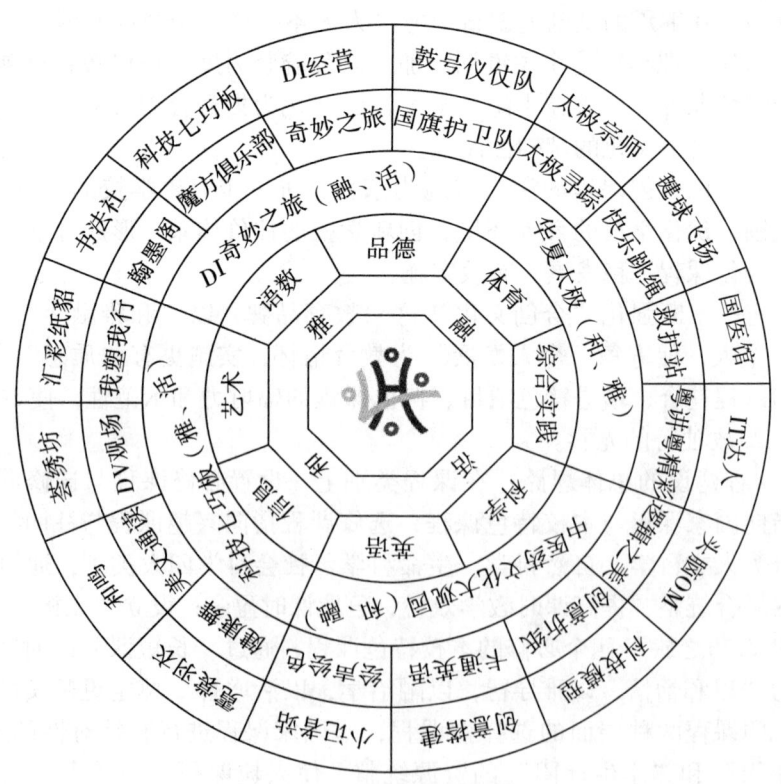

图2 合创课程整体架构

（一）以"合"为生长点的基础课程建设

通过"跨学科之界"（多学科、多领域融合）和"跨教材之界"（教材不是唯一的资源）两种统整路径，有效压缩现行小学课程计划中必修课的课时，以学校目前已经具根基的"三基五维循环"教师合作研修模型（见图3）为支撑，让教师提高课堂教学效率，做到"减时不减质"。

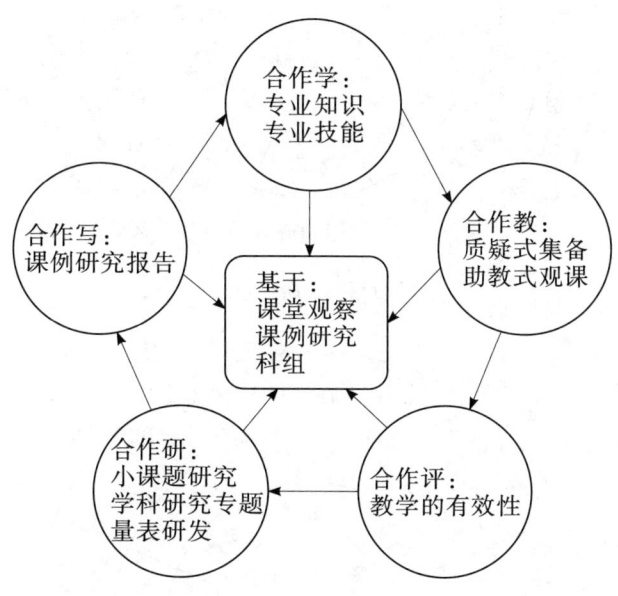

图3 "三基五维循环"教师合作研修模型

（二）以"融、创"为生长点的校本特色课程建设

通过跨标准之界、跨认知之界、跨文化之界三种统整路径，把"太极、中医药文化、七巧科技、DI奇妙之旅"四个校本特色必修课程的学习内容"化整为零，融入学科"，合理分散在基础必修课程的教学过程中，使之成为基础必修课程的拓展性、实践性内容，在不增加课时量的前提下达到"一举两得"的效果。其中，"七巧科技"课程与"数学、美术"联系起来，由两个学科的教师灵活穿插在教学过程中；"DI奇妙之旅"课程直接作为"综合实践活动"和"主题班会"的专题，分年段实施；"中医药文化""太极"两个课程"化整为零，融入学科"的具体实施路径则如图4所示。

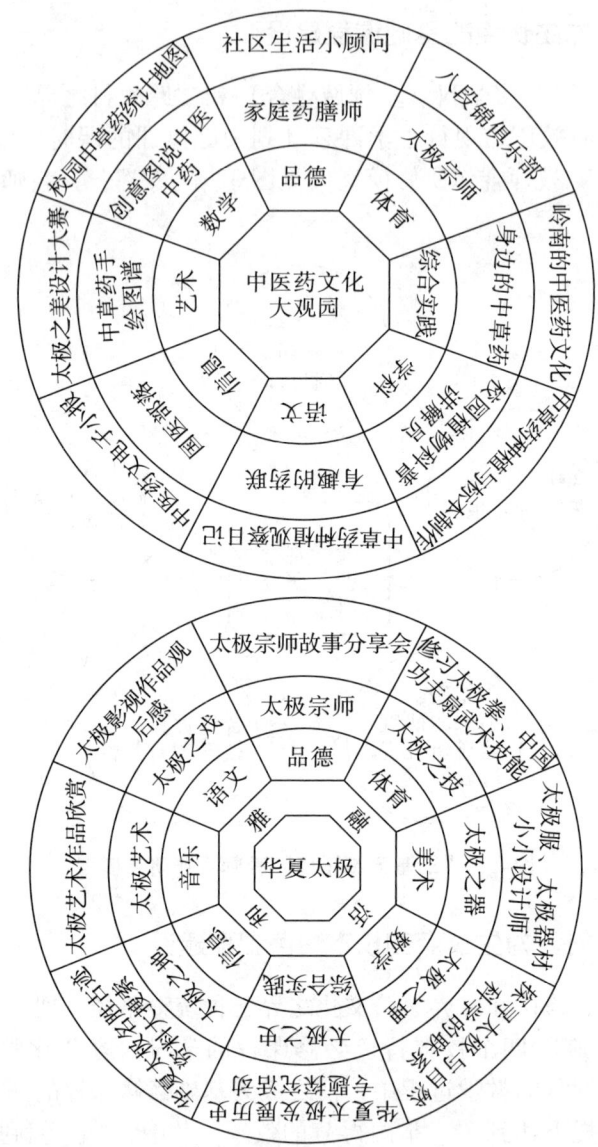

图4 "中医药文化""太极"课程"化整为零,融入学科"具体实施路径

(三)以"活"为生长点的兴趣、社团选修课程建设

通过"跨教室之界"(基于"三个志愿"的走班制、课堂内外、社会生活)、"跨时间之界"(长短课)、"跨身份之界"(家长、教师、学生、社会人士)三种统整路径,为学生提供个性发展的选修课程平台。学生根据自己的兴趣、爱好自主"填报三个志愿",学校根据学生的志愿进行排课,实行"模块式"的生本课程管理。兴趣、社团选修课程充分理解学生之间的差异,充分照顾不同水平学生的需要。选修课程是每个学生每学期至少选修一门的课程,打破年级界限,允许跨年级选修,实行"争章达标式"管理。其

中，兴趣课程主要是为了让学生"发现自我，唤醒潜能"。兴趣课程争章达标，便可以进阶到社团课程。社团课程主要是为了让学生"发展特长，激发潜能"，与此同时，也致力培养学生的领导力、决策力、交往力、合作力、创造力、共荣心。

五、课程实施策略

校本特色课程的开发与实施，为汇龙小学"合创文化"的外显与内化奠定了坚实的基础。面对学校特色建设这一命题，我们意识到，要使学校整体办学水平再上新台阶，就必须切实加大课程发展的力度，不是开发与实施单个的校本特色课程，而是要实现更系统、更深入的课程整合。由此，合创课程的实施始终以"合创"为主题词、以基础性课程为"根据地"、以特色课程为"试验田"、以兴趣小组活动为"苗圃"、以社团活动为"高地"，除了着力推动基于合创特色的课程再造，还通过以下四个方面为课程实施创设更好的条件。

（一）合创理念"可视化"

学校以"人人不一样，个个都发展"合创理念为设计灵感，以"分解、组合、变化"为设计理念，"高端定制"了新校徽及以新校徽为主要设计元素的视觉系统，完成相匹配的校园环境建设、校园文化氛围策划、平面策划、网络平台建设。合创理念的"可视性建设"独具匠心——小到校徽、信封、便签、书夹、荣誉徽章、笔记本、植物标识牌、听课记录本，大到舞台背景、主题浮雕、功能场室陈列柜造型，每一处都在启示"合之理""创之美"；每一个汇龙人都能从学校的视觉文化中"找到自己"，体会到"人人不一样"，并且"发现未来的自己"，充分感受到学校教育教学工作基于"生本""师本"，因而"校本"。

（二）合创徽章"可代入"

合创课程的学生综合学习评价方式以争章达标为主导，有专门定制的合创荣誉徽章，"定章—争章—考章—颁章—示章"融入学习的全过程，突出评价的发展性功能和激励性功能。奖章以"不一样的人""组合变化"为设计灵感，图案源自校徽，每一个人都可以将自己的个性、特长、发展情况代入到具体的徽章图案中，形成"自我形象"的认同感。争章达标式评价不仅以奖章记录学生的成长足迹，而且通过奖章让学生留下"合创"的精神烙印。同时还体现对学生学习潜能的评价，立足于促进学生的学习和充分发展，为"适合学生的教育"创造有利的支撑环境。

在评价的主体上，合创徽章的"定章—争章—考章—颁章—示章"充分调动学生主动参与评价的积极性，实现评价主体的多元化，形成由学生、家长、社会、学校和教师等共同参与的评价机制。在评价的方法上，实行多次评价和随时性评价，突出过程性。国家必修课程的定量评价和校本特色必修课程、兴趣社团选修课程的定性评价相结合，不仅关注学生的成绩，更看重学生学习的动机、行为习惯、意志品质。此外，以"合创"为关键词,合创课程的评价力求做到既重视学生在评价中的个性发展,又倡导让学生在评价中学会合作;不仅重视学生解决问题的结论,而且重视得出结论的过程。

(三)做实可推广的合创研究

当前,汇龙小学已经完成了两项与"合创"直接相关的课题研究,一项是2013年度荔湾区科技项目"在小学中普及DI文化的实践研究",该课题于2015年6月顺利通过结题验收,其研究成果"DI奇妙之旅"特色教材、课程标准、教师教学用书不仅在本校得到持续的实践应用,而且也在相关兄弟单位进行推广应用。该成果在2016年4月被广州市教育研究院评为首届广州市教学成果二等奖。另一项是广东省教育科学"十一五"规划2010年度立项课题"基于课堂观察的科组合作文化建设的实践研究",该课题于2016年1月顺利通过结题验收,其研究成果不仅在本校继续推广应用,而且在研究进程中,已经举行了国家级、省级、市级、区级的推广展示活动共30次,均获得与会人员的高度好评。该课题研究成果被广州市教育局授予2017年度教育教学成果培优项目。

(四)打造可持续的合创团队

随着合创主题文化活动的蓬勃开展,基于课堂观察的课例研究教师合作研修活动的深入推进,与合创特色相关的各级科研课题的深入研究,DI、中医药文化、太极文化特色课程的普及实施,全体教师一致认为"合创文化建设"很重要,"合创思想"也在潜移默化中成为全体教师的共识。事实上,"合创共育,合创共赢"的价值观已经融入了教师的行为,各学科组开展有声有色的课堂观察、课例研究足以证明,全体教师每天都在用"合创"的方法施行教育,推进课堂变革,教师团队正在逐渐成为一支具备可持续发展力的合创团队。

六、 课程评价

作为由学校主导的课程再造,课程评价是尤为重要的环节。近年来,学校积极尝试从以下多方面进行评价、反思,为改进找准方向。

(一)定位价值

学校课程领导小组牵头,在不同阶段组织全体教师通过"世界咖啡"的研讨形式,对本校的培养目标、发展需要、课程资源等进行评估,形成并不断优化基于共同愿景的课程价值定位。对于合创课程体系中需要新增的学科门类课程,力争落实以下与价值定位相关的论证过程:第一,访谈本校教师,进行要素调查;第二,访谈本校学生,了解受访者的认识、已具备的能力水平、参与相关活动的情况、了解及接受程度等;第三,在访谈结果分析的基础上,对新增学科门类课程进行需要评估,初步确定总体目标,制定大致结构,并对其做出明确的价值定位;第四,收集相关专家、本校家长关于该门课程实施、评价方面的意见及建议,形成课程开发总体思路、课程目标和课程内容;第五,对学生社团、兴趣小组、文化节、主题班会、常态课等进行观察研究，了解学生在该门课程活动中的最佳学习方式，初步确定该门课程的实施路径；第六，对拥有辅导能力的骨干教师进行深度访谈，确认该门课程的可持续发展力。

（二）深耕课程

一是对已有课程成果进行系统化建设，在优化、完善、实施上下真功夫；二是以"合创文化"为引领，继续积极开发系列化的校本课程，力求为每一个孩子提供更适合的课程。

（三）走实步子

进行深入的课例研究和个案跟踪，不断提升现有课程成果的质量，提高课程研究成果的应用水平，进而切实提升课程的实效性。

（四）定期调研

通过面向全体家长、学生、教师的问卷调查，反复检验课程的目标、编订和实施是否实现了教育目的，实现程度如何，以判定课程设计的效果，并据此做出改进课程的决策。

（五）数据统计

每年开展一次与课程相关的大数据统计，借助数据反思课程计划、参与课程实施的学生和教师的发展、课程活动的结果、甚至是学校自身的发展，从而考量课程愿景达成的情况。

第四部分

综合素质培养特色课程

美好生活课程的实践与优化[①]

——以广州市天河区冼村小学为例

郭海英

一、学校简介

广州市天河区冼村小学(以下简称"冼村小学"),源于1934年乡贤依托祠堂办学的"昭明小学堂",校址位于广州市中央商务区珠江新城。21世纪以来,学校在"立德树人"教育宗旨指导下,乘着基础教育课程改革不断走向深化、珠江新城地区高速发展的东风,继承和不断创新"昭明"文化内涵,在文明礼仪教育基础上提出"美行教育",2015年进一步提出和实施"美好生活教育"。美好生活教育是80余载昭明文化在当代的新表现,是素质教育校本化的成果,以"美好生活,从此开始"的办学愿景为引领,以"昭善美行,明道启思"的校训为核心,以"真实丰富、积极有趣"的美好生活课程建设为基础,致力于建设师生家校四赢的现代学习中心,以培养向往和创享美好生活的现代少年。

美好生活课程是美好生活教育得以落地的载体,也是冼村小学在核心素养理念引领下深化课程改革的实践成果,其前身是冼村小学在课程改革过程中,积极进行课堂教学改革和不断拓展、丰富校本课程的基础上提出来的"美行课程"。2015年以来,学校充分注意到课程改革深化阶段的新发展趋势,高度重视学生核心素养和关键能力培养,聚焦思维发展和理解型学习、德育与学科教育整体思考,以学生发展为本,同时充分考虑教师专业发展和建设家校共识,在美行课程基础上建设美好生活课程。4年来,美好生活课程在实践中不断优化,理念和核心目标日益清晰,内容和评价体系、保障机制日益完善,在核心素养理念课程化、校本化落地方面进行了许多有益的探索,冼村小学美好生活教育质量与特色也得到了快速提升。

[①] 本文写于2019年6月6日。

二、美好生活课程建设背景

（一）课程改革走向深入

自 2001 年 6 月教育部正式印发《基础教育课程改革纲要（试行）》以来，基础教育课程改革已进入总结经验、完善制度、突破难点、深入推进的新阶段。《教育部关于深化基础教育课程改革进一步推进素质教育的意见》指出："进一步完善基础教育课程体系。以'三个面向'为指导，构建体现先进教育思想理念的、开放兼容的基础教育课程体系，全面提升学生的科学、人文素养。"《教育部关于全面深化课程改革落实立德树人根本任务的意见》指出："改进学科教学的育人功能。""要在发挥各学科独特育人功能的基础上，充分发挥学科间综合育人功能，开展跨学科主题教育教学活动，将相关学科的教育内容有机整合，提高学生综合分析问题、解决问题能力。"2016 年 9 月受教育部委托、由北京师范大学牵头，全国多所高校共同研究提出的《中国学生发展核心素养》发布后，如何围绕核心素养进一步推进学校课程建设，成为课程改革的热点问题。

课程改革的不断深化、核心素养的提出都是为了培养全面发展的人，学校的课程建设必须在"立德树人"宗旨下不断优化，以全面提升办学质量、促进高水平的均衡发展，为学生创造和享受美好生活打下坚实基础。

（二）学校发展面临挑战与机遇

21 世纪以来，冼村小学的发展走上了快车道，但是，学校的进步与师生对优质可持续成长的需要、家长对优质均衡教育的追求、珠江新城地区翻天覆地的变化相比，还存在很大不足，学校的发展仍面临很多重大发展挑战与机遇。我们在全面梳理和分析的基础上发现，冼村小学充满诸多"矛盾"。

学校地处广州市中央商务区珠江新城，该区域经济和社会发展、文化与教育均处于全国领先，非常现代化；学校周围都是高档写字楼和住宅；学校方圆 3 公里范围内汇集了知名高校（暨南大学、华南师范大学等）和优质中学（华南师范大学附属中学、天河外国语学校、天河中学等）、高层次的文化设施（广东省博物馆、广东省美术馆、广州市图书馆、星海音乐厅等）、高档次的体育与休闲场地（广州塔、花城广场、广州体育中心、珠江公园等）、高大上的写字楼和商业中心林立（东塔、西塔、太古汇等）。学校所在的珠江新城区域早已率先迈入中等发达行列，群众对教育的需求早已不仅仅是"有学上"，甚至还不仅仅是简单的"上好学"，他们既追求优异的质量，还要有鲜明的特色，要适应不同学生的个性化发展。学校所在区域有利于学校发展的外部资源也比较丰富，有利于学校开展核心素养导向的课程开发。该区域十几年来也诞生了一批在广州市乃至广东省、全国都有一定影响力的优质学校，如天河区外国语中学、天河区体育东路小学、天河区先烈东路小学（珠江新城校区）等，稍远一点还有广州中学、天河区华阳小学、天河区龙口西小学等。

但是，冼村小学招生区域——冼村，却因为旧城改造遇阻而成为珠江新城区域最后一个城中村，高档写字楼和住宅楼包围的是废墟一般的旧村，各方面的公共服务也远远跟不上这样一个发达区域。这个问题对学校发展产生了非常大的连锁影响。第一，学生生活与学习环境比较复杂，目前冼村原村民子弟占学生总数的70%左右，其中超半数学生仍然住在旧村，或因没有回迁房而在较远的城中村租房住；另外占学生总数30%左右的外来务工人员子弟也大部分租住在条件较差的城中村，这样的环境不太利于学习。第二，因为冼村拆迁受阻，相当部分家庭10多年一直陷在与开发商乃至村公司集体的纠纷之中，不仅家庭经济受影响，家庭生活氛围也长期处于一种不自然的状态，成人与孩子的情绪、心理、人际关系等都受到影响，非常不利于孩子学习与成长。第三，因为以上因素，冼村小学的家长视野普遍比较狭窄，多关注琐碎事件，虽然也很重视孩子成长、很支持学校，但往往缺乏高远期待和育人规划，或者力不从心，难以有良好的家庭教育和积极的影响示范，导致冼村小学多数孩子见识不够、追求不高、缺乏良好自律。综合以上原因，多年来冼村小学的办学质量与特色在珠江新城—体育中心这一核心区域处于相对落后状态，在天河区教育现代化、越来越多小区学校快速发展的背景下，学校的挑战越来越大，其管理者和教师团队因而多谨小慎微，在管理、学习方式上，都缺乏大胆变革的勇气和信心。

总之，冼村小学面临着严峻的挑战，在办学质量和特色方面还远远达不到所在区域的综合水平；同时，学校也有优质发展的良好机遇。课程是学校教育的核心和基础，最能体现学校的办学理念，是提升办学质量和创造办学特色的载体。因此，冼村小学迫切需要进行系统化的课程设计，明确目标和重点，抓住机遇，及时"破局"。

（三）特色学校建设及课程改革实践

自2010年从旧村内迁到现址后，学校办学条件得到了改善，办学理念和办学水平也发生了巨变。于2010年、2014年分别被评为广州市优秀家长学校、广州市家长学校示范学校，于2014年以"美行教育"特色被评为广州市第二批义务教育特色学校。这些进步，关键在于课程建设，对校内外的资源进行了整合。美行课程实践、家长学校建设，为进一步优化整合课程建设奠定了良好基础。

2015年，笔者作为广州市卓越小学校长培养对象、天河区名校长培养对象，来到冼村小学担任校长后，带领学校团队，全面梳理分析冼村小学在特色发展和课程建设方面的成绩与面临的挑战，对课程改革深化阶段的新趋势特别是核心素养引领下素质教育校本化落地的新要求，决定加入思维发展型学校联盟，以思维发展型课堂建设为重点转变学习方式，以夯实国家课程，并在此基础上整合专题教育和实践课程、丰富社团活动和个性化选修课程，系统化建设真实丰富、积极有趣、适切与挑战兼顾的美好生活课程，促进学校和学生的优质可持续成长。

2016年以来，天河区稳步推进区域集团化办学工作，先是成立了松散的泛珠江新城学校组团，又于2018年成立以体育东路小学为核心校的半紧密的广州体育东教育集团，冼村小学成为广州体育东教育集团成员校之一。学校在保持独立法人、依法独立办学、充分发挥学校优势与特色的基础上，借助广州体育东教育集团的名校资源和先进管理经验，在成员校的互帮互助和良性竞争中，为持续深入推进课程建设提供了更好的平台和资源。

三、美好生活课程的设计

美好生活课程作为美好生活教育理念的载体，既要关注学生的发展，通过培养学生的"世界眼光与历史眼光""现代城市文明素养和中华民族精神素养"和"可持续的学习能力"为美好的未来奠基；又要关注学生当下的学习生活，通过提供"真实丰富、积极有趣、适切与挑战兼顾"的课程体验，让学生感受到学校教育生活的美好，有更好的成长体验。美好生活课程以国家课程为主体，通过课堂教学变革不断提升其效能，以普及性的泛在思维课程和个性化选修课程为两翼，聚焦思维发展、开阔学生视野、丰富学生体验、锻炼学生能力，建设"一体两翼"的美好生活课程体系，促进学习方式变革（见图1）。

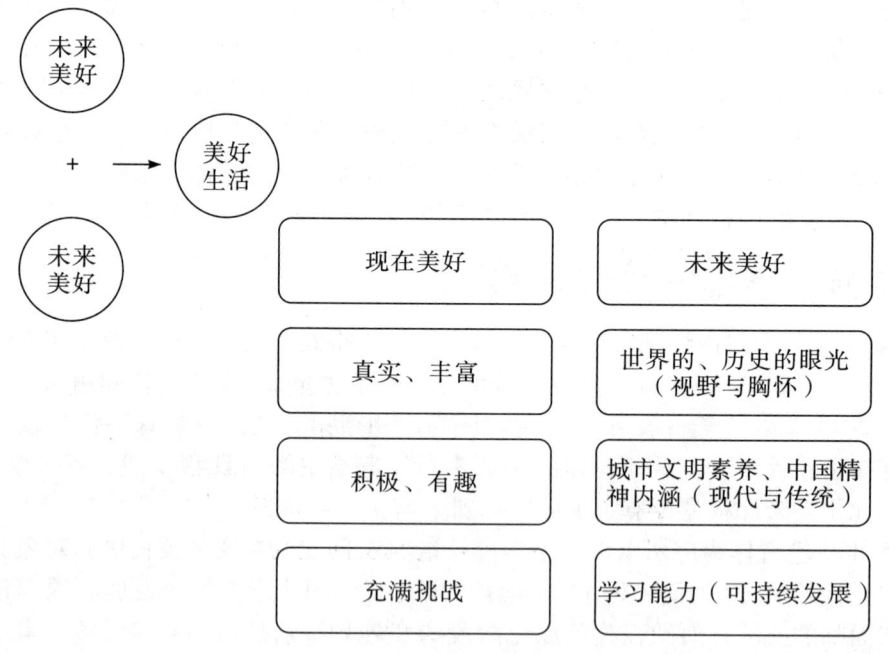

图1 冼村小学美好生活课程内涵

（一）国家课程变革

美好生活课程体系以国家课程为主体，在保证开齐、开足国家课程的基础上，强调学科大图景意识，注重知识结构内部及与真实世界之间的联系，以思维发展型课堂建设为中心，促进教与学方式变革，促进对知识的深度理解，发展学生的思维技能和学习力，以提升国家课程的效能。

1. 思维发展型课堂建设

思维发展型课堂是以促进学生思维能力发展为核心目标的新型课堂教学形态，在这种课堂中，学习者或习得新的思维技能，或拓展已有思维技能的应用情境，或将已有思维技能作为加工知识的手段和方法，实现对学科知识的更深入理解以及对思维技能的更熟练运用（赵国庆、熊雅雯、王晓玲，2018）。国家课程体系全面，内容丰富，课时占学校正规课时数的 9 成或以上，肯定是"学习新的思维技能，或拓展已有思维技能应用情境"，以深化对思维技能的理解和掌握。另外，不管是在语文、数学、英语、科学等相对更关注知识学习的课程，在体育、艺术等更多关注技能训练的课程，还是在道德与法治、综合实践等更注重综合素养、价值观培养的课程中，"已有思维技能"均可以作为"加工知识的手段和方法"，能够有效地帮助学生"实现对学科知识的更深入理解"。

思维发展型课堂理念与实践以课堂学习为中心，特别注重前后的联系与延伸，新知学习之前注重"预测"和"诱出"学生已有知识与经验，学习过程中强调设置丰富的问题情境和有挑战性的认知冲突以"添加"新知，借助显性化的思维技能在新知与"旧知"之间进行"辨分"，并通过迁移学习和"反思回顾"帮助学生形成新的认知结构。因此，思维发展型课堂建设不仅仅关注课堂学习阶段教与学的方式变革，而且很自然地引导学生在课前课后进行迁移学习或提出新的问题，提醒教师突破教材的局限，重视学科综合性、实践性的学习，关注学科大图景。

2015 年 9 月，冼村小学加入思维发展型学校联盟，将思维发展型课堂建设作为学校课程改革的核心任务，各个学科组积极探索适合本学科的思维发展型课堂模式，从思维工具融入再到借助思维工具研讨学习建模，进而探索深度学习，既帮助教师深化了对学科课程标准的理解、对思维技能发展的关注，又帮助学生掌握新的思维工具、发展思维技能，为课堂教与学的变革提供了一条新的路径，有利于帮助学生发展"人文底蕴""科学精神""学会学习"的能力。

2. 注重跨学科的项目学习

思维发展型课堂理念与实践关注知识学习，更关注思维发展，强调知识学习、技能训练与思维发展的统一，重视深度学习，注重发展学生的一般能力；它启发教师突破学科界限，注重综合应用跨学科的知识与技能来解决真实世界、真实生活中的问题。因此，学校以班级为单位，每学期以一个学生关注的真实问题为主题，以综合性的实践活动为主要实施方式，以思维工具（思维技能）的融合应用作为实践活动实施的支架，以项目学习的方式在全校落实综合实践课程。跨学科的项目学习引导学生关注学科之间、学科知识与具体生活情境之间的联系，促进了学习方式的变革，有利于培养学生的"社会担当"精神和"实践创新"能力。

（二）普及性校本课程

美好生活课程体系在国家课程之外，还设置了两大类校本课程，努力为学生提供更丰富的课程选择。其中，全员参与的普及性校本课程，依托冼村小学的校情而开设，与国家课程一样关注思维发展，以"泛在思维课程"的共识来引导师生家长明确课程目标、规范课程的内容与实施，以提升师生见识，激发师生对美好生活的追求，锻炼学生创造和享受美好生活的能力。

1. 思维技能课与"昭明思考题"系列活动

思维技能课用于教授学生思维导图、八大思维图示、概念图等可视化思维工具，以及用于提升思维广度和思维深度的思考工具、发展批判性思考的程序、有利于创造性思考的工具和策略等。根据思维训练的有关研究，教授学生思维工具有利于学生的思维发展，更为学生使用思维工具去促进学科的深度学习提供基础，是高级思维自动化的前提（赵国庆，2009）。课程使用北京师范大学出版社出版的"小学思维训练丛书"为教材，从三年级开始系统学习，到六年级基本学完主要思维工具。

"昭明思考题"系列活动是依托思维技能课的普及性拓展活动课程，不定期开展，或依托一些节假日与主题日活动，或依托一些专题教育活动，学校有关部门或教师抛出问题，学生使用学过的思维工具进行分析和讨论，班级回收后进行评价，并在校内交流最精彩的作品，引导学生练习应用思维工具。

2. 文明礼仪教育与班级文化建设

文明礼仪教育是冼村小学的传统。在"泛在思维课程"理念启发下，学校坚持过去的良好做法，与新生入校教育、生活常识教育、班级文化建设、少先队自主管理相结合，既注重文明礼仪知识与规则的学习，又注重在日常生活中的习惯养成，还注重良好文化氛围的形成；同时与思维工具的融合应用相结合，通过教研引导师生活用思维工具加深对文明礼仪知识、规则与传统的理解，结合日常生活中的具体行为表现进行自我剖析和反省，培养自律。

3. 校园足球与"以球育人"理念的落实

冼村小学是全国校园足球推广学校，学校提出"以球育人"的目标，分解为"以球健体""以球启思""以球砺志""以球育群"四个方向，落实到课程之中。特别是"启思"，与学校开展的思维训练相吻合，依托足球活动引导学生应用思维工具制订计划、总结反思、激发启悟，为提升足球训练水平、实现"砺志、育群"目标提供了策略性工具。校园足球校本课程包括与足球直接相关的足球大课间活动、足球课、足球嘉年华活动、班际足球联赛等，也包括与学科相融合的跨学科学习、与班级建设相结合的教育活动等，在更大的范围内提升学生对足球的认识与兴趣，依托校园足球来发展学生。

4. 生态文明教育与环保实践

冼村小学多年前就是广州市绿色学校，一直以来重视环保教育。美好生活课程规划其为全员参与的校本课程，并提升到生态文明教育的高度，鼓励学生在教师指导下，在听讲座、搜索和阅读相关资料的基础上，运用思维技能扩大思考的广度和深度，建立生态现象与知识之间的联系，帮助学生开阔视野、深化理解与认识；在此基础上再与组织学生参与的环保实践活动相结合（如"小河长"实践），既丰富学生的体验，又让这种体验成为杜威所说的"经验"，真正探索"做中学"。

5. 财经素养教育与理财实践

珠江新城金融机构林立，为学校开展财经素养教育提供了丰富的资源，冼村小学2015年就成为广州市首批金融理财教育试点学校，2017年成为广东省首批财经素养教育基地学校。作为美好生活课程的组成部分，学校一方面坚持"泛在思维课程"的认识，引进思维技能（工具）于学习中，帮助学生把零散的知识点串联起来，探索背后的联系和道理；另一方面坚持知识学习与实践体验相结合，依托创意慈善义卖、零用钱管理、劳动与财务规划等活动引导学生运用学习的财经知识来解决问题，从而提升学生的综合素养。

6. 正面教育与反省互助的自主评价课程

正面管教近年来风靡全国中小学，冼村小学的教师也积极学习和应用，在德育工作中产生了较好的效果。在思维训练理念的启发下，学校把正面教育和内省互助的自主评价整合为校本课程，通过开学第一课、期末最后一课及月度正面教育班会（成长分享会），借助思维工具帮助学生学会全面、深度分析，通过个人反省和同伴互助进行发展性评价，寻找影响个人和集体成长的关键因素，并提出改进的措施，发展积极文化。

7. 系列展示与"昭明之星"发展性评价课程

利用每周一的升旗仪式进行"国旗下展示"是冼村小学多年的传统和一大亮点，已成为学校文化建设的重要组成部分。美好生活课程把其统整起来，与"昭明之星"的评比和表彰整合为发展性评价课程。这一发展性评价课程包括每周一次的国旗下集体展示，与班级特色建设、主题教育相整合，用多彩的方式来展示班级文化，进行专题宣传；同时还有大型活动及班级中的个性展示，作为"昭明之星"（含艺术、体育、科学及品德、社会发展等多个方面）评选与表彰、展示的平台。通过这两个平台营造发展性评价氛围，鼓励学生自主多元发展。

8. "传统节日"与"主题日"活动课程

学校在元宵、清明、端午、中秋等传统节日期间或前后，主要开展与民俗相关的知识学习与实践活动；而在妇女节、世界地球日、植树节、劳动节、儿童节、国庆节、敬老节、宪法日、元旦等新历节日和主题日等期间或前后，主要开展相关的专题教育活动。这一系列的活动课程，一方面开阔学生视野、增进对中华传统文化和现代文明的了解；另一方面丰富学生的生活，感受到校园生活的美好。

（三）个性化选修课程

美好生活课程体系的另一大类校本课程是个性化选修课程，学校通过社团活动、小组实践学习、选修讲座等方式组织开展，尽量为学生提供更多元、更具有个性化的选择，让"美好生活"理念落地，让校园生活更有趣，尽量发展学生特长。

1. 社团活动课程，逐渐形成学校特色

社团活动属于固定开展的课程，每星期都安排有固定上课时间，有固定上课教师和上课地点，每学期均有考核与总结。目前学校开展的社团有昭明红领巾社团（包括广播员小组、主持人小组、国旗班等）、昭明足球社团（包括低、中、高三个阶段）、昭明篮球社团（包括基础班与提高班两级）、昭明舞蹈社团（包括拉丁舞、中国舞、街舞等内容，以及基础班与提升班两级）、昭明书法社团（包括硬笔、软笔两类）等，其中昭明红领巾社团、昭明足球社团、昭明舞蹈社团成立较久，最为规范，参与的学生也比较多，已逐渐成为学校的特色项目。

2. 小组实践学习，丰富学生体验

小组实践学习包括两部分，一部分是参与人数还较少、组织还不够规范的项目，暂时还不能成立固定社团，就以体验式小组活动的方式开展，将逐步发展为固定的社团课程，目前有合唱小组、机器人小组、编程小组、创意美术小组、语艺小组、英语自然拼读小组等；另一部分则根据相关班级或学科活动，或专项教育要求，临时组织的实践活动，每学期都会有，包括经典演读、环保演讲、民间小河长、普法宣传、小小科学家探究活动、禁毒大使等。

3. 讲座课程，开阔学生视野

学校根据美好生活教育培养目标，结合有关专题教育，每年不定期组织，尽量让学校课程更丰富。2015年以来，学校逐渐形成专题的有哲学史普及讲座、儿童哲学专题讲座、南粤史讲座、国土资源专题讲座、生物多样性专题讲座、狗医生专题讲题、海关知识专题讲座、禁毒专题讲座、岭南"非遗"文化专题讲座、普法专题讲座等，这些专题性讲座或成系列，或每学期固定进校，大大开阔了学生视野。

四、 美好生活课程的实施

课程实施是将课程理念具体化的关键步骤，是课程建设中最具实践意义的环节。冼村小学的美好生活课程内容丰富，从国家课程到普及性校本课程、个性化选修课程，林林总总数十门，而且实施形式多样，固定安排课程为主，校内、教室实施为主；灵活安排课程为辅，校外和教室外实施的也很丰富。不管是课程资源，还是实施组织保障，对学校都提出了不少挑战。学校由校长任课程开发与实施小组组长，相关部门行政人员、学科骨干教师、热心家长代表和校外课程专家共同参与，通过开放办学优化资源、整体规划分层分类实施、实施项目管理等方式，保障美好生活课程得以顺利实施（见图2）。

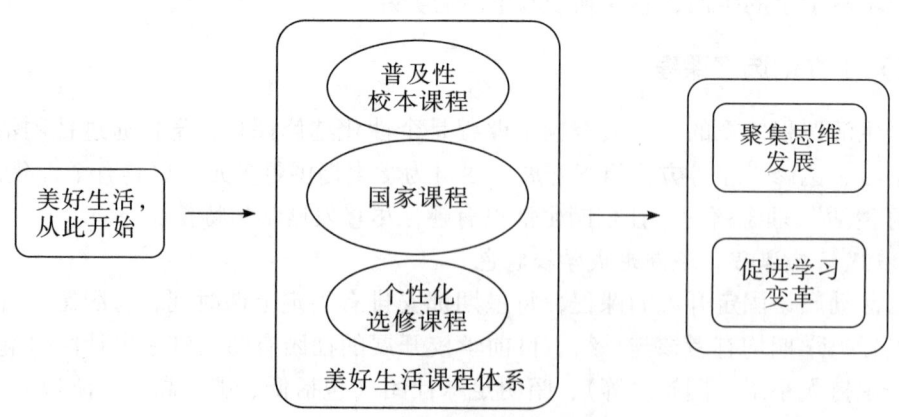

图2 冼村小学美好生活课程体系

（一）开放办学，校内校外资源并重，优化整合

1. 立足校本，根据学校传统与区域优势来进行课程建设

美好生活课程建设立足于校本，充分发挥自身优势。校长是思维发展型学校联盟首批联盟实践专家，学校充分发挥这一优势，加入思维发展型学校联盟，开设了思维技能课及"昭明思考题"系列活动，以思维发展型课堂建设为重点推进国家课程的学习变革，以项目学习的方式落实综合实践课程，并依托思维发展型学校联盟的教学现场会、思维教学年会、远程研训等方式不断提升思维发展型课堂实践水平。

冼村小学有80余年昭明文化传统，过去十几年来积极开展校本课程探索，也积累了许多经验，学校进行优化整合，设置了文明礼仪系列课程、生态文明教育与环保实践活动、校园足球课程、"昭明之星"评选及展示课程、"传统节日与主题日"系列课程等。学校地处珠江新城，区域内金融资源、文化教育资源丰富，学校也充分利用这些优势，开设了财经素养课程、南粤史讲座课程、岭南"非遗"系列讲座课程等，还有走出校园系列的小组实践活动课程。这些课程从学校实际出发，充分发挥学校优势，特色鲜明，可操作性强，可持续发展。

2. 坚持开放办学，让更多人参与学校课程建设

第一，向内开放，充分发掘教师的潜力。学校目前基本上还是分科教学，教师分科任教，绝大多数教师也习惯于一个学科；但是学校课程建设需要更多的复合型人才，因此我们提出教师应向"1+1+X"的方向发展（即1门课程的专家、1门相近课程的专业人士、了解或能辅导开展多个课程活动），并通过调查了解教师特点，通过校本培训和实践锻炼激发教师潜能。目前，国家课程及其延伸实践活动由校内教师负责，校本课程的组织者也由校内教师负责，思维技能、校园足球、合唱、英语自然拼读等多数校本课程也主要由本校教师负责。

第二，坚持家校一体，依托昭明家长教师协会，积极鼓励和引导家长充分发挥自身优势，以设计者、实施者、参与者、观察者、支持者等不同身份机动、灵活参与到课程建设之中，以充分挖掘和利用家长的课程资源。目前，大部分校本课程家长都会参与，跨学科的项目学习家长也是重要的参与者；对于思维发展型课堂建设，我们也积极听取家长建议，不断去优化提升。

第三，向外开放，充分利用区域和社会资源推进课程建设。思维发展型课堂充分依托北京师范大学及思维发展型学校联盟资源；依托珠江新城地区金融、文化、艺术等方面的优势，与数十家社会机构建立广泛的合作关系，以财经素养教育、文理通识教育、科技与环保教育、岭南文化传承和校园足球等作为主要方向，整合社会资源开展实践性的课程学习。学校以天河区校园足球分会、校外俱乐部及昭明家长教师协会足球委员会为平台，深度推进校园足球建设。学校还依托课后托管第三方机构及家长支持，逐步建立更丰富的兴趣课程及社团。

3. 创新资源意识，积极开发非常规性课程资源

解决课程资源问题还需要创新资源意识，既要充分挖掘常规性的课程资源，更要积极开发非常规性的课程资源。冼村小学源自城中村学校，学生家庭背景复杂多元，学历

高、文化高的人并不多。但是，冼村小学也有优势，一是岭南水乡文化；二是全国不同地域的风俗传统；三是不同行业的优势。通过开设昭明讲坛、组织家长进教室等活动，学校开设了一系列非常规性课程。又如，学校所处寸土寸金的珠江新城，但学校与环保机构和家长协会合作，开展"口袋花园""天台农场""教室盆栽"等非常规性课程，与项目学习、科学、劳动实践等相结合，得到了学生与家长的广泛欢迎。

（二）整体规划，分层分类实施，动态发展中规范优化

1. 以美好生活教育理念为指导，聚焦思维发展，整体规划

美好生活课程建设以"美好生活，现在开始"的美好生活教育理念为指导，提出通过"真实丰富、积极有趣、适切与挑战兼顾"的课程体验来为学生提供"现在美好"的学习感受，也为"未来美好"奠定厚实的基础，从课程目标到体系建构，从课程内容到实施策略，都特别注重理念引领，发展全体师生家长的共识。同时，对标核心素养，聚焦思维发展，学校制定整体发展规划，并于2016年1月通过专家论证和教师大会后正式实施。

2. 根据学生年龄特征和课程特点，分层分类实施

国家课程严格按照课程标准分年级实施，思维发展型课堂研讨也根据学生年龄特征和思维发展规律在不同年级有不同的要求，中低年级更多在学科中融合应用思维工具，重点是实现知识的可视化；中高年级逐渐强调借助思维工具可视化思考过程，促进对知识的深入理解；高年级开始强调借助思维工具进行迁移学习，引导学生进行学习建模。在跨学科的项目学习中，低年级多关注在真实情景中的学习参与，中年级开始强调在真实问题情境中运用多学科知识的能力，高年级则更重视学生综合运用已有知识与经验提出问题、进行探究。

普及性校本课程根据学生年龄特征和课程要求分类分层。思维技能教学在一、二年级只是渗透，而规范授课从三年级开始，从可视化思维工具（思维导图、八大思维图示）到核心思考工具、创造性策略工具、批判性思考程序再到关注意义建构的概念图，分年级逐步提升。其他普及性校本课程也分类实施：文明礼仪教育课程重点在低年级，中高年级主要是在"昭明之星"评选、正面教育与自省互助自主评价课程中渗透；财经素养课程从四年级起步，先是了解相关知识，高年级开始在实践体验中培养相关素养；生态文明教育与环保实践活动课程从三年级起步，中年级以知识和规则学习为主，高年级与实践活动、项目学习课程相结合进行体验和探究。所有个性化选修校本课程，也都是根据学生年龄特征和课程特点分层分类实施。

3. 动态发展，根据实施情况不断规范优化

顶层设计、整体规划对于课程建设来说很重要，但课程建设的环境、资源及各个方面的因素也在不断变化，学校在建设过程中也会发现顶层设计、整体规划和具体内容、实施策略等都需要调整。美好生活课程建设在做好整体规划的同时，也强调要动态发展，根据实施情况不断规范优化。

（三）校长统筹实施项目管理，建设现代学习中心

1. 充分发挥校长规划统筹课程建设的领导力，保证工作得到落实

校长是学校的灵魂。而这个"灵魂"的作用取决于他的领导力，课程建设尤其需要充分发挥校长领导课程与教学的作用。教育部《义务教育学校校长专业标准》关于"领导课程与教学"明确提出校长在学校课程建设中要从理念引领、规划制定、统筹落实到反思改进等各个方面，全面发挥统筹领导的作用。学校美好生活课程建设小组的负责人就是校长。从课程调研到规划初稿、从课程实践到阶段反思再到方案完善，校长都亲力亲为统筹学校资源，带领课程小组开展工作，保证学校工作始终以"美好生活课程建设"为中心开展。

2. 围绕课程建设实施项目管理，让专业的人做专业的事

美好生活课程建设小组总负责学校的课程建设，在其统筹下，传统的行政层级管理被改变为课程（项目）负责人制，每个课程均有一个项目负责人，项目负责人直接向课程建设小组报告，传统的固定科组被改变为以课程为依托的自组织研训小组，不同的教师可能在不同课程、不同研训小组中担任不同的岗位；项目负责人和研训小组根据课程建设需要开展研训，采取专题研究的方式提出设计方案，按方案实施并改进，每学期（或学年）进行教育实践成果汇报。传统的行政组织（总务处、教导处、德育处）等依然存在，除完成相关行政事务外，主要为课程建设提供服务保障；同时，学校的家长委员会改革为家长教师协会，根据课程建设需要提供支持，负责组织家长学校探索相配套的家长课程。项目式管理让专业的人做专业的事，也适应了课程多元化、分层分类实施的需要，让更多的人参与到课程建设之中，让美好生活课程从纸面落到实践中。

3. 家校社区协作建设现代学习中心，为课程实施提供文化支持

第一，加强学习型团队建设。在教师层面，依托研训小组及相关研训机制、美好生活教育实践与创新成果汇报会、全国思维发展型学校联盟相关活动、区内外的名师培养和教科研活动，以及名校长工作室及高校实习基地带来的资源，营造学习和实践、交流分享和成果提升、推广的良好机制，评选学习型教师。在家长层面，依托昭明家长教师协会和广州市家长学校示范学校平台，通过每学期固定的家长大会、每月一期的昭明大讲坛和不定期的开放活动（依托各类教研和交流活动进行），动员、鼓励家长和教师一起学习及研讨，每学期组织一次学习型家长评选表彰活动和分享交流会，营造学习氛围。

第二，以美好生活教育理念为指引，根据课程建设需要不断提升环境建设和装备水平。教室已全部装备交互式一体机，学校努力优化场室布局和更新改造，为校园足球、书法、舞蹈、编程与机器人、美术、合唱等课程提供专用场室，争取建设劳动实践基地、创客实验室、小剧场暨多功能室等项目，争取采购WISE仿真及思维训练、STEM设备套装等。校园微改造整体设计和VI设计完成后，学校进一步优化校园内及教学楼走廊的文化氛围和学习设施，提供更多展示学生学习作品、课外方便师生自由交流的平台设施。

五、美好生活课程的评价

21世纪初课程改革以来,冼村小学从文明礼仪课程到美行课程的前期探索,再到在美好生活教育理念指导下的美好生活课程,经历了近20年的实践优化。美好生活课程对标核心素养,聚焦思维发展,开放办学整合资源,依据校情在实践中迭代优化,为学生提供了真实丰富、积极有趣的成长体验。

(一)对标核心素养,真实丰富积极有趣,适切与挑战兼容

美好生活教育是昭明文化在当代的新发展,致力于培养积极向往、努力创造和充分享受美好生活的现代人,引领他们具备"面向世界、面向历史和未来的眼光""现代城市文明素养和中华民族精神文化素养""可持续学习的意愿和能力"。美好生活课程作为美好生活教育理念的载体,它与核心素养引领下的课程建设目的"培养全面发展的人",完全相符。核心素养涉及"人文基础""自主发展"和"社会参与"三大领域,美好生活课程对标核心素养,聚焦思维发展(注重学习力培养与理想价值引领),坚持开放办学、优化整合的策略,探索思维发展型课堂以提升国家课程效能(中心主体),建设普及性的泛在思维课程和个性化选修课程,以完善校本课程体系(两翼辅助)。美好生活课程包括使学生具备社会中一名合格公民所必需的基础知识和基本技能,同时也包括学生以后继续学习所必需的技能和能力,注意贴近社会生活,关注学生的兴趣、需要和能力,让学生了解与接触过去、现在和未来的社会,并在这个过程中掌握一些融入社会和解决社会问题的基本技能,为学生的美好生活奠基。

(二)聚焦思维发展,关注内在逻辑,保障课程实效

1. 聚焦思维发展,关注联系与理解

美好生活课程内容丰富、形式多样,但始终聚焦思维发展,国家课程以思维发展型课堂建设为中心提升效能,校本课程(普及性必修课程和个性化选修课程)也充分关注思维,或受思维训练理念启发影响,或以思维技能(思维工具)为学习支架,都关注内在理解和联系、意义建构等,特色鲜明,也比较好地保障了校本课程的实效。例如,校园足球课程,特别强调"启思"和跨学科的渗透;舞蹈、书法、合唱等社团课程,特别重视训练过程中的科学方法,引导学生自我反思、同伴互助提升训练效果;德育系列课程,特别强调应用思维工具促进学生的道德理解,努力建立道德认知与自觉行为之间的联系,进而帮助学生发展道德信念。

2. 注重内在逻辑,以国家课程为本拓展延伸

美好生活课程注重课程内在的逻辑,重视根据培养目标、核心素养的要求优化学科配置,根据学生年龄特征和课程特点分层分类实施。美好生活课程建设强调以国家课程为本,重点通过思维发展型课堂建设来呼应课程改革需要,帮助师生转变教与学的方式,保证国家课程效能;同时根据当前艺术、体育、科学等课程受关注不够、缺乏跨学科的

整合等现实问题，强调以国家课程为中心进行拓展和延伸，重视学科综合实践、跨学科的项目学习，适当增加体育、艺术、科学类的校本课程，以弥补短板。

3. 必修与选修适当分类，分层分类保障落实

美好生活课程整体上参考国家课程标准和体系，结合学生年龄特征，同时又根据学校实际情况，分层分类实施，保证了丰富多样的课程得到落实。

校本课程分为必修课程和选修课程，必修课程强调泛在思维，与国家课程一样聚焦思维发展，强调普及均衡和教育公平；选修课程既有相对固定、规范系统、逐渐形成学校特色的社团课程，又有形式灵活、暂不强求标准化的小组实践活动和主题讲座等，既保障了学生多样化的个性发展，又有利于突破课程建设中的资源困境。

（三）积极实践，不断反思，迭代发展中不断优化

1. 积极行动，小步快跑，在实践中动态调整

坚持"小步快行"的策略，想好了马上就实践。美好生活课程建设整体规划于2016年1月通过专家论证和教师大会，但事实上在2015年9月已先行实施。当时所采取的做法有：国家课程依托课堂进行校本优化，引进思维训练项目；地方课程与各专项教育活动项目化积极进行整合；实践活动课程体系化，有主题、有计划开展；特色项目课程化，开始建设思想技能课、校园足球、财经素养和文理通识讲座等。2016—2019年，美好生活课程先是项目不断增加，后来又进行了简化整合，并逐渐对标核心素养，聚焦思维发展这条主线。

2. 以我为主，注重整合，不盲目跟风

课程建设遇到的外部挑战比较大，经常会有"新理念""新经验"进入学校、进入教师的视野，也经常会有各级部门、各个单位向学校提出新要求。学校坚持以"立德树人"教育宗旨、国家课程标准和体系为根本指引，聚焦思维发展建设美好生活课程，对所有的"新理念""新经验"进行批判性分析，或积极引进，并与思维发展型课堂理念和实践相融合，或只是了解以作参考，或批判其错误而警醒自己，总之不盲目跟风。同样，学校对各种新要求，也是坚持"以我为主"，整合到美好生活课程之中，不随意冲击学校课程建设中心任务。

3. 注重反思，及时改进，迭代发展

美好生活课程建设遵循"学习—实践—反思—实践"的策略，定期进行总结反思，采取多种措施"迭代"优化。

一是优化规划，发展共识，完善课程。通过阶段回顾、专家指导、召开论证大会等途径，制订发展规划方案，在实践中落实规划并进行检验，在反思中进一步完善整体规划，总结和制定实施策略，持续优化并形成共识。在实践、回顾与反思的基础上，不断调整和更新美好生活课程体系建设，实现对国家课程的思维发展型课堂建模、泛在思维课程的聚焦与优化和分步骤普及，以及对拓展类实践性课程的分层分类设置与安排选修。

二是明确目标，找准重点，以点带面。课程建设目标就是为了实现"美好生活，从此开始"愿景，并明确"思维发展"这条主线，国家课程以思维发展型课堂建设和跨学科的项目学习为突破口，校本课程以思维技能课和校园足球为示范引领，以点带面发展。

三是循序渐进，不断深化，形成文化。思维发展型课堂探索先是从可视化思维工具学习和在学科学习中的简单应用开始，继而探索如何促进知识的可视化，再到思维过程的可视化和工具化，现在又致力于优化思维发展型课堂学习目标和设计、关注学生的深度理解和学习建模，不断深化。必修校本课程最开始是整合学校已有一定基础的美行课程，在实践中不断强化"泛在思维训练"的共识，如校园足球越来越关注"启思"的意义，逐渐形成文化传统。

"幸福心灵"课程的建构与实施[①]

——以广州市番禺区市桥富都小学为例

朱艳仪　唐滔　林燕玲

一、学校简介

广州市番禺区市桥富都小学（以下简称"富都小学"）始建于1997年，目前学校有26个教学班，在籍学生1 228名；在编教师51名，教师学历达标率100%，高级职称3人，中级职称45人，初级职称3人；具有省市区各级骨干教师23人。校园布局合理，有美心楼（教学楼）、美行楼（综合楼）、向真楼（体育楼）、向善楼（生活楼）、运动场等教育教学设施，还有心理辅导室、资源教室等30多个功能室。学校荣获各项荣誉，被评为广东省中小学心理健康教育"特色学校"以及番禺区"幸福教育"实验学校等。

学校在"核心素养"精神内涵以及番禺区"上品教化"理念的指引下，结合学校"美好人生　从心开始"办学理念，以"扬心善、促心健、启心智、塑美行"为育人目标，全体师生谨遵"美心美行　向善向真"校训，构建积极进取、和谐共进的校园氛围，营造了"善善相生·美美与共"的校风、"尚真尚简·美人之美"的教风以及"乐思乐学·各美其美"的学风，凸显了"以心育心、以心育智、以心育德、以心育行"的"美心教育"特色。在这一特色下，学校结合心理健康教育的"一三四"模式，构建"幸福心灵"校本课程，有助于打造学校文化德育特色，深化学校德育工作发展，培养"美心"之人。

[①] 本文写于2019年5月10日。

二、"幸福心灵"课程的背景

（一）理论背景

1. 核心素养

2014年教育部研制印发的《教育部关于全面深化课程改革落实立德树人根本任务的意见》提出，"教育部将组织研究提出各学段学生发展核心素养体系，明确学生应具备的适应终身发展和社会发展需要的必备品格和关键能力"。2016年，《中国学生发展核心素养》正式发布，它以培养"全面发展的人"为核心，分为文化基础、自主发展、社会参与3个方面，综合表现为人文底蕴、科学精神、学会学习、健康生活、责任担当、实践创新等六大素养，具体细化为国家认同等18个基本要点。其中，"自主发展"是富都小学将核心素养与学校的心理健康教育特色课程有机整合的契合点。自主发展包括学会学习和健康生活两大素养，而这两大素养又包含了乐学善学、勤于反思、信息意识、珍爱生命、健全人格和自我管理6个基本要点。这与《中小学心理健康教育指导纲要（2012年修订）》规划的中小学心理健康教育重点内容"学习辅导、人格辅导、生活辅导、升学择业辅导"是相一致的，为我们"幸福心灵"课程的内容选定提供了上层引领。

2. 文化德育

习近平总书记在党的十九大报告强调提出："文化是一个国家、一个民族的灵魂。文化兴国运兴，文化强民族强。没有高度的文化自信，没有文化的繁荣兴盛，就没有中华民族伟大复兴。"这充分说明了文化的重要作用。教育部颁发的《中小学德育工作指南》在德育目标中也明确指出"教育学生理解、认同和拥护国家政治制度，了解中华优秀传统文化和革命文化、社会主义先进文化，增强中国特色社会主义道路自信、理论自信、制度自信、文化自信，引导学生准确理解和把握社会主义核心价值观的深刻内涵和实践要求"。可见，随着时代的发展，我国中小学德育工作的发展核心就是文化。

有着深厚的优秀文化底蕴的番禺区也积极探索新时代下"立德树人"发展的新途径，打造番禺区德育特色品牌，"文化德育"应运而生。文化德育以中国特色社会主义文化为引领，围绕培养和践行社会主义核心价值观，通过"人文德育、生活德育、风雅德育、幸福德育"四大途径，促进学生身心健康成长。文化德育的一个落实措施就是课程教学，因此，开发文化德育的特色课程十分必要。心理健康教育是提高学校德育工作有效性的一个关键点和重要突破口，只有结合学生的心理发展特点和规律，使道德准则内化为学生内在信念的德育教育，才更具实效。同时，心理健康教育的内容在一定程度上可以充实德育的内容，使德育内容更贴近学生的生活，是学校德育工作的有效补充。基于此，在推行文化德育、构建文化德育课程上，富都小学选取了心理健康教育这一个切入口，来编制心理健康教育校本课程。

3. 幸福教育

幸福是人生的最终目标，每个人都希望得到幸福、努力去追求幸福。著名教育家诺丁斯曾说，"好教育就应该极大地促进个人或集体的幸福"；习近平总书记在党的十九大报告中提出，要将教育放在优先发展的位置，同时提出教育的初心就是"为中国人民谋幸福"；积极心理学创始人塞利格曼提出，幸福来自于发现自己的优势并充分利用它。性格优势即积极心理品质，人的性格优势是积极体验、积极人格、积极组织系统的基础和前提，通过训练或练习是可以培养的。作为正在成长中的中小学生，他们的性格优势没有完全定型，还有很大的可塑性。《中小学心理健康教育指导纲要（2012年修订）》将培养学生积极乐观的心理品质，充分开发学生的潜能，促进学生身心和谐发展，为学生幸福生活奠定基础作为主要目标。在积极心理学影响下，学校心理健康教育工作重心由关注问题转向关注积极体验，孟万金等也提出积极心理健康教育重在培养积极心理品质的主张。可见，在社会主义核心价值体系引领下，形成"以培养人的积极品质为导向"的中小学心理健康教育工作模式已成为一种必然趋势。

近年来，番禺区在积极心理学理念的引领下，大力推行"幸福教育"，致力于积极心理品质的培养，提升师生的幸福感，这与文化德育中的"幸福德育"是一致的；而区域编写的教材（《番禺幸福课》）则是落实文化德育的特色课程。学校作为"幸福教育"实验学校，"幸福心灵"课程的构建是非常必要的，有助于充实区域幸福教育，让其有效落地并推广。

（二）实践背景

1. 学校需求

学校早在2009年前就确立了"一体两翼"固本、多维活动育人的发展方向，即以素质教育为主体，通过课程育人、社团育人、特长育人、家校育人予以实施，并通过左翼的心理健康教育实现学生的快乐成长、幸福成长、爱心成长；右翼的综合实践活动提升学生的综合实践能力和创新能力。学校沿着这个方向在学校文化建设、特色建设方面继续深化和发展，构建"美心教育"文化体系，即"扬心善、促心健、启心智、塑美行"的教育，旨在让每位学生演绎"美好人生，从心开始"的人生故事，让"以心育心、以心育智、以心育德、以心育行"成为每位教师的文化自觉。这与文化德育"把关心人、爱护人、尊重人作为前提，把发展人、成就人作为目标，注重生命成长与人生幸福，激发、唤醒和发展学生的积极心态、情绪智能和健全人格"的内涵是一致的。在"美心教育"的引领下，学校构建了"美心"课程体系，其中"促心健"这一板块指向的就是心理健康教育的内容，因此，心理健康教育校本课程的构建是学校"美心教育"的一个重要支撑点，有助于深化学校德育工作，形成鲜明的育人特色。此外，学校作为番禺区第一批"幸福教育"实验学校，认真落实幸福工作，开展幸福教育活动，营造和谐融洽的校园氛围，挖掘师生的优势，培养积极心理品质，提升幸福感。因此，我们构建了"幸福心灵"校本课程，通过心理健康教育活动课程，深化校本文化，凸显育人特色。

2. 开发基础

（1）专家引领，刻苦钻研。

在已有的文化底蕴的基础上，学校积极寻求专家的引领，让其在课程构建的方向、思路以及内容间的逻辑关系等方面给予专业的帮助和指导，将已有的丰富的实践经验和成果上升到理论层面，使其更具科学性和规范性。学校骨干教师团队多次与专家的思维碰撞，加上刻苦钻研，保证了"幸福心灵"课程的专业性。

（2）领导重视，全员参与。

学校历来重视心理健康教育，并且构建了"一三四"的心理健康教育模式，即一个理念、三个目标、四个整合。一个理念即"四全育人"理念——全员、全过程、全方位、全环境；三个目标是指在心理健康教育中要实现"快乐·自信·共融"的总目标；四个整合是指与学校办学理念整合，与环境文化建设整合，与学校德育工作、学科教学整合，与校本课程整合。因此，学校自上而下，全员参与到课程的构建与实施中，保证了"幸福心灵"课程的普及面。

（3）设施完善，提供平台。

"幸福心灵"课程包括显性课程和隐性课程，为了让课程有更好的实施平台，学校进行了校园氛围以及场室的建设。在校园环境的建设上，结合"快乐·自信·共融"目标，学校重视心理健康教育的楼道文化氛围建设，以积极品质为核心，以"快乐·自信·共融"为主题，在不同年级的走廊和楼梯间设计简明易懂、生动有趣的宣传画。同时，风雨大厅的心育专栏、课室黑板报、心理健康动态预警系统、微信公众号等都是学校宣传心理健康教育的平台。

此外，学校于2010年建成省级标准的心理辅导室"心灵乐园"，该场室总面积约120平方米，有接待区、个体辅导室（倾心坊）、团体活动室（暖心坊）、放松室（悦心阁）、阅读区（润心阁），学生可以在这里上课、阅读心理书籍等，是"幸福心灵"课程的重要实施阵地。

（4）课时保障，人员落实。

学校有专职的心理健康教育教师，该教师是广州市名教师陈慧瑜工作室成员、番禺区心理健康教育学科特约教研员、番禺区新课程实施中心组成员、番禺区幸福课课程组编写人员，具有丰富的经验。同时，学校成立了心理健康教育科组，科组里的成员都是学校的骨干教师，均具有心理健康教育B证。此外，学校有开设心理健康教育课，每班每周0.5节，由专职心理教师负责；另外0.5节由班主任负责，以主题班会课的形式开展心理健康教育。因此，在课程的编写上，我们有专业的教师团队；在课程的实施上，有骨干教师队伍以及班主任团队，保证了"幸福心灵"课程的执行性。

（5）经费到位，顺利开展。

学校重视心理健康教育，每年会根据学生的人数预留专门的心理健康教育经费，这对于教材的研发以及相关团体心理辅导活动的顺利开展非常重要，保证了"幸福心灵"课程的持续性。

三、"幸福心灵"课程的设计

（一）课程目标

文化德育的总体目标是"以文化育人为抓手，坚定文化自信，增强学生的国家意识和社会责任意识，形成良好的价值观、人生观，让学生思想道德品质和心理品质得到健康和谐发展，养成良好的行为习惯，为培养具有人文情怀、责任担当、优雅气质、乐观阔达的现代公民奠定基础"。而文化德育中的幸福德育，旨在"学会情绪管理，培养健康心态；保持蓬勃朝气、昂然向上的精神状态；培养兴趣，编织梦想，丰富想象，主动探究；学会合作，共同分享"。可见，培养学生积极的心理品质以及健康发展的人格在促使文化德育目标的达成上有着非常重要的作用。

在"美好人生，从心开始"办学理念的引领下，学校形成了"美心教育"的德育工作特色。美心教育，是指"扬心善、促心健、启心智、塑美行"的教育，其目标在于希望每一个学生都得到最适合他们自身发展的教育，帮助每一个成员发掘优势、获得成功、实现自我价值，建立相互交流、沟通、理解、接纳的人际关系，营造宽松、民主、友善、融洽的校园氛围。心理健康教育作为德育工作的重要一环，"幸福心灵"校本课程的构建，有助于达成学校的德育以及心理健康教育的目标。学校的"美心教育"课程体系涵盖了"扬心善""促心健""启心智""塑美行"这四大板块，"幸福心灵"则属于"促心健"这一板块下的心理健康教育特色课程，旨在促使学生身心和谐、幸福成长，通过团体心理辅导活动及渗透心育整合活动这两种形式，培养学生积极乐观、健康向上的心理品质，引导学生开发并利用自身潜能，促进身心和谐发展，提升幸福感，达成"快乐·自信·共融"的心理健康教育总目标。

（二）课程内容

党的十九大报告中提到，"加强社会心理服务体系建设，培育自尊自信、理性平和、积极向上的社会心态"。《中小学心理健康教育指导纲要（2012年修订）》规定，中小学心理健康教育的总目标是"提高全体学生的心理素质，培养他们积极乐观、健康向上的心理品质，充分开发他们的心理潜能，促进学生身心和谐可持续发展，为他们健康成功和幸福生活奠定基础"；并且提出中小学心理健康教育的重点内容是学习辅导、人格辅导、生活辅导和生涯辅导四大方面。番禺区文化德育中的"幸福德育"，具体指向自我管理、勇于探究、健全人格等核心素养，侧重于学生乐观豁达品质的培养，小学阶段开设"阳光心态"教育课程。

结合学校"美心教育"的目标、课程体系以及"快乐·自信·共融"的学校心理健康教育目标，编写"幸福心灵"校本心育课程，构建"一二三"校本课程体系，即"一个载体，两种形式，三大专题"，指的是以活动为主要载体，通过显性课程和隐性课程两种形式，设定了快乐学习（学习辅导）、健康生活（生活辅导）和幸福成长（人格辅导和生涯辅导）三大专题。这里主要介绍显性课程的内容。

"幸福心灵"显性课程包括两大部分：一是团体心理辅导活动课程，二是渗透心理健康教育活动课程。根据《中小学心理健康教育指导纲要（2012年修订）》的精神，显性课程包括快乐学习、健康生活和幸福成长三个篇章。

1. 团体心理辅导课程

（1）快乐学习篇。快乐学习篇主要是学习辅导，具体包括学习兴趣、动机、习惯、方法、能力等内容；旨在帮助学生激发学习兴趣，提高其学习心理品质与技能，提升学业成就，处理各种学习心理问题，使其乐学、会学。每个年段的内容要点如下。

低年级：学习知识的乐趣；学习习惯的培养与训练。

中年级：培养学习能力；激发学习兴趣和探究精神。

高年级：培养学习兴趣，端正学习动机；正确对待学习成绩，调整学习心态；培养学习能力。

（2）健康生活篇。健康生活篇主要是生活辅导，包括生命教育、乐观品质的培养和网络道德教育；通过丰富的日常休闲活动，培养学生健康的生活情趣，同时培养学生乐观的生活态度，懂得尊重生命，积极向上。每个年段的内容要点如下。

低年级：通过生命教育，学生初步认识自然界的生命现象，初步了解自己的身体，有性别意识；喜欢自己，懂得关心他人；亲近自然，爱护自然；初步掌握交通、饮食等自我保护知识。

中年级：①通过生命教育，学生进一步了解自己的身体及性别意识；了解友谊的意义；懂得关心和力所能及地帮助弱者；学习与他人的合作；学习必要的自我保护技能，初步掌握生存和自救能力；养成良好的生活习惯和学习习惯。②通过网络道德教育，学生认识网络的利与弊，能利用网络的资源为学习、生活服务；合理使用网络，健康上网，适度上网。

高年级：①通过生命教育，学生认识青春期的生理现象，认识性差异；认识与体验人的生命是可贵的，珍惜生命；远离毒品，善用网络；学习健康的异性交往；学会用恰当的方法保护自己，避免受到性伤害、校园欺凌等。②乐观品质。③通过网络道德教育，重点培养学生依法使用网络的意识和行为，教育学生拒绝使用侮辱性、猥亵性、攻击性语言，自觉抵制网络不法行为，慎交网友，懂得在网络环境下维护自身安全和合法权益。

（3）幸福成长篇。幸福成长篇包括人格辅导和生涯辅导，人格辅导的主要内容包括自我意识辅导、情绪辅导、人际交往辅导、青春期辅导；而生涯辅导旨在帮助学生了解自己的能力、特长、兴趣等，为学生进入初中阶段的学习做好准备。内容要点如下。

低年级：①通过自我意识教育，学生了解自己的身体、外貌、性别、年龄等生理特征；认识班级、学校、日常学习生活环境和基本规则。②通过情绪调节体验快乐、分享快乐；了解快乐产生的日常生活事件；能表达自己的情绪；掌握简单的情绪调节的方法。③通过人际交往教育，培养学生礼貌友好的交往品质，包括学会倾听和日常交际文明用语；培养乐于交往的意识；初步体验友情。

中年级：①通过自我意识教育，学生了解自己身体的生长情况，进一步理解性别认同；别人眼中的我；自己心中的我。②通过情绪调节教育，学生感受解决困难的快乐；

了解人的基本情绪，学会体验情绪；能用准确的语言表达自己的感受，恰当地表达情绪；初步掌握情绪调节的方法。③人际交往教育，培养集体意识，体验集体的快乐；培养善于与同学、老师交往的意识与能力；掌握正确人际交往方法，培养学生开朗、合群、自立的健康人格。

高年级：①通过自我意识教育，帮助学生正确认识自己的优缺点和兴趣爱好，在各种活动中悦纳自己。②通过情绪调节教育，学生体验情绪；正确面对厌学、冲动等负面情绪，认识其存在的普遍性；体会哪些情绪反应是适当的，哪些是不适当的，用恰当的方式表达情绪；懂得理性情绪和非理性情绪的区别，掌握理性情绪方法。③通过人际交往教育，学生能融入团队；掌握合作的技巧，懂得与人合作、竞争；懂得换位思考，处理团队中的冲突与矛盾；掌握沟通技巧，能与同学、老师、家人进行有效的沟通。④通过青春期教育，教师对学生进行初步的性生理和心理特点等方面的引导；引导学生进行恰当的异性交往，了解和接纳异性，尊重他人；了解不同性别的社会责任，体谅和关心他人。⑤通过升学辅导，教师对学生进行学习技能方面的辅导，如读书、记笔记的方法，记忆和思维方法以及应试方法等，提高学生分析问题和解决问题的能力；初步了解中学生活，在物质上和心理上做好升中准备。

除了以班级为单位实施的学生团体心理辅导活动课程，我们还设计了针对教师和家长的大型团体心理辅导活动课程。对教师辅导的内容要点是学会释放自身压力，懂得换位思考，学会沟通与合作，解决现实中遇到的困惑和难题；而对家长辅导的内容要点为亲子沟通方法、家校沟通、换位思考等。

2. 渗透心理健康教育活动课程

(1) 快乐学习：激发兴趣，提升能力。

根据学习辅导的内涵，这一主题的渗透心育活动课程重在激发学生的学习兴趣，主动参与学习活动，通过活动提升各种学习能力和方法。具体的活动化课程包括创意社团活动、综合实践活动以及科技创新活动。

(2) 健康生活：强健体魄，培养情趣。

根据生活辅导的内涵，这一主题的渗透心育活动课程旨在帮助学生锻炼身体、增强体质；利用学生的闲暇时间，开展丰富多彩的课外活动，培养学生健康的生活情趣，消除学习疲劳，缓解因学习紧张带来的心理压力。具体的活动化课程包括研学旅行活动、快乐体艺活动、健康与你活动。

(3) 幸福成长：展示自我，合作共享。

根据人格辅导和生涯辅导的内涵，这一主题的渗透心育活动课程旨在为学生提供展现自我的平台，帮助学生了解自己的能力、特长和兴趣等，在活动中培养和增强学生的自信，提升与人交往合作的技巧，学会感恩与分享。具体的活动化课程包括才艺展示活动、传统文化活动、帮扶互助活动。

（三）课程安排

根据课程目标及内容，结合不同年段学生的心理年龄特点和需求，对"幸福心灵"显性课程进行了具体的划分和安排（见表1）。

表1 "幸福心灵"显性课程表

低年级

专题	显性课程			
快乐学习	快乐学习	学会观察	一心一意	爱问为什么
健康生活	我和我心爱的玩具		生于自然，善待自然	
幸福成长	自信的翅膀	我们都能行	我也很棒	我有大大的能量
	笑口常开	寻找快乐	做快乐的自己	情绪齐分享
	小小新鲜人	有礼好心情	手拉手好朋友	班级小公民

中年级

专题	显性课程			
快乐学习	学会倾听	提升自信，快乐学习	学习有计划	换一个角度思考
健康生活	你是女生？你是男生？	我很有责任感	网络虽有用但危险	文明上网 抵制诱惑
幸福成长	我相信，我能行	相信自己	自信的使者	跌倒了爬起来
	情绪调节有良方	我的情绪我做主	从快乐出发	发现身边的愤怒怪
	学会听说	说"不"没关系	当自己被误会时	用心沟通

高年级

专题	显性课程			
快乐学习	记忆大师	智擒"拦路虎"	做时间的主人	我能考好
健康生活	保护自己我能行	让梦想叩响未来之门	合理归因很重要	积极归因有妙招
	乐观面对生活	乐观面对世界	网络"双刃剑"	让网络照亮生活
幸福成长	发现更好的自己	笑迎自信	自信闯出来	发展自我的优势
	多彩的情绪	我会控制冲动	平心静气	情绪的主人
	如果我是他	合作双赢	与心联结	合作与竞争
	悄悄来临的青春期	青春路上，并肩同行	自主学习，快乐升学	回首点滴，勇敢前行

四、"幸福心灵"课程的实施

（一）理论学习，制定课程标准

在项目负责人的组织下，成立了课程编写研究小组，进行了课程编写的相关理论知识的学习。第一，认真研读上级文件，领悟精神内涵。项目组认真学习了党的十九大报告、《国家中长期教育改革与发展规划纲要（2010—2020年）》、《中小学心理健康教育指导纲要（2012年修订）》以及番禺区"幸福教育"实施方案、"文化德育"实施方案等，读懂读透文件精神，将其作为编写课程的政策指导。第二，学习相关理论，储备理论知识。为了把课程编好，项目组成员认真学习了积极心理学、团体动力学、团体心理辅导、心理课课程设计、课程编写以及课程标准的制定等相关理论，制定了"幸福心灵"的课程标准。

（二）专家引领，构建课程体系

在课程目标以及课程标准的基础上，学校结合"美好人生，从心开始"办学理念以及"快乐·自信·共融"的心理健康教育目标，在专家的引领下进行课程体系的构建，形成了"幸福心灵"校本心理健康教育课程的"一二三"体系。"幸福心灵"课程的适用对象涵盖了学生、教师和家长全员、全过程、全方位地开展心理健康教育活动，体现"四全育人"理念。"幸福心灵"校本课程体系示意图见图1。

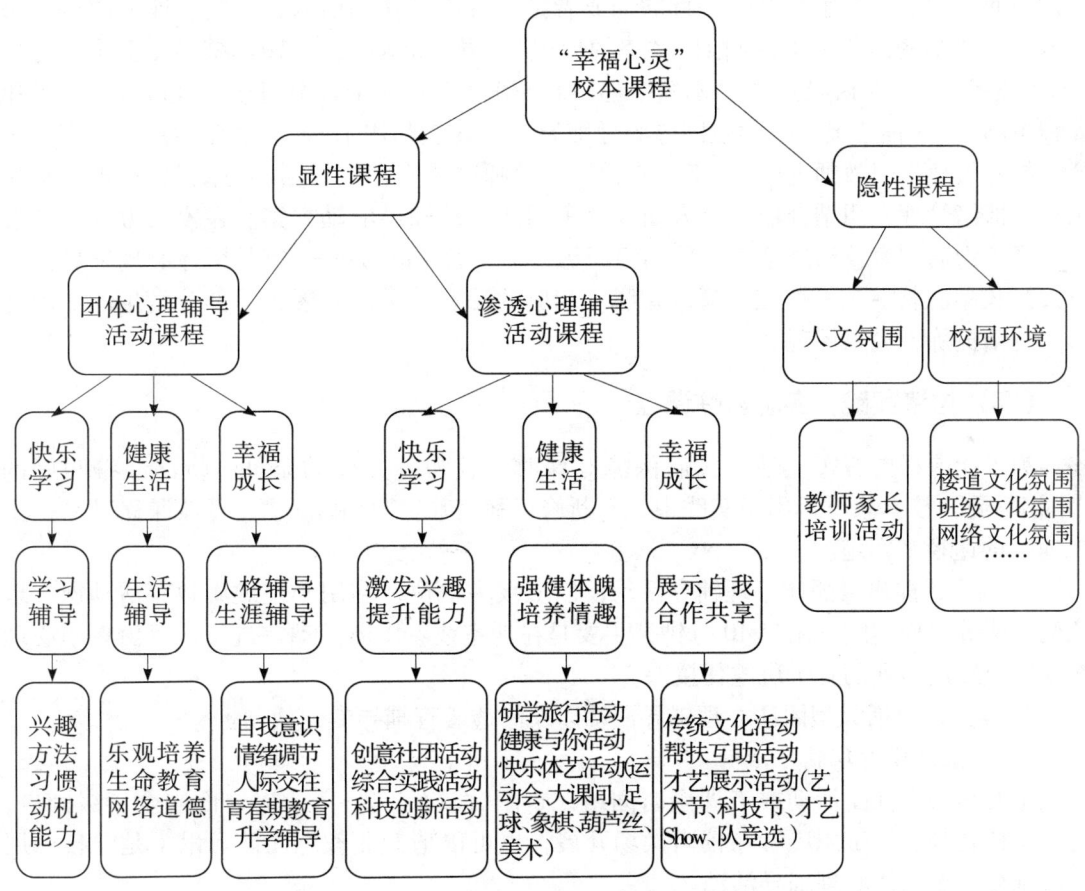

图1　"幸福心灵"校本课程体系

（三）集思广益，开发校本教材

在课程标准以及课程体系的指引下，项目组成员逐渐明晰教材的编写方向，经过集体思维的碰撞，最终完成了校本课程的开发。"幸福心灵"教材共8本，约20万字，图文并茂，分别有"团体心理辅导活动校本课程"低、中、高年级学生用书各1本及教师用书1本（该课程是适合以班为单位实施的团体心理辅导活动使用）；"大型团体心理辅导活动方案"学生篇、教师篇、家长篇各1本；"渗透心理辅导活动校本课程"1本。

"幸福心灵——学生团体心理辅导活动手册"分为低、中、高年段3本，每个年段的主题有一定交叠但侧重点不同，并且会根据学生的年龄特点层层递进，由浅入深；由于部分内容只在某个年段开设（如青春期教育），因此三个年段的课时数会有所不同，其中低年段18课，中年段20课，高年段28课。每本学生用书的开篇是"写给小朋友的话"，用生动有趣的语言向学生介绍本册书的主要目标与内容，让学生对即将要学习的内容心中有数；活动手册分为"快乐学习篇""健康生活篇"和"幸福成长篇"，在每个篇章的前面均配上一个小故事、一首歌词或者是一首小诗作为引入，让学生印象深刻；每一课由"幸福密语"（学习目标）、"幸福启程"（导入活动）、"幸福激荡"（主体活动）、"幸福飞扬"（课外拓展）和"幸福拾趣"（感悟分享）五个环节组成，规范有序、紧扣课程主题。《幸福心灵——学生团体心理辅导活动（教师用书）》是和学生用书配套使用的，能有效地指引教师上课。"幸福心灵——教师团体心理辅导活动方案"，校本教材从沟通、情绪管理、团结合作三个方面设计了团体心理辅导活动方案。在家长方面，学校针对亲子沟通和家校沟通这两个层面组织编写了《幸福心灵——家长团体心理辅导活动方案》校本教材。该书按三个篇章介绍了相应的活动情况，并展示了部分学生的活动剪影，总结提炼、成果展现。

（四）付诸实践，实施显性课程

为了让课程更有实效性，我们保障好课时、教师等方面的条件，将已经编写好的"幸福心灵"校本教材运用于实践中，不断修正和完善。"幸福心灵"显性课程以"一主二辅"的途径来实施。

"一主"，即班级团体心理辅导活动，以班级为单位，利用心理健康教育活动课、班队活动课等课程实施，用时40分钟，主要是在课室或者团体活动室进行，可由专职心理教师以及经过培训的骨干班主任授课。

"二辅"，包括大型团体心理辅导活动以及渗透心育辅导专题活动。

1. 大型团体心理辅导活动

主要是利用社团活动或者课余时间组织，用时较长，2~3小时，面向全年级开展，可由学校教师、社工志愿者在校内操场开展，也可以请专业教练团队。以下是学校开展过的部分大型团体心理辅导活动。

（1）"感恩于心，回报于行——如何提升亲子关系"团体心理辅导活动。

（2）富都小学教师心灵成长训练营。

（3）富都小学学校帮扶与"幸福教师"团体心理辅导。

(4) "团队熔炼，高效执行"——帮扶番禺区同心小学教师团体心理辅导。

(5) 富都小学学生干部领袖风采训练营。

(6) 富都小学"精英团队　领袖风采"学生干部团体心理辅导活动。

(7) "显自信·享乐趣·心凝聚"团体心理辅导活动。

(8) "团结合作 GO GO GO"班级团体心理辅导活动。

(9) "我相信我能行"班级团体心理辅导活动。

(10) "有效沟通，勇于承担"少先队队干部团体心理辅导活动。

(11) "亲子寻春趣，快乐伴我行"班级团体心理辅导活动。

通过这些活动，我们看到家长、教师、学生之间的关系发生了微妙的变化：家长的教育方式与观念有所转变，亲子关系更加融洽、家校沟通更加和谐了；教师的幸福感提升了，工作更有热情和活力；学生能够快乐、自主地投入到学习当中，在学校的各种活动中表现更加自信了……在这个过程中，我们渐渐地看到了"快乐·自信·共融"的校园氛围，而这也将促使我们继续充实团体心理辅导的内容，常态化按时按量地开展，促进师生身心健康发展。

2. 渗透心理健康教育辅导主题活动

分成"快乐学习""健康生活""幸福成长"三大板块，主要包括社团活动、才艺展示活动、综合实践活动、快乐体艺活动、科技创新活动、研学旅行活动、健康与你活动、传统文化活动、帮扶互助活动，利用少先队活动、运动会、大课间、艺术节、科技节等途径具体落实。

3. 快乐学习

(1) 创意社团活动。

学校在三至六年级开设了近30个素质教育社团，如武术、书法、动漫、插画、魔术、摄影、魔方、广绣、剪纸、丝网花、茶艺、服装设计、篮球、毽球、轮滑、舞蹈、合唱等。社团活动是由学生根据自己的兴趣爱好和特长，通过"自主选择—网上报名"的方式参与其中。这样的方式满足了不同学生的心理需要，激发学生的兴趣和潜能，积极地参与到社团活动中。

(2) 综合实践活动。

将心理健康教育与综合实践活动相整合也是学校心理健康教育活动化课程的重要一环。心理健康教育归属于"人与自我"，主要有感恩教育和珍爱生命两个分支。除了在教学内容上对学生渗透心理健康教育外，在开展综合实践活动的过程中，把主动权交回给学生，通过亲身探究，培养学生的实践能力、语言表达能力、创新能力、收集处理信息的能力、合作交往能力、思维能力等各种学习技能，提升学习效率。

(3) 科技创新活动。

科技创新活动主要是指无线电测向课程，由学校专业科技教师组织成立的无线电小社团开展相关活动。该课程的开设不仅是让学生了解无线电技术发展历程，更重要的是通过无线电收发信号技术的理论学习与实践探索，让学生更早接触现代通信技术，提升学生科技创新能力，培养创造性思维。

4. 健康生活：强健体魄，培养情趣

（1）研学旅行活动。

结合广州历史、人文、自然、科技、工农业、地理特色等，学生带着研学任务到校外开展各种主题的研学教育活动，如春游、秋游、爱心公益、志愿服务、爱国主义教育、励志远足、环境保护、学校交流互访、参观场馆等，达到实践体验教育、提升综合素质的目的。通过研学旅行活动，学生用双手去触摸、用眼睛去观察、用智慧去思考，开阔视野，培养健康的生活情趣；激发学生爱国爱家爱生活的情感，培养社会责任感。

（2）快乐体艺活动。

快乐体艺，包括体育运动和艺术活动两大类。体育运动指的是大课间活动、运动会、中国象棋和足球；艺术活动主要指葫芦丝、美术创作。通过大课间活动和运动会，学生得到充分的锻炼，有助于提升运动技能和增强身体素质；而中国象棋、足球、葫芦丝和美术创作活动可以丰富学生的日常休闲活动，培养学生健康的生活情趣。

（3）健康与你活动。

健康与你活动即卫生与健康教育活动，由学校专职校医负责，通过开展专题讲座、健康课，让学生掌握身体保健、饮食健康、疾病预防、青春期教育等知识，增强体质，健康成长。

5. 幸福成长：展示自我，合作共享

（1）才艺展示活动。

才艺展示活动主要包括艺术节、科技节、富都才艺"Show"以及少先队的各种竞选比赛活动。其中，富都才艺"Show"是以班级为单位，利用每周一升国旗的时间，轮流在升旗台前进行各种才艺表演，可以是个人展示，也可以是集体表演；少先队竞选活动形式多样，如生活技能大比拼、大队委竞选、各类主题的演讲比赛等。通过创设平台让学生进行自我展示，学生对自己有更加全面深刻的认识，展现优势，增强自信。

（2）传统文化活动。

传统文化活动是针对中国传统节日去开展的，主要是指清明节、端午节、中秋节、重阳节、冬至等传统节日，少先队会根据这些节日开展相关的联队活动，如"巧手制花灯，欢乐庆中秋""走进端午，弘扬传统""团团圆圆过冬至""爱心跳蚤市场"等活动。通过传统文化活动的开展，学生增进了对中华民族优秀传统文化内涵的认识，学会感恩与分享。

（3）帮扶互助活动。

"手拉手"活动在当今社会有着丰富的教育内涵，是加强未成年人思想道德教育的有效载体。通过带领学生到校外参与帮扶互助活动，学生与同龄伙伴的交流互动得到促进，人际交往技巧得到提升，学生互助互爱的优良品质得到培养，学生更加珍惜现有的学习生活环境，更加奋发向上。

（五）营造氛围，建设隐性课程

在校园环境的建设上，结合"快乐·自信·共融"目标，学校重视心理健康教育的楼道文化氛围、场室文化氛围以及网络宣传栏等氛围的营造。例如，学校在走廊和楼梯间设计简明易懂、生动有趣的宣传画。在教学楼的东梯，从一楼到七楼，设计的是"幸福教育"主题的宣传画，包括"勇敢、自律、诚信、坚持、友善"等积极心理品质；而在教学楼的西梯，则是以学校心育目标"快乐·自信·共融"相关的宣传画。所有这些宣传画，有直接购买的，也有学生创作的"心灵画语"（电子画）。同时，在每一层楼的走廊，学校也设计了宣传画，结合不同楼层学生的年龄特点，画作文字和图画的选取也是风格各异。

低年级：学生在认知上以具体形象思维为主，以简单卡通风格为主，文字是描述、动作的，以及具体的自然现象元素，以符合这一阶段孩子的认知特点和前后递进衔接。

中年段：内容的选取上比二年级更丰富，图片的风格居于卡通与现实元素之间。以易懂且具有简单的推理的名人名言，有些文字中既有描述性语言，同时又有需要用到抽象思维的文字，以培养这一阶段的学生快乐、自信、共融的心理品质。

高年段：内容的选取上主要以古语、名人名言为主，凸显高年级学生的抽象思维，发挥格言的大道至简作用，在图片中包含现实元素，以艺术的风格表现出来。

（六）持之以恒，初见成效

本课程的构建以"快乐学习、健康生活、幸福成长"为课程模块，与人文德育、生活德育、风雅德育、幸福德育的文化德育的四个途径相整合，形成系列化课程，增强了学校德育工作的时代性、科学性、实效性，并实现全员育人、全程育人、全方位育人、全环境育人的心理健康教育和文化德育的有效融合。

1. 对学校文化的"美心文化"的支持，使校本文化更加凸显

"幸福心灵"作为学校"美心课程"体系中的"促心健"系列，占有非常重要的地位，是符合国家要求、区域特点和校本特色的课程。通过开展心理健康教育课程，使学校的课程体系更加充实和丰满，进一步深化了校本文化。

2. 学校的育人特色更加鲜明

本课程紧扣《国家中长期教育改革与发展规划纲要（2010—2020年）》提出的"育人为本"的需求，根据《中小学心理健康教育指导纲要（2012年修订）》《广州市教育局实施中小学教育质量阳光评价改革工作方案》关于实现学生"身心发展水平"的指标要求，以及番禺区"幸福教育"实施方案、"文化德育"实施方案等的目标要求，结合学校坚持"美好人生，从心开始"办学理念而构建的实现"快乐·自信·共融"心理健康教育目标的校本化课程。该课程是将幸福教育、团体心理辅导相整合，在各种活动课程中渗透心理健康教育和文化德育的育人元素，体现了浓厚的区域文化以及鲜明的学校特色；培养积极心理品质、拥有幸福心灵，成就美好人生，使得学校的育人特色更加鲜明。

3. 促进学生、教师、家长的变化与成长

"幸福心灵"是形成全员育人、全程育人、全方位育人和全环境育人的心理健康教育及文化德育的有效融合。通过课程的实施，不同群体的人都有了一些良性的转变。学生变得更加的阳光、自信、积极和开朗，学习的主动性增强，活动的参与度更高，人际关系变得融洽，心理韧性不断增强；教师的工作热情高涨，沟通能力与技巧明显提升，

在和同事工作时更和谐；而家长也更愿意配合与支持学校的工作等。这充分体现了学校的课程是以人为本的，注重人的发展、提升人的价值，这与"文化德育"的内涵是相一致的，"幸福心灵"课程的实施能有效促进学校德育工作的开展，提升实效性。

4. 促进家校合力育人

通过课程的实施，家长对于学习的认可度更高，也更能理解学校和教师的工作，更愿意配合、支持、参与到学校的工作中来，家校合作，共同为孩子的健康成长努力。例如学校的"警家校互畅队"、每次大型活动中的家长志愿者、班级氛围布置的相助、亲子活动的主动参与等，都让我们感受到了家校合力的魅力。家庭是孩子成长的摇篮，家长的成长对于孩子而言更是一种心灵的滋养。

5. 打造品牌，增强区域影响

"幸福心灵"校本心育课程旨在促使学生身心和谐、幸福成长，这一课程培养了学生积极乐观、健康向上的心理品质，引导了学生开发并利用自身潜能，促进了学生身心和谐发展，提升了学生幸福感。通过课程的开展，师生的优势和潜能被充分挖掘，学校被评为广东省、广州市中小学心理健康教育"特色学校"，心理专职教师林燕玲老师作为广州市小学组的唯一代表参加广东省心理健康教育活动课比赛荣获一等奖。学校也多次承担区级以上的现场会，同时还多次接待来自不同地区的兄弟学校来校交流学习；学校的专职心理教师也在区班主任培训、市桥城区德育干部培训等活动中进行经验介绍和分享，打造了学校特色品牌，增强了区域辐射影响。

五、"幸福心灵"课程的评价

（一）评价理念

关于课程的评价理念，《基础教育课程改革纲要（试行）》提到，"建立促进学生全面发展的体系。评价不仅要关注学生的学业成绩，而且要发现和发展学生多方面的潜能，了解学生发展中的需求，帮助学生认识自我，建立自信。发挥评价的教育功能，促进学生在原有水平的发展"，"建立和促进教师不断提高的评价体系。强调教师对自己的教学行为进行分析和反思，建立以教师自评为主，校长、教师、学生、家长共同参与的评价制度，使教师从多种渠道获得信息，不断提高教学水平"。因此，学校在设置"幸福心灵"课程的评价方式时，有以下七个侧重点：一是在评价功能上更侧重师生的发展；二是在评价的对象上更侧重对过程的评价；三是在评价主体上更侧重多元化评价；四是在评价结果上与原有状态相比进步程度；五是在评价内容上更侧重全方位的综合性考察；六是在评价方式上侧重定性与定量的多样化评价；七是强调尊重、互助，以人为本的价值取向。

（二）评价形式

1. 发展性评价

发展性评价强调要关注学生的个别差异，建立"因材施评"的评价体系。具体来说，就是要关注和理解学生个体发展的需要，尊重和认可学生个性化的价值取向。"幸福心灵"课程是校本心育课程，因此，这一评价更注重每个学生的心理需求及发展。学校为每个学生设计了"幸福心灵成长卡"，卡片上除了有学生的简单的基本情况介绍外，主要还用于学生每次上课后的心得体会的撰写，其中有两个巧妙的小设置：一是让学生思考学习后自己的知情意行的变化；二是让学生提出自己需要提升或者想要了解的方面，既能很好地评价课程实施是否有效，又能根据学生的反馈及时对课程进行调整。

2. 过程性评价

学生在学习的过程中会采取不同的学习方式，不同的学习方式又会导致不同的学习结果。心理健康教育活动课最突出的特点就是活动性和体验性，因此关注学生在学习过程中的表现、参与度等方面尤为重要，学校的评价不仅关注学生的课程学习结果，同时也关注师生在教与学过程中的体验和过程的生成性，倡导开放性、多元化及整体性的评价观。我们在评价的时候着眼于学生整个的学习过程，不管最终结果是否在课程预设之内，只要是正面积极的行为表现，都给予及时的鼓励和肯定。我们主要采取学生自评、教师评价、生生评价以及家长评价这几种方式，充分激发学生学习的主动性和积极性，提高学习动机，形成良好的学习—评价互动形式。因此，对"幸福心灵"课程进行评价，学校设置了一系列的评选活动，而评选的标准则是根据学生在学习过程中不同方面的表现来设定的，采用积分制的形式，尽可能让每个学生的优势与潜能得以发挥和肯定。例如，评选"幸福小达人""为幸福点赞""幸福访谈1+1""我最喜欢的校园一角""幸福园丁""幸福的一家"等活动。此外，学校还设置了"家长评一评""教师评一评"的小调查，定期了解学生在学习过程中的变化以及存在的问题，及时记录、及时调整；访谈也是学校常用的评价手段之一。

3. 量化评价

学生心理状态的改变，常用的评价手段就是量化评价，通过选定相关的调查问卷或量表，以前测、后测的方式，检验课程实施的有效性。

（三）总结反思

总体而言，"幸福心灵"课程的构建是符合政策理论、区域要求、学校实际以及学生需求的，课程具有一定的科学性、规范性和系列性，对于学校德育工作以及心理健康教育的有效开展起到了很好的促进作用。课程在实施的过程中也遇到一些问题，如学习内容在年段里如何再细分、如何编排更能体现每节课之间的逻辑性等。因为同一个年段的本质差别不大，所以对于同一个内容主题的再细分是有一定的难度的；经过与专家的再三研讨，学校教师团队听取了专家的意见，在课程实施结束后，设计调查问卷，了解在同一年段的学生里面，不同年级的孩子更喜欢哪一个主题，根据统计结果再进行细化，这也是我们下一步需要去完善的事情。

课程的构建与实施，离不开政策理论的指导，离不开区域以及学校的文化特色，更离不开学生的实际需求。相信在专家的引领下、在领导的重视和全力支持下、在骨干教师的带头下，全员参与的"幸福心灵"课程一定会开出绚烂的教育之花！

"美丽人生"特色课程建构与实施
——以广东第二师范学院番禺附属小学为例[①]

苏干佳　陈伟勤

一、学校简介

广东第二师范学院番禺附属小学（以下简称"二师附小"）创建于1923年。学校前身是番禺区新造镇中心小学。几易校名之后，2014年2月，学校正式更为现名，由广东第二师范学院、番禺区教育局、新造镇人民政府合作办学，共建管理。近年来，学校一方面充分利用共建单位广东第二师范学院的优质资源，另一方面借助毗邻大学城的地理优势加强与高校的联系，积极探索规范发展、特色发展和持续发展之路，形成了以"培育现代君子"为核心的办学理念，并在此基础上，形成了"美丽人生"特色课程。该课程以学校特色项目"交通安全教育"为支撑点，旨在将学生培养成有志向、懂礼仪、有涵养、守规则的"现代君子"。经过多年的积累，学校的特色化办学工作获得了长足的发展，尤其是在"课程结构化"方面已经有了清晰的思路，课程改革取得了令人瞩目的成绩。

二、"美丽人生"特色课程背景

（一）名称缘由

《易经》有言："天行健，君子以自强不息；地势坤，君子以厚德载物。"君子处世，

[①] 本文写于2019年6月6日。

应像天一样,刚毅坚卓,发愤图强,永不停息;君子为人,应如大地一般,厚实和顺,仁义道德,容载万物。在我国古代,"君子"一词多指"德才兼备,文质彬彬,有所为有所不为,达则兼济天下,穷则独善其身"的人。"君子"在我国古代社会中占据重要地位,亦是两千多年来中国人追求的理想人格。

党的十八次全国代表大会提出"努力建设美丽中国,实现中华民族永续发展"。那么,该由谁来承担这样的重任?毫无疑问,茁壮成长的莘莘学子是挑起这一民族重任的主要力量。我们认为要让下一代挑起如此重任,必须培养受教育者的美好人格,塑造他们的美丽人生,培养他们成为"现代君子",具备"学为君子,兼善天下"的高尚情怀和基本素养。基于这样的考虑,二师附小将"培育现代君子"作为办学理念。这里的"现代君子",指的是既具备传统君子的优秀风范,又体现与时俱进的时代气息的人,拥有温雅贤淑、胸怀坦荡的特质,也能做到以义统利、天下为任、学术并重、知行合一,并且具备开放合作、自强不息的品格。换言之,"现代君子"彰显了情怀高尚、自强不息、勇于担当的价值追求。二师附小立足"现代君子"这一核心理念,从学校悠久的办学历史中汲取养分,从坚持数十年的交通安全教育特色项目中寻找突破口,借助广东第二师范学院和大学城优质的教学资源,以实现学生长远发展、学校持续发展、民族永续发展为己任,开发"美丽人生"系列特色课程。

(二)"现代君子"的文化选择

"现代君子"是学校文化理念的关键词。我们坚信,兼备传统君子的优秀风范和体现与时俱进时代气息的"现代君子"能够担当起"努力建设美丽中国,实现中华民族永续发展"的民族重任。而学校的"美丽人生"特色课程就是要通过礼仪教育、人文知识教育、体卫艺特长教育等塑造学生勤奋好学、坚韧不拔、勇于担当等美好品格,这些品格都是"现代君子"必备的素养。

(三)"交通安全"办学传统的选择

学校从1998年开始推行"交通安全"教育。"安全教育"这一特色项目已成为学校的靓丽名片,不仅打响了学校的知名度,还让因"交通安全"教育而形成的规则意识成为学校的文化基因,一直传承并深刻地影响着每一位师生。

交通安全教育中,学校总结出这一文化基因:"不能让孩子输在斑马线上。"俗话说"无规矩不成方圆","斑马线"是现实生活中最常见、最基本的规则意识。每个普通公民都应该具备规则意识,学校期望培养的"现代君子"更应该具备这样的意识。

(四)学生发展的必然选择

拥有"美丽人生"是每个人共有的期许,人们努力学习、工作,都是在为实现"美丽人生"的目标做准备。作为教育工作者,二师附小的教师同样期许每个孩子都有"美丽人生"——快乐无忧的童年、活力四射的少年、幸福圆满的人生。"美丽人生"特色课程通过礼仪、安全、国学经典、特长培养、社会实践等内涵丰富的课程体系，丰富学生的知识，开拓学生的视野，培养学生的志趣，增强学生的实践能力。

（五）地域文化的优势

一是著名诗人、学者屈大均的故乡

学校坐落于番禺区新造镇。新造是明末清初著名学者、诗人屈大均（1630—1696）的家乡，屈大均是"岭南三大家"之一，有"广东徐霞客"的美称。他曾参与抗清斗争，也曾为躲避祸害化缘云游四海。1674年，屈大均停止抗清，归乡潜心著作，编成《广东文集》《广东文选》，撰写了《皇明四朝成仁录》。值得一提的是，为联络各地反清志士，屈大均一生跋涉山川，远游庐山、南京、榆关和辽东、辽西等地，途中常有感而发，写下众多感慨激昂的诗篇。在其多方面的文学才能中，以诗的成就最高。屈大均生前已刊行的诗集有《道援堂集》《翁山诗外》，词集有《骚屑词》，去世后不久，新编《屈翁山诗集》及《岭南三大家诗选》等发行。虽然抗清复明、弘扬民族气节始终是屈氏诗文的主旋律，但其诗文中也始终充满着关注社会、体恤民生的情感。总之，屈大均富有传奇色彩的一生为学校"美丽人生"特色课程的实施提供了良好素材。

二是大学城为课程提供优质资源

"美丽人生"离不开知识的积累。学校紧邻大学城，大学城为学校特色课程的开展提供了优质的教学资源。与此同时，借助毗邻大学城这一得天独厚的地域优势，在教师的积极引导下，学生产生了对知识与真理的向往之情，养成了好学、乐学的学习习惯，形成了善学、会学的学习方法，为"美丽人生"的追求奠定了坚实的基础。

三是强化家校合作现状的需求

学校所在的新造镇物产丰盛，"牛山岗"牌番薯被评为番禺十大名特产，并与新造红萝卜、新造"凤仙花"牌调味品被评为番禺三十大特色旅游产品。发达的农业为新造带来丰厚经济收入的同时，也为学生的一些实践项目提供了最天然、最接地气的活动场所。但学校处于城乡接合部，家长素质良莠不齐，家教水平不高，对孩子的重视也不够，大部分家长只关注孩子的成绩，对学校的教学工作支持度不够。"美丽人生"特色课程开设一些专门的课程项目，充分利用家长资源，让家长参与到教学中来，在潜移默化中改变家长对学校教育的刻板态度，让他们明白孩子的健康成长是学校和家庭共有的责任。

三、课程设置

"美丽人生"特色课程以"引领学生迈向美丽人生"为课程理念，紧扣办学理念，按照"现代君子"的标准培养学生，为学生的"美丽人生"打下良好的基础。该课程以"知礼守规、富有涵养、兴趣广泛、乐于实践"为目标。结合课程目标，学校将课程分成"规矩""学识""志趣""行动"四个模块。这四大模块紧密围绕"现代君子"而展开,期望通过课程的开展既培养学生的传统君子优秀风范,又培养其适应时代发展所需要的实践能力。

《吕氏春秋》有言:"欲知平直,则必准绳;欲知方圆,则必规矩。"君子必定是知礼节、懂规矩的。因此,学校充分利用交通安全教育这一特色项目,注重对学生进行安全行为、习惯养成、礼仪举止、品德思想等方面的教育,让学生有遵纪守法、合乎道德、举止优雅的言行。因为君子也必定是学识渊博的,所以学校以交通安全知识为切入点,充分利用著名学者、诗人屈大均这一历史名人的人文资源,依托大学城丰富的高校学府资源,拓宽学生的知识面,培养学生对唐诗宋词、人文地理、科学知识等的兴趣,让其产生对学习的兴趣,养成博览群书的习惯。

人们常说,君子志趣高雅如兰,诗人屈原也在《离骚》中写道:"扈江离与辟芷兮,纫秋兰以为佩。""志趣"是"美丽人生"特色课程的重要模块,着重培养学生的"远大志向"和"高雅爱好"。该模块主要以社团和兴趣班为支撑平台。《论语·里仁》有言:"君子欲讷于言而敏于行。"敏捷的行动能力是君子的又一重要特质。学校特色课程通过主题课外活动、研学游等实践锻炼学生的社会交往和独立处事能力。

四、 课程结构

"美丽人生"特色课程结构如图1所示。

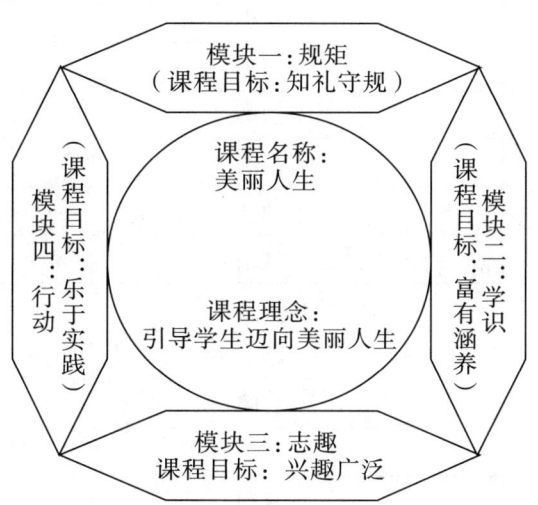

图1 "美丽人生"特色课程结构图

表1 四大模块课程内容安排详情表

课程模块	课程主题	主要内容	开设年级
规矩	安全	交通安全	低年级
		校园安全	低年级
		逃生技巧	全年级
	礼仪	仪容仪表	低年级
		公共礼仪	低年级
		家庭礼仪	低年级
		校园礼仪	低年级
		网络礼仪	中年级
	习惯	卫生习惯	低年级
		学习习惯	低年级
		生活习惯	中年级
学识	传统读物	唐诗宋词	全年级
		国学经典	全年级
	本土人文	本土知识	中、高年级
志趣	体育类	跆拳道	全年级
		三棋	全年级
		田径	全年级
		球类	全年级
	艺术类	书画	高年级
		曲艺	高年级
		饮茶	高年级
		电影鉴赏	高年级
		篆刻	中、高年级
		合唱	中年级
		乐器	中、高年级
		舞蹈	全年级
		广绣	高年级
		瑜伽	高年级
	科技类	科学探秘	高年级
	生活类	厨艺	高年级
		手工艺	全年级

续上表

课程模块	课程主题	主要内容	开设年级
行动	主题活动	校园廉洁教育	全年级
		志愿服务	高年级
		诚信主题活动	全年级
	"三节"	读书节、艺术节、体育节	全年级
	实践类	校园主题实践	全年级
		游学实践	高年级
	学科竞赛	各级竞赛	全年级
	二师讲堂	"六一"活动	全年级
		亲子活动	全年级

五、课程开发与实施

《中国学生发展核心素养》以培养"全面发展的人"为核心，包括文化基础、自主发展、社会参与三个维度，表现为人文底蕴、科学精神、学会学习、健康生活、责任担当、实践创新六大素养，具体细化为十八个基本要点，这给课程建设提供了标准，引领了课程改革的新方向。国家课程承担着培养学生核心素养的主要任务，但其中一部分核心素养在国家课程中难以落实，这就需要通过校本课程加以补充，让二者相互促进，共同构成多元立体的人才培养课程体系。下面从三个方面谈一下学校校本课程开发和实施的思路和做法。

（一）立足核心素养设计校本课程

以核心素养统领学校的课程建设，要统筹规划国家课程、地方课程和校本课程三者关系，实现顶层设计、功能互补。学校培养的是面向未来的人，必须具备适应未来社会发展的品格和关键能力；同时学生又是从过去而来的生命，学校教育就必须顾及学生的现实基础。校本课程的设计既要把发展学生核心素养作为依据和出发点，又要关注学校的办学历史、办学理念、办学条件、学生基础，体现学校的办学特色。

1. 立足核心素养，落实立德树人

国家课程注重基础和全面，强调学科的基础知识和基本能力，具有知识本位的倾向，在培养学生的责任担当、健康生活和实践创新等方面有一定的不足；校本课程注重活动，强调实践和综合，主要通过活动课的形式丰富学生体验、增进社会参与、健全学生人格、发展学生个性特长。学校的校本课程开发以培养学生责任担当、健康生活和实践创新三大素养为核心，确立了"知礼守规、富有涵养、兴趣广泛、乐于实践"的课程目标，开发了"美丽人生"特色校本课程,将社会责任和家国情怀放在首位,回答了"培养什么人"的问题,鲜明体现了立德树人、践行社会主义核心价值观的自觉追求。

2. 立足学校历史,传承学校文化

学校根植于历史之中。校本课程的设计、核心素养的落实离不开办学传统和办学思想。我校确立了以"培育现代君子"为核心的办学理念。"现代君子"彰显了情怀高尚、自强不息、勇于担当的价值追求。

学校开发了"美丽人生"系列特色校本课程,将目标指向"培养具有责任担当的现代公民",既传承了学校文化,又切合了时代精神。

3. 立足地方实际,满足学生需求

学校自1998年开始,因"改薄拼校"的原因,拼入了多所新造镇自然村的学生。2003年,因广州大学城建设,也接收了小谷围岛上多所自然村小学的拆迁户学生。十多年来,新造镇因受大学城控规的影响,工业、房地产业一直没有发展,由于拆迁安置及当地经济发展滞后等现实的社会原因,给农村家长及学生带来不同层面的影响。主要的状况是家庭教育氛围较弱、学生的责任感不太强、自我管理能力放松、心理素质较弱等。"美丽人生"校本课程立足学生实际,强化三大素养,适应学生需要,通过心理、礼仪、安全、国学经典、特长培养、社会实践等内涵丰富的课程体系,丰富学生的知识,开拓学生的视野,培养学生的志趣,提高学生实践能力。

4. 立足校本资源,体现地方特色

地域文化滋养和哺育着学校,校本课程的设计离不开学校现有资源,即它必定要考虑地域文化的影响。"美丽人生"离不开地方历史的积淀、传承。学校坐落于番禺区新造镇,它是明末清初著名学者、诗人屈大均(1630—1696)的家乡。屈大均富有传奇色彩的一生为学校"美丽人生"特色课程的实施提供了良好素材。学校紧邻大学城,地处思科智慧创新城区域,为学校特色课程的开展提供了优质的地域教学资源。学校传统和地域文化资源深得学生喜爱,对培养学生的人文底蕴和健康身心有着重要的作用,是校本课程的一笔宝贵财富。

（二）围绕核心素养研发校本课程

学校以"引领学生迈向美丽人生"为课程理念,以"知礼守规,富有涵养,兴趣广泛,乐于实践"为目标,将课程分成"规矩""学识""志趣""行动"四个模块,培养学生敢于担当的责任意识、人文底蕴、身心基础和关键能力,并围绕学生发展核心素养研发校本课程,建构"美丽人生"特色课程。

1. 以规矩课程唤起学生敢于担当的责任意识

"责任担当"不仅是学校百年来的精神传统,而且是现代社会不可或缺的品质。学校充分利用交通安全教育这一特色项目,唤醒学生对社会负责的意识,并在此基础上让学生确立人生目标,进行人生规划,树立高远志向,发展成为有理想信念、敢于担当的现代公民。二师附小的教师团队编写了"美丽人生"校本课程《君子知方圆》。

2. 以诗书课程,丰富学生人文底蕴

学校充分利用诗人屈大均、著名画家关山月这些名人人文资源,依托新造的荆鸿艺术馆、大学城，拓宽学生的知识面，培养学生对唐诗宋词、人文地理、科学知识等的兴趣。二师附小的教师团队编写了"美丽人生"校本课程"君子好诗书"。

3. 以志趣课程奠定学生担当责任的身心基础

学生只有身心健康，具有坚定的意志和百折不挠的精神，才能积跬步至千里，达至远方。"志趣"是"美丽人生"特色课程的重要模块，通过运动项目培养学生的良好身体素质和不屈不挠的坚毅品质，既强健体魄又磨炼意志，并让学生有终身热爱的一两门特色运动项目。学校通过开发广绣、粤曲等艺术特色项目，培养学生热爱和传承传统文化，让学生个性发展和完善人格心智，培养学生的审美情趣和终身受益的艺术爱好。在志趣模块中，学校设计了60多项社团和兴趣活动项目，着重培养学生的"远大志向"和"高雅爱好"，为学生奠定担当责任的身心基础。为此，二师附小的教师团队编写了以社团和兴趣活动为支撑的"美丽人生"校本课程"君子有雅志"。

4. 以实践创新课程培养学生担当责任的关键能力

敏捷的行动能力是君子又一重要特质。学校通过课外主题活动、研学活动等锻炼学生的问题解决能力和实践创新能力；通过综合性的科技创新实践活动，让学生学会分析和解决问题，养成批判性思维，并让学生了解新兴技术和前沿科技，主动适应"互联网+"等社会信息化趋势，拥有数字化生存能力，使"美丽人生者"在未来社会具备承当责任的能力。二师附小的教师团队编写了"美丽人生"校本课程"君子当敏行"。

"规矩—学识—志趣—行动"四大课程模块对应"唤起责任意识—丰富人文底蕴—奠定身心基础—培养关键能力"四大核心素养，其中"规矩"是思想意识，"学识"是人文底蕴，"志趣"是身心基础，"行动"是必备能力，四者相互关联，层层递进，互为整体，共同孕育了"美丽人生"特色课程体系，以培养学生成为身心健康、心智和谐、具有责任担当意识和能力、达至远方的现代公民。

（三）落实核心素养实施校本课程

核心素养要落地生根，必须改变学习方式，必须变知识为本为素养为本，变讲授为中心的课堂为问题解决为中心的课堂，变以课室为边界的学习为全程式、全方位的学习。校本课程不能只是学科知识的延伸和拓展，而应充分体现综合性、活动性、实践性和生活化。

1. 体验中升华

规矩的养成需要体验，说教式的德育往往苍白无力。"美丽人生"中的校本课程"君子知方圆"，充分利用学校交通安全实践的设施、设备，利用交通指挥灯、人行斑马线、交通安全活动棋盘、交通安全教育展览室等阵地，让学生参与活动并从中体验。学校从学生的交通安全教育入手，从"不要让学生输在斑马线上"入手，延伸到学生的安全规则、礼仪规则、习惯规则等品德养成教育，配套出台了心理教育校本课程"君子启心灵"，让学生在一次次体验中，不断养成规矩意识，并唤起学生作为一个未来主人翁的责任担当意识。

2. 活动中成长

校本课程要充分解放学生的手脚和头脑，用活动引导他们走出课室，走进生活，融入社会。为此,学校在设计"美丽人生"校本课程"君子当敏行"时,充分考虑结合德育类、传统节日类、体艺类、科技类、课外实践类等活动项目,让学生通过参与这些实践活动,认识和发现自我价值,发掘自身潜力,有效应对复杂多变的环境,发展成为有明确人生方向、有良好生活品质的现代公民。

3. 运用中提高

学科化、纯理论的课程不利于能力的提升,不利于人文底蕴的积淀。在"美丽人生"特色课程"君子好诗书"中,二师附小的教师编排了"唐诗宋词、人文地理"等篇目,让学生在学习、理解、运用人文领域知识和技能等方面形成基本能力、情感态度和价值取向,掌握和运用人类优秀的智慧成果,涵养内在精神,并丰富人文底蕴。

4. 自主中提升

学生是校园的主人,而不是固化的知识容器,学生只有自主发展、多元发展,才能有效管理自己的学习和生活。在"美丽人生"特色课程"君子有雅志"模块中,在60多项社团和兴趣活动项目里,学校通过引进新造书画会成员、广绣、篆刻、戏剧等优秀传承人、优秀家长、多所大学院校的学生、新造职业中学社团的优秀学生与学校教师共同承担起志趣项目的教学工作,让学生依据自身个性和潜质选择适合的发展方向,让学生的"远大志向"和"高雅爱好"在活动中自主发展、自主提升,为学生奠定担当责任的身心和能力基础。

六、课程评价

要发展学生核心素养,培育二师附小现代君子,就必须改革评价方式,不能再用纸笔考试来评价校本课程实施的效果,而需要关注过程,即关注学生行为习惯的改变,关注学生人生态度的变化、处事方式的变化,制定可操作、可观测的评价标准,为培养学生的核心素养把好最后一道关口。如图1所示,特色课程中"规矩""学识""志趣""行动"四大模块分别对应的是学生的礼仪举止、知识内涵、爱好才艺、实践能力。为了更好地开展特色课程,激励学生全面发展,学校分别设立"优雅之星""好学之星""才艺之星""实践之星"四个奖项,在学期末由班主任、任课教师对每个学生在四大课程模块中的表现分别进行等级评定(综合结果共分为A、B、C、D四个等级,A为优秀,B为良好,C为及格,D为不及格)并颁发星星以示奖励,经过班级、年级、校级三个层级向上层层筛选之后,获得最多"A"的学生将被选为"现代君子"。通过改变评价方式,学校进一步优化了"美丽人生"校本课程的实施。

校本课程来源于本土,来源于学生生活实际,具有生成性、灵活性与针对性。在新一轮课程改革中,二师附小将沿着发展学生核心素养的方向,不断加大对"美丽人生"校本课程的建设力度,充分发挥"美丽人生"校本课程的育人功能,让二师附小的学子在新造这一片智慧创新城上"立上品之志,展君子之风",谱写二师附小积极践行核心素养的新篇章。

"闪光人生"素养课程的建构与实施[①]
——以广州市荔湾区东沙小学为例

吴瑜卿

一、学校简介

广州市荔湾区东沙小学（以下简称"东沙小学"）是"一校二区"，由金宇花园和沙洛村校区构成，现共有 23 个教学班，学生 865 人，在编教职工 53 人。总体说来，学校师资力量雄厚，教学水平较高，资源配置严格落实了国家标准化建设标准。荔湾区东沙小学始终坚持"促进师生个性健康终身发展"的办学理念与"人人都发展、个个都精彩"的办学思想。在新常态的教育改革中，为落实 2014 年颁布的《教育部关于全面深化课程改革 落实立德树人根本任务的意见》和荔湾区教育局关于"抓安全、抓规范、抓质量、创特色、创品牌"的工作部署，坚持注重基础、尊重个性、强化素质、聚焦能力的课程改革原则，提出"闪光人生素养课程建构与实施方案"。

二、课程建设的目标体系

1. 价值定位

东沙小学建校至今始终以扎扎实实"促进学生的全面发展，提高学生的综合素质"为己任。进入 21 世纪，东沙小学与时俱进，提出了"促进师生个性健康终身发展——为闪光人生奠基"的办学理念。那么，怎样实现"奠基教育""闪光教育"理念呢？经过

[①] 本文完成于 2019 年 5 月 5 日。

不断地思考，我们逐渐认识到，教育教学必须厘清什么是人生最有价值的、最闪光的东西。

传统的书本知识和技能固然重要，但是在人的生活与工作的实践中，这些书本知识有多少得到了应用？为人生成功、人生幸福创造了多少基础？闪光人生、人生幸福到底与这些知识的多少有何关联？是什么造成了人生的失败、痛苦与困惑？作为一个成功的、闪光幸福的社会成员，其核心要素到底是什么？大量实例表明，人类社会已经进入信息化、国际化、城市化时代，传统的书本知识和相应的专业技能教育不可能为人生成功提供保证。因此，要高度重视构建闪光人生的"健康素养、人文素养、科学素养、艺术素养、实践素养"课程体系。基于以上认识，在实践中，东沙小学确定将三级课程共同指向幸福闪光人生的核心目标。

2. 核心理念

东沙小学的办学理念"促进师生个性健康终身发展"要在课程之中充分展现，必须首先明了何为"做闪光的我"，幸福闪光人生的内涵是什么，教育对人生的影响是什么，怎样通过课程为幸福闪光人生奠基。这是东沙小学核心理念必须阐释明白的大问题。

"闪光"就是指每个人自身（先天或后天训练的能力特点）具备的优点或特长。每一个人都是独一无二的，所以必须承认差异、照顾差异、尊重差异、发展差异。基于这一理念，学校对"做闪光的我"理解为"人人都不同，个个都发展，位位都精彩"，并以最好的小"我"，发展集体、社会的大"我"。这更是幸福闪光人生的内涵所在，即在日常生活学习工作中发展自我、服务大家、体验幸福。学校课程建设就要为幸福闪光人生做好奠基、起到教育的作用，让学习者通过教育获得五大项幸福闪光人生素养。

心动不如行动，首先，如果凡事都以尊重、平等、互助、健康的心态与人共处，那么人生一定幸福满满。幸福是以身心健康为基础的，一个没有身心健康的人可能长期生活在痛苦中，难以体会到幸福人生的意义，故健康素养是基础。其次，幸福也是一种伴随人际交往能力而带来的乐群体验，人的社会性是人重要的本质属性。一个生活在社会中的个体，其人际交往能力以人文素养为基础，人格尊严、精神自由、人权体现、社会规则、待人接物修养等都是人文素养的基本内容。再次，幸福更是以创造性劳动获得丰衣足食为基础的。物质丰富不是幸福人生的唯一条件，但一个没有生产实践能力的人只能生活在贫困中。尤其在现代科技高度发达的社会中，要想掌握科学技术并通过生产劳动获得物质财富，就必须具有科学素养。最后，人还有审美艺术的需要，单纯的物质生活不是人生的全部，因此必须具备审美艺术素养。

"闪光教育"即促进每一个学生个性化地灵动发展，以此建设学校文化功能，即教化，人是"人文化成"的产物课程体系。

3. "闪光教育"解读

（1）时代特征。

"互联网+"时代，人类知识生产、创新、储备、传播、应用的方式已经发生了前所未有的变化。这是教育改革的文化背景，也是学生成长的时代特征。要满足学生全面发展的需要，关键在课程。当今的学校课程建设，既面临着海量知识的选择、加工、组织、整合的考验，也面临着多元文化价值的碰撞、冲突、渗透、融合的挑战。教育是为明天培养新生代文化人的事业。"闪光教育"课程体系建构，促进学生个性化灵动发展，正是基于这一时代背景和发展方向的必然选择。

（2）课程变革。

课程的本质是文化构建。课程体系建设，是遵循儿童认知发展规律，根据人类知识内在逻辑和它的育人价值，有目的有计划地选择和组织教学内容，以此构建完整的知识学习体系。课程教学，就是通过训练学生的知识认知能力，引导学生自主实现知识构建的活动。"互联网＋"时代，构建以"闪光教育"为特征的课程体系，是适应课程变革与教师专业发展总趋势的客观要求。

（3）个性发展。

不同时代的学校课程体系，都是这个时代的一种最适合学生学习的最有实用价值的知识整合，满足不同时代的儿童成长和发展的需要，是推进课程建设和变革的根本目的，也是学校特色课程建设的出发点。儿童发展同时存在共性和个性，它要求学校课程体系建设既要符合儿童共性发展的要求，也要满足不同儿童个性发展的需要。在开足国家课程、地方课程的基础上，以"闪光教育"特色开发校本课程，是促进每一个学生个性化灵动发展的重要基础。

4. "价值追求"解读

学校建设"闪光教育"，开启教育发展新航程，旨在促进师生共同成长，让教师因多彩文化与闪光教育的浸润成为德有修养、学有品位、梦有追求的人生向导，让学生在多彩文化与闪光教育的陶冶下成为心性向善、阳光活泼、求真爱美的中国少年。

（1）营造育人环境。

小学教育要为学生德智体美劳全面发展奠定基础，必须营造丰富多彩的学校文化环境，搭建多维展示台，创造展示的机会，进一步体现学校办学理念"人人都发展，个个都精彩"。建设多彩文化，践行"闪光教育"，有利于改变以书本知识为主的单调文化色彩，改变以行为规范为主的硬性要求，改变以课堂说教为主的德育传统。这既是对学校办学特色的感悟与践行，又是一种育人模式的创新，更有益于学生身心成长。

（2）促进师生共同成长。

建设"五园"文化，践行"闪光教育"重在促进师生共同成长。学校的多彩文化闪光教育，充分展示当今文化的多元性特征，深刻关切学生个性发展要求，其核心是课程、价值、情感，以此促进学生养成文明习惯、敬畏文化魅力、感受师道尊严、增长人生智慧。教师是教书育人的主体，也是多彩文化闪光教育建设的主体，凸显多彩文化教育价值，要求教师不断改造自己的知识结构和能力结构，在满足学生灵动发展的实践中促进自己成长。

（3）凸显价值追求。

建设多彩文化"闪光教育"，丰富学校课程，以满足学生个性特长发展为目的。多彩文化"闪光教育"的育人功能必须通过课程体系来实现。学校课程体系包含向善的人文、求真的科学、求美的艺术，以成就学生"做闪光的我"在特长培养上进行个性化的自主选择。各层次、学段、学科课程的价值评价，均以能否培养儿童的真、善、美三大核心素养为标准。以凸显教育价值为目的，在多彩文化"闪光教育"课程体系建设原则上，学校坚持内容丰富而不零乱，情趣纯朴而不低俗，体系完整而不繁难，特色明显而不奇异。

5. 课程建设的出发点

学校课程建设的出发点是在满足学生个性健康终身发展的基础上，奠定学生幸福闪光人生必备的素养。

6. 课程目标

学校的课程目标是教给学生幸福闪光人生必备的素养，为学生"人文素养、健康素养、科学素养、艺术素养、实践素养"的形成奠定基础。

7. 育人目标

学校的育人目标是把学生培养成为有爱心和责任感，爱学习、乐实践、勇创新的闪光少年。

三、课程建设路径

（一）课程建设指导思想

1. 为学生搭建发展平台

通过"闪光人生素养课程"的建设与实施，减轻学生的课业负担，为学生搭建人文、健康、科学、艺术、实践五种闪光素养的发展平台，给学生创造一种幸福闪光的学习生活。

2. 为教师的发展铺设道路

为教师课程建设能力、教学研究能力、课堂教学实践能力等方面的发展铺设道路，让教师成为闪光的创造者、研究者、播种者。

3. 构建东沙文化特色

学校构建具有东沙文化特色、符合孩子多元发展的闪光人生素养课程体系，让幸福闪光充满校园。

（二）课程建设的原则

1. 全面性原则

课程设置基于国家和广州市有关政策，体现义务教育的基本性质，遵循小学生身心发展规律，适应社会进步、经济发展和科学技术发展的要求，为学生的持续、全面发展奠定基础。

2. 特色性原则

课程设置坚持以校为本。根据东沙小学的学生和教师实际，提高国家课程的执行力，实现国家课程的校本化。要以"国际视野、科学思维、战略眼光"来规划建设课程，发挥学校的优势，彰显学校闪光素养教育特色。

3. 综合性原则

学校加强课程的综合性。各门课程都应重视学科知识与学科能力、社会生活与学生经验的整合，改变课程过于强调学科本位的现象。注重学生经验，加强学科渗透，着力规范、强化综合实践活动，有机整合信息技术教育。

4. 选择性原则

学校加强课程的选择性，以"全面提高全体学生素质、发展学生个性特长"为目标，鼓励教师发挥创造性，开发促进每一位学生发展的课程，让课程关注到每一位学生的发展。

（三）课程建设的思路

"闪光人生素养课程"是把培养学生感受和创造幸福、成功的能力作为目标的一种课程，是为学生"人文素养、健康素养、科学素养、艺术素养、实践素养"的形成奠定基础的课程。我们需要回答的问题有如下三点。

一是为什么教（办学目标）：促进师生个性健康发展。

二是教什么（课程建设）：开发闪光人生素养课程，教给学生"闪光人生幸福必备的素养"。

三是怎么教（课程实施）：创造高效的课堂，带给学生"幸福的学习经历与体验"。

为学生的幸福闪光人生奠基既要着眼于学生一生的幸福，又要考虑学生当下的幸福。要通过课程的开发让学生获得一生幸福的本领。要通过课程的实施让学生获得闪光幸福的学习经历与体验。

（四）课程结构体系

将原有课程分类整合后初步拟定为人文、健康、科学、艺术、实践五大学习领域，在每一领域开设学科基础、活动拓展两类课程，两类课程直接指向本领域特有的学生培养目标（见表1）。

人文素养培养目标是文化底蕴、着眼语用，围绕目标分设四个模块：人文基础、经典品读、自信表达、国际视野。

健康素养培养目标是尚武厚德、强健体魄，围绕目标分设四个模块：健康知识、身体素质、运动技能、合作交往。

科学素养培养目标是启迪智慧、实践创新，围绕目标分设四个模块：科学启蒙、立思导学、融合生智、创意实践。

艺术素养培养目标是涵养情趣、魅力展现，围绕目标分设四个模块：艺术赏识、审美体验、艺术想象、创作展示。

实践素养培养的目标是阳光心态、知行合一，围绕目标分设七个模块：成长仪式、安全自护、家校互动、常规自主、评价发展、民族节日、爱心互助。

在此基础上，学校统一开设综合性课程，指向学生综合素养的培养，使学生体验闪光幸福的感受，具有创造闪光幸福的能力，从而提升闪光幸福的品质。

表1 荔湾区东沙小学"闪光素养教育"课程安排

学习领域	培养目标	模块	学科基础性课程	年级	课时/周	活动拓展性课程（校级）	年级	课时	活动拓展性课程（年级）	实践探究性课程	活动拓展性课程（年级）实践探究性课程课时说明
人文素养	文化底蕴、着眼语用	人文基础、经典品读、自信表达、国际视野	语文	一	9	诗韵飘香 粤美悦读 （文化艺术节、东小文学社）	一至六	1	学生"双语"大讲堂、英语绘本阅读、传统粤语班……	学科整合课程、项目研究课程、创意实践课程、活动策划课程、表演课程	1. 活动拓展性单周校级、双周年级课程打破年级、班级授课，每周五下午开课；2. 实践探究性课程分五个领域在全校、各年级进行个性实施，每周综合实践课开课
				二	8						
				三至四	7						
				五至六	6						
			英语	一至二	2						
				三至六	4						
			品德生活、品德与社会	一至二	2						
				三至四	2						
				五至六	3						
健康素养	尚武厚德、强健体魄	健康知识、身体素质、运动技能、合作交往	体育健康、心理健康	一至二	4	足球、柔道、田径、篮球、乒乓球、运动会；幸福导航	一至六		花样跳绳、棋类、东小学生心理剧社……		
				三至六	3						
科学素养	启迪智慧、实践创新	科学启蒙、立思导学、融合生智、创意实践	数学	一至三	4	智运会（数学节、科学节、爱科学网）	一至六		智力数学、智趣科学		
				四至六	5						
			科学	三至六	2						
			信息技术	四至六	1	动漫绘图	二至六				

续上表

学习领域	培养目标	模块	学科基础性课程	年级	课时/周	活动拓展性课程（校级）	年级	课时	活动拓展性课程（年级）	实践探究性课程	活动拓展性课程（年级）实践探究性课程课时说明
艺术素养	涵养情趣魅力展现	艺术赏识、审美体验、艺术想象、创作展示	音乐	一至三	2	舞蹈、合唱、粤剧、古筝、民谣、吉他	一至六	1	橡皮泥、创意手工坊、剪纸艺术欣赏……	学科整合课程、项目研究课程、创意实践课程、活动策划课程、表演课程	1. 活动拓展性单周校级、双周年级课程打破年级、班级授课，每周五下午开课；2. 实践探究性课程分五个领域在全校、各年级进行个性实施，每周及综合实践课开课
				五	2						
				一、六	1						
			美术	一至二	2	剪纸、书法、泥塑、艺术节	一至六				
				四、六	2						
				三、五	1						
实践素养	阳光心态知行合一	成长仪式、安全自护、家校互动、常规自主、评价发展、民族节日、爱心互助	综合实践	一至六	2	小贝壳广播站，师生明德大讲堂，春、秋季社会实践活动……	一至五				

四、课程实施

（一）学科基础性课程的建设与开发

基础性课程主要指国家学科课程，在实践中要以更好地实现国家课程目标为指向，结合各学科特点和教师实际，整合与拓展教学内容，改变教学方式，调整教学时间。例如，语文学科尝试大单元主题教学，进行导读课、精读课、带读课、表达与赏读课"四读课"的模式探索。

1. 整合与拓展教学内容

语文、数学、英语、品德与生活、品德与社会、科学、美术、音乐等学科在确保国家课程有效实施的前提下，对各学科内部重复、交叉的内容进行整合，并在此基础上拓展出有利于学生幸福成长的校本化学习内容。

2. 尝试改变教学方式

东沙小学构筑基于学生学习的教学，力图建立凸显以学生"学"为主的教学方式（见表2）。

表2　东沙小学部分学科课型研究一览表

学科	课型研究情况
语文	"导读课""精读课""带读课""表达与赏读课"等"四读课"的研究
数学	"高效体验式教学""导学案""大问题教学""自主学习教学法"等项目的研究
英语	"自主学习教学法""思维导图法""歌曲小诗 TPR 教学法"等
体育	"情境课"课型的研究；专项教师走班等课型的研究

3. 尝试学生走班、家长与教师合作上课、师生合作上课

语文、英语等学科尝试学生走班、家长与教师合作上课、师生合作上课。

（二）活动拓展性课程的建设与开发

活动拓展性课程指分领域在国家课程基础上自主拓展开发的校本课程，依据学校课程建设目标和本学科的特点以及现实需要，拓展教学内容，开发学科拓展性校本必修课程。其作为学科课程的有效补充，分为年级和校级两类课程。

为了满足学生多元发展的需要，学校充分利用大专院校、社会机构、教师、家长等资源，拓展开发了人文、健康、科学、艺术、实践五大类校本选修课程，建立校本"课程超市"，增强学生对课程选择的可能性，让课程关注到每一位学生的发展，培养学生幸福闪光素养。

学校利用周二至周四下午4：00—5：00的时间统筹协调，要有规划与目标，还要注重不同年级之间的衔接。同时，学校充分利用家长资源、社会资源进行设计、开发。设计规划后，学校进行年级活动拓展课程平台的建设，开设每周1次的兴趣课程。

（三）实践探究性课程的建设与开发

实践探究性课程是在满足学生发展需求、适应学校办学定位的基础上，通过课程选择、课程改编、课程整合、课程拓展等形式，实现整合课程资源，突破学科边界，使各学科围绕内容整合、方式转变和能力提升开展教学，进而带动教学质量整体提升。

课程整合的主要内容包括学科知识间的整合、学科知识与生活的整合、资源的整合以及学习方式的整合。整合有两种设计取向，一是学科取向的整合设计，二是超学科取向的整合设计。

综合性课程是五大领域并举，以综合性课程为核心的特色课程。五大领域的内容有

学科整合课程、主题研究课程、创意实践课程、活动策划课程和项目群探究课程。课程的开发与实施将各学科有机整合在一起，将德育和教学有机整合在一起，将学校与家庭有机整合在一起，将校内与校外实践有机整合在一起，五大领域的课程实施综合体现五大素养，以打造成特色课程。

1. 学科整合课程

综合化已经成为世界课程改革的一个重要发展方向，既是此次改革的重点，又是难点。面对现行学科过于分化的现象，学校提出"'全息式'跨学科课程整合计划"，从培养学生对事物的整体认识这一目标出发，拟选择各学科知识的交叉点，开展全息式教学，使学生在同一单位教学时间内，全面、立体、多角度、全方位地开展学习。

同时，学校还将开展"主题整合周"活动，各学科教师找准教材结合点，各年级每学期确定两个主题开展实验，围绕主题让学生在实践中学、在合作中学、在探索中学，有效提高课堂效率和学生的综合能力。

在主题整合课的基础上，学校进一步开展学科之间的有机整合，尝试将信息技术与专题教育整合为一门相对独立的学科，即信息技术和专题教育互为载体。学校在对学生进行安全自护、环境与可持续发展、毒品预防等教育的同时，提高了学生信息技术的运用能力。

2. 主题研究课程

跨学科开设综合课程，有利于提高学生的问题意识和研究能力。因此，东沙小学自主开发了主题研究等综合性课程。

主题研究课程以不同主题为载体，以合作探究为核心，以实践活动为载体，以创新发展为目的，以研究性学习为实施方式，以过程评价为尺度，围绕"五种幸福素养"的培养，设置"走近文学""走近科学""走近体育""走近艺术""走进社会"等学习板块，通过对相同主题的共同研究和学习，让学生带着任务去学习和实践，培养学生的研究意识，提升学生的综合能力，最终使得学生能够全方位、多角度地运用所学的知识以及借助自身已有的各种经验进一步强化和提升自己的综合能力。

综合性课程的开发提高了学生综合应用所学知识解决实际问题的能力。

3. 创意实践课程

创意实践课程将跨学科知识和学生感兴趣的问题，以实践活动的形式统一起来，做到单一学科知识和跨学科知识、课内与课外、校内与校外、学校与家庭结合，分学科、分阶段、分年级对不同学生进行创意实践课程的开展，以"有创意的活动实践"为载体，通过运用创意设计、创意制作、创造发明等方式，培养学生的创新意识、创新精神、创新能力，提升学生的综合创新素养，让学生在实践活动中获得综合素质的提升，促进学生身心和谐发展。

4. 活动策划课程

活动策划课程是实践性很强的课程，是以特色活动为载体，在课程实施过程中，力图以策划能力培养为重点，理论联系实践，通过组织教师和学生参与各类活动的策划实施等内容来进行基于过程的课程开发与设计。这个"学用结合"的课程，可以培养学生的领导力、组织力、统筹能力，发扬学生自主精神，将过去的参加活动变为参与活动全过程；带着理性的思考来参与活动前、中、后三过程，潜移默化地培养学生良好的道德品质与素养。

因此，学校把"礼仪""节日"等主题德育活动，以及"体育嘉年华""基地实践""志愿服务""大课间""快乐无间"等活动纳入课程管理，逐步规范。在活动中，学生发展了自我的兴趣爱好，锻炼了技能，发展了专业特长，不仅活跃了校园生活，还能由此锻炼良好的观察力、记忆力、思维力、注意力和表现力。

5. 项目群探究课程

项目群探究课程是东沙小学基于课程改革中关于学科实践活动中如何让课堂走向生活，如何培养一个具有创新精神和实践能力的人，教育从根本上培养一个什么样的人等三方面进行的深入思考。杜威提出教育即生活、学校即社会、做中学等教育主张。儿童的发展就是原始的本能生长的过程，生长是生活的特征，所以，教育就是生长。从教育的本质出发，教育的本质是让人幸福地生活，所以教育要面向生活并回归生活的社会。从生命的成长建构出发（感知—认知—体验—实践—生成），儿童眼中完整世界的建构需要在实践中完成。在这种依据下，东沙小学提出PDC理念，即Project（项目）、Drive（驱动）、Create（生成）。其中，驱动指欲望和兴趣、实践和体验、思维和意思，生成指经验与技能、素养与情感、态度与价值。PDC是一种理念，更强调的是一种育人观念的转变，通过项目驱动方式达成育人目标，让孩子完成对生活和世界的价值建构，成为一个具有生存和生活能力的幸福的人。PDC理念，是用项目实践方式激活一个人、改变一个人、发展一个人，是思想的革命，是理念的转变。为了实现PDC理念，学校必须选择一个有效载体。通过学校、家庭、社会三条途径及从孩子成长所涉及的六大方面（发现自我、了解自然、探秘科学、解读人文、回归生活、体验社会）出发，东沙小学完成项目群课程的整体构建（见表3）。

表3 东沙小学综合性课程开设一览表

课程名称	实施安排
学科整合课程	1. 定点、定人重点实施； 2. 信息整合在4~6年级实施
主题研究课程	1. 根据主题可以确定全校或年级实施； 2. 学科内在日常教学中实施
创意实践课程	1. 全校科技节、体育节、艺术节实施； 2. 德育活动、传统节日实施
活动策划课程	全校各年级按方案实施

五、 课程改革评价

第一，建立定量与定性相结合、静态与动态相统一、互评与自评相结合的，有利于学生发展、教师发展、学校发展的，多元、全面、系统的综合评价体系。

第二，特别关注学生综合素质评价体系的建设。学校强调激励，促进发展，创造各种机会，运用多种方式，发现并展示每个人的闪光点。这一评价体系激励学生乐观向上、自主自立、努力成才；坚持多元评价，多几把评价的尺子，就多出一批好学生；做好学校"闪光之星奖"的评选工作。

第三，围绕学生发展目标，以课程、管理、教学、教师、资源、文化六大系统作为诊断评价对象，研制"校本化"的自我诊断与评价指标体系，并研发相应的科学合理、全面客观、使用简便的诊断评价工具。学校不断研究对校本课程开发与实施效果的评价，研究对校本课程课堂教学的评价，研究对学生综合素质的评价，制定"东沙小学教师校本课程开发与实施评价表""东沙小学校本课程课堂教学评价方案""东沙小学校本课程学生学习情况评价表""东沙小学校本课程建设与实施质性评价单"，并探索学分制在小学的实施方法。

第四，充分发挥评价的反馈调节功能，使外部质量监控和学校内部不断追求课程质量的完善相结合，促进课程建设与课程实施。学校定期对执行课程的情况进行分析评估，针对问题调整课程内容。学校鼓励教师在自评的基础上，诊断、发现学校课程设置与实施中的不足，使学校课程日臻完善。

第五部分

地域特征特色课程

清水教育课程建构与实施[①]
——以广州市越秀区清水濠小学为例

许晶云　容礼

一、学校简介

广州市越秀区清水濠小学（以下简称"清水濠小学"）是一所百年老校，原名清水濠第一小学，创建于1904年，于2003年7月与清水濠第二小学、丽水坊小学合并而成。

学校现有校长1名、副校长2名，均是本科学历、高级职称；教学班38个，学生共1 738人；教职员工74人，全部具有大专以上学历。

学校悠久的历史、文化传统，孕育出"起于至实，止于至善"的办学理念，即清水教育的办学哲学。这一教育哲学喻生命为水，认为人拥有水般的品行则是至实、至善；教育应该像水一样，以各样形态至上善行，引导帮助学生自主发展，使各有特点的学生犹如一颗颗鹅卵石在水中千姿百态。

如水般的"柔性教育""至善至实"的校训和"道法自然、大器晚成、大音希声"的价值观构成学校的"清水文化"。它以"必清式基础课程""甜润式修德课程""自泳式展能课程"，构建起清水课程体系与乒乓球特色、围棋强项，共同承载起"人人像清水样至善至实"的培养目标。

[①] 本文写于2019年5月5日。

二、清水教育课程的背景

2003年，三校合并之后，学校的办学条件得到全面改善，达到省一级学校的标准，并于2005年被评为广东省一级学校，这为学校带来了崭新的发展机遇。面对机遇与挑战，如何以学校教育哲学为引领，走出一条品牌化发展之路，成为清水濠小学要解决的关键问题。于是，从"学校即甘泉，学校即文溪"的启示出发，为了让清水濠小学成为一条奔腾不息的"甘泉""文溪"，让这条"新渠"中的每一个人，畅饮到更多增进身心健康发展的"清泉"，清水濠小学决定挖掘水文化的教育意蕴，开创出清水一样的教育生活。结合学校的历史文化传统以及学校教师团队对教育的认识和思考，最终凝练为"起于至实，止于至善"的清水教育哲学，并构建起全面提升学生核心素养的清水教育课程体系。

（一）清水教育课程的提出，源于对素质教育的重视

学校2003年合并后，抓实了三件大事：在继承中稳定教师队伍，在发展中厘定"一训三风"，在创新中完善办学思想。2006年，学校将自己定位为一所清泉般有内涵、有特色、有成就的品牌学校，用实际行动将实施素质教育作为学校发展的历史使命。

有内涵，就是有主宰学校的精神文化。清水濠小学100多年的风雨历程，积淀了宝贵的精神文化，成为学校之"魂"。学校开创者倡导"求是"精神，奠定了学校精神文化的基石。在此基础上，清水濠小学提出以"善实"为核心的"清水文化"，就是要让"起于至实，止于至善"的精神深植师心，成为为师者、为学者的价值取向和行为准则。在这一精神引领下，学校越发有内涵，有明确的办学理念，有共同的价值追求和独特的学校文化。

清水濠小学以"至实"为校训，就是要培植实在做人、实地做事、实践求索，且拥有水般品性、泽被万物不争名利的"求是"精神，培养踏实学习、不懈探索的人，培养懂得"实至"才能"名归"，进而追求真正的学识、本领及功业的人。

清水濠小学以"至善"为校训，就是要追求真善美，培养与人为善、从善如流的人，培养善爱而感恩、善容而大度、善学而全面又富个性的人。这样的人，才能拥有以卓越为核心要义的至高境界的追求，才能在自我发展中体现出人性的大真、大爱、大诚、大智。

由此，清水濠小学全体师生秉承"至实至善"的校训，高扬着"实事求是，善利不争"的"求是精神"，沉浸于"起于至实，止于至善"的教育生活之中，进而呈现出"真诚、友爱、活泼、向上"的校风，"有教无类、循循善诱"的教风，"多思、好问、勤练"的学风，全面提高学生的素质教育。

（二）清水教育课程的设计，聚焦核心素养，落实立德树人根本任务

清水濠小学一直跟随着国家课程改革的步伐不断修正自己的发展目标，聚焦核心素养，引领学校课程改革、学生发展与学校发展，打造"清水品牌"。清水濠小学的发展目标是在文化创建、教师培育、项目打造中呈现泉润生命的教育样态。

其一，创建独特的"清水文化"，形成"泉润生命"的标识系统。学校文化是学校办学理念、办学目标、学校传统、学校规范制度的总和，是校风校貌的综合体现。学校文化建设是学校树立形象、提升品位的需要，是建设高品质校园生活的必然要求，是学校生存发展的生命线所在和活力源泉。在"清水教育"学校教育哲学引领下，"清水文化"主要从"水之魂、竹之诗、球之韵、棋之品"四个方面来体现，并通过学校文化标识系统的建立，来树立学校良好的个性形象，使学校形象具体到切实的视觉符号，从而更易被社会所接受、认可、欣赏。

其二，培育独特的"清水教师"，铸成"泉润生命"的优师群体。一所学校的好坏，取决于这所学校的教师群体是否优质。清水濠小学要培养一支优质教师队伍，成为有思想、有绝招、有绩效的"清水之师"。学校让"有思想"根植于每位教师心中，成为他们的信念与追求，让他们因为有思想而提升教育品质，进而培养出有思想的学生；让他们因为有思想而不断超越，自觉提升，锻造自己的教育教学绝招，最终形成自己独特的教学风格，拥有自己的独特见解；让他们因为有思想、有绝招，而拥有水样滋育学生的能力，从而有利于学校教育质量的提升，有益于学校的长远发展。

其三，打造独特的"清水项目"，生成"泉润生命"的品牌效应。拥有自己的品牌项目，是一所学校成功的标志。打造学校品牌，应潜心经营"传统优势项目"和"潜在发展项目"。学校的乒乓球教育传统项目已上升为"球之韵"优品项目，是清水濠小学传统的办学特色。"球之韵"包含两层含义：一是充满球韵的学校，就是以乒乓球为载体，以球育人，以球促发展，培养学生刻苦、拼搏、合作、善思的品格；二是充满健康的学校，就是把"球韵"之"刻苦、拼搏、合作、善思"的元素演绎于学校各项教育教学活动中，并延展出"甜润式修德课程""自泳式展能课程"等办学特色，使人文精神与科学精神的教育得到融合，让全体师生有着积极健康的人生态度和热爱生命的气质，有丰富的想象和创造，获得超越自我的素质和力量。在这些特色的基础上，清水濠小学形成以"清水教育"为品牌的办学特色。

（三）清水教育课程的提出，继承了本地文化与办学的历史，符合学校在新时期自身发展的需求

三校合并之后，学校对自身的优势和劣势情况进行了全面分析（见表1），认识到只有抓住全新的机遇，面对全新的挑战，才能促使学校有全新的发展。

表1　清水濠小学学校发展情境SWOT分析表（2005）

学校组织发展的优势	学校组织发展的劣势
1. 硬件一流，为学生的全面发展提供了有利条件。 2. 良好的教师团队氛围已逐步形成。 3. 明确的办学精神和鲜明的办学特色为学校的发展注入了灵魂和活力。 4. 教师整体素质高于合并前，学科发展比较均衡。 5. 良好校风初步形成。 6. 生源得到较大改善	1. 课堂有效教学有待进一步提高。 2. 名教师和学科带头人不多。 3. 现行的教育体制和管理机制制约着教师的进一步流动和优化，无法很好解决教师职业倦怠的问题。 4. 教育以外的杂事任务太多，影响教师潜心教育和教学
外部环境的发展机会	外部环境的威胁
1. 随着《国家中长期教育改革和发展规划纲要》的出台，政府和人民对教育越来越重视，对教育的投入也越来越大，这就为学校的发展提供了机遇。 2. 全区小学刚换届完毕，很多学校面临一个磨合期，这对学校而言，则是一个发展的机会。 3. 学校口碑越来越好，得到越来越多的家长和中学的认可，被教育部定为全国中小学校长培训基地，有利于和更高水平的校长交流学习，更有利于学校的发展	1. 综改工程使到全区无弱校，特别是学校所在这一片，学校密度大，生源每年减少，学校之间竞争势必更加激烈，学校面临严峻挑战。 2. 家长对孩子过高的期望值和对名校的追求，使学校倍感压力。 3. 教育部门出台新政，要求逐年减少择校生比例，直至最后取消。这将使学校面临生存危机

由此，清水濠小学确定办学思路为：先继承，后发展，再创新。

1. "清水濠"之名，承担着历史文化的积淀，是甘甜的文化意象

清水濠，如今只是民居小巷，人们只能在考古发掘中窥见其真容，但是，它所显示的广州海上贸易经商的繁华，"六脉交错"的辉煌，所见证的广州城市发展的沧海桑田与历史变迁，尤其是那"开渠引泉""倚溪娱乐"的风景，无不彰显出其曾经的价值与辉煌，并已得到大家的认同。

从三国东吴广州刺史挖渠引白云山泉水而成就民众心中的"甘溪"，到后来因不断拓宽而船来船往，成为宋朝的"文溪"，再到元明两代诗人在"文溪"南段的清水濠附近雅集吟诗，并成立了著名的南园诗社，清水濠满身甘甜与文气。此地曾被尊称为"聚贤街"，且与清水濠一直沿用至今。可以说，"清水濠"这个名字本身就是历史文化的积淀。

这启迪清水濠小学：学校正如"甘溪""文溪"，其教育便是那清甜的溪水，持续不断地滋养着畅游其间的每一个人。

2. "求是"精神的继承与发展，造就了"起于至实，止于至善"的"清水教育"

合并前的清水濠第一小学倡导"求是"精神。"求"，意为追求、探究；"是"，意为真，引申为真谛、规律、本质。"求是"，即探究自然、社会和人本身运动（活动）的奥

秘、规律，更指追求真理的科学态度、科学精神。清水濠小学继续发扬"求是"精神，致力于实在做人、实地做事、实践求索。

"至实"是现代社会对人的发展要求，即实事求是，尊重科学，按规律办事，讲求实力。"不唯书、不唯上、只唯实"，讲的就是这个道理。学校以"至实"为校训，就是要培植实在做人、实地做事、实践求索的精神，培养懂得实至才能名归，进而追求真正的学识、本领及功业的人。"至实"是对"求是"精神的一种继承和发扬。

"至善"出自《大学》："大学之道，在明明德，在亲民，在止于至善。"古希腊哲学家苏格拉底说："教育的目的，在于培养美德，使人至善。"学校以"至善"为校训，就是要倡导追求真善美的执着精神，就是要培养与人为善、从善如流的人，培养善爱而感恩，善容而大度，善学而全面又富个性的人。这样的人，才容易立足社会，成就自我。"至善"是对"求是"精神的一种丰富和发展。

《道德经》有言："上善若水。水善利万物而不争，处众人之所恶，故几于道。"最善的人像水一样。《道德经》又言："天下柔弱莫过于水，而攻坚者强盛。"其义为：最实在的人应该像水一样，低调内敛、谦虚谨慎、大智若愚，要有"海不辞水故能成其大"的气魄，懂得团结协作、积少成多、厚积薄发。

所以现在清水濠小学的培养目标就是"人人像清水样至善至实"。

三、清水教育课程的设计

（一）整体课程的设计

国家课程和地方课程，遵循课程标准而实施，是学校建设课程的前提，但是每一所学校的学生具有不同的特点，培养目标也各有不同，这就使得国家课程和地方课程的实施应具有校本化的特点。尤其校本课程的开发与实施更是服务于学校的特色发展，服务于学生的个性发展。因此，清水濠小学致力于建设与"清水教育"匹配的学校整体课程。在建设课程的过程中，清水濠小学注重学校整体课程的校本化设计。

1. 以理念引领清水濠小学的课程建设

基于"清水教育"学校教育哲学，"清水课程"理念为：开渠引泉化课程，润泽生命扬风采。

"开渠引泉，润泽生命"的行为，显示的是人们对于泉水的需要与渴求，而是否能开好渠并引来泉水，意味着这种需要与渴求是否得到满足。学校课程一旦像甘泉，学生不仅需要之，更渴望能依靠犹如泉水般的课程润泽生命，进而张扬个性风采，成长为可持续发展之人。也就是说，清水濠小学创生课程犹如开渠引泉，教师与学生开挖出一条条"特定的文溪"，激活一渠渠"甘甜的清泉"，进而畅游其中，啜饮着甘泉般的课程营养，享受着生命的润泽之乐。

2. 以结构呈现清水濠小学的课程逻辑

从"人人像清水样至善至实"的培养目标出发，清水濠小学把学校整体课程分为以下三大类。

第一类：将国家课程和地方课程称为"必清式基础课程"，包括语文、数学、英语、体育、音乐、美术、科学、品德与生活/社会、综合实践、信息技术等课程。

第二类：将实施"甜润式修德"的课程称为"甜润式修德课程"，主要包括"水之魂"修德课程、"竹之诗"修德课程、"球之韵"修德课程、"棋之品"修德课程。

第三类：将促进学生个性发展的课程称为"自泳式展能课程"，主要包括"二课堂"展能课程、"清水节"展能课程、"小水滴"展能课程、"清水桥"展能课程。

由此，清水濠小学形成了"清水课程"的校本化结构。其整体架构如图1所示。

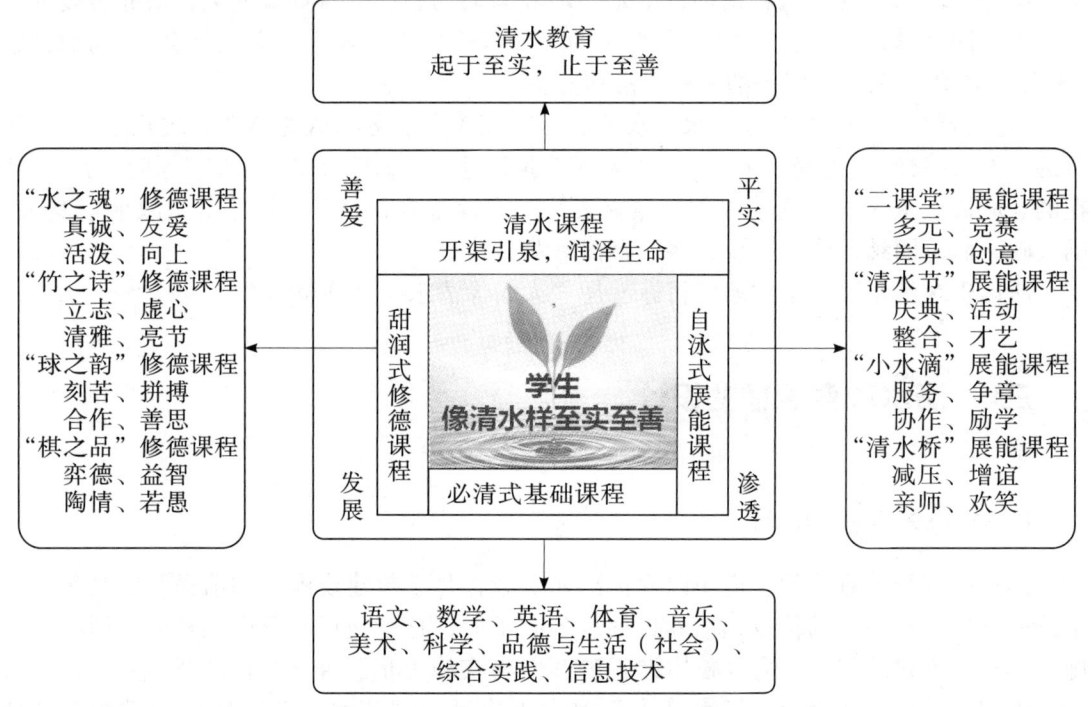

图1 清水濠小学"清水课程"架构图

（二）特色课程的框架

清水濠小学的学子能够"像清水样至善至实"，是在修德与展能中修炼而成的。"甜润式修德课程"主要聚焦于引领学子"甜人润己"，即在与他人的互动中使人更甜美，又使自我生命得以润泽；"自泳式展能课程"主要聚焦于引领学子"自能多姿"，即在培养学习兴趣和展现特长爱好的过程中自我发展，从而展现出多姿多彩的发展态势。

1. 以"甜润式修德课程"引领学生"甜人润己"

清水濠小学从"水即生命""生命若水""教育即水"出发，认为学校德育的目的在于"育人德行，如水立世"，小学生要拥有像水一样至实至善的品质，要像水一样清澈而"甜人润己"，并由此提出"德甜人心，润化德行"的"甜润式"德育理念。基于这一理念，"甜润式修德课程"主要以"水之魂、竹之诗、球之韵、棋之品"四大课程引领学生修德正行，进而享受"清水"般的品质生活，践行"清水"般的品性。

"水之魂"修德课程，主要是引领学生"真诚、友爱、活泼、向上"。即活化清水文化，化其为"水之魂"修德课程。

"竹之诗"修德课程，主要是引领学生"立志、虚心、清雅、亮节"。即美化校园文化，化其为"竹之诗"修德课程。

"球之韵"修德课程，主要是引领学生"刻苦、拼搏、合作、善思"。即活化乒乓文化，化其为"球之韵"修德课程。

"棋之品"修德课程，主要是引领学生"弈德、益智、陶情、若愚"。即活化围棋文化，化其为"棋之品"修德课程。

2. 以"自泳式展能课程"培养学生多才多艺

游泳是男女老幼都适宜的一项体育运动，它既可锻炼和健美身体，又可陶冶情操、磨炼意志，培养人同大自然搏斗的拼搏精神。清水濠小学将学校的第二课堂活动、节庆活动、小水滴服务活动、网络化师生交流活动等合称为"自泳式展能课程"。也就是说，这一课程是基于学生个体的差异性，设置丰富多彩的多元活动，引导学生沉浸其中，兴致盎然地自主活动，犹如自由自在地游泳一样，自我习得游泳本领，更享受自在有为的乐趣。

"二课堂"展能课程，主要是通过"多元、竞赛、差异、创意"的第二课堂活动，引领学生发展兴趣，扬长展能。

"清水节"展能课程，主要是通过"庆典、活动、整合、才艺"的清水节（主要包括体育节、艺术节、科技节）活动，引领学生在主题化节庆中展能扬长。

"小水滴"展能课程，主要是通过"服务、争章、协作、励学"的小水滴争章活动和小水滴服务队，展现学生的能力和服务协作精神等。

"清水桥"展能课程，主要是通过"减压、增谊、亲师、欢笑"的网络化师生互动平台，让教师博客成为教师帮助学生成长、学生发现教师魅力的桥梁，实现爱生亲师的效果。

（三）"甜润式修德课程"的目标内容

1. "水之韵"的修德课程

清水濠小学开发与实施"水之魂"修德课程，是以"清水之魂，化养德行"为理念而进行的。"清水之魂"，即"起于至实，止于至善"的思想，以其化育与培养学生，意在让每一个学生都能认识到"为人、做事、成才"需要从"至实"处起步，并不断地奋斗，才能在不断地进步中成长为日益完善的人。而拥有"真诚、友爱、活泼、向上"的思想、意识与行动，正是清水濠小学的学生将"清水之魂"化养于德行的体现。

清水濠小学"从像清水样至实至善"的培养目标，包括"真诚、友爱、活泼、向上"四大品质，每一样品质都分解为低、中、高三大学段的指标，并作为校风显现于学校的教育生活之中。

表2 清水濠小学"水之魂"修德课程之"学风化德"课程概要

品质	年段指标		
	低年段（1、2年级）	中年段（3、4年级）	高年段（5、6年级）
课程概要	参观校园（了解学校的历史、文化，知道场室的功能和要求）；参观番禺学宫（学礼仪、学传统、学做人）	参观部队（体验纪律、珍惜荣誉）；参观广东省图书馆（懂安静、讲卫生、守纪律）	参观广东省实验中学（树立理想、刻苦学习）；参观越秀区启智学校（培养爱心、愿意助人）

2."竹之诗"的修德课程

清水濠小学认可竹之品格，并将其开发成"竹之诗"修德课程，引领学生"立志、虚心、清雅、亮节"。

3."球之韵"的修德课程

清水濠小学在继承传统的基础上，根据"起于至实，止于至善"的"清水教育"办学理念，赋予它新的内涵，即打破开展乒乓球运动只是为了竞赛和输送运动员的单一局面，把乒乓文化纳入学校课程，在一至六年级开设乒乓球课，有效地推动了乒乓球运动的普及和发展，并把"刻苦、拼搏、合作、善思"的乒乓球精神迁移到学生的学习和生活中，也推动了学校的整体发展。课程名为"球之韵"，属于学校"甜润式修德课程"之一，其核心理念为"银球流韵，童采飞扬"，锻造学生"刻苦、拼搏、合作、善思"的精神。

4."棋之品"的修德课程

清水濠小学开设的乒乓球课程，代表水的动，培养学生刻苦、拼搏、合作、善思的精神，而开设围棋课程，则代表水的静，意在促使学生经由这一课程的学习而得以"弈德、益智、陶情、若愚"。

在围棋课程实施上，一、二年级普及围棋；三、四年级进行三人对赛，集思广益，培养团队精神；五、六年级进行多人对赛，角色定位，培养团队精神。

同时，清水濠小学开展棋类培训活动，并尝试进行围棋与数学结合的课堂教学，都是为了让学生不仅仅学习围棋、乒乓球技术，更主要的是学习其中的知识文化和精神，从而明白"文化的厚度决定技术的高度"这个道理。

（四）"自泳式展能课程"的目标内容

1."二课堂"展能课程

清水濠小学周一下午放学开放所有专用场室，供学生自由活动。场室中放置各种适合学生的学习设施设备，老师只负责管理和提供设施设备，不主动指导学生，也不安排具体活动内容，就让学生自由快乐地玩，让学生在玩耍当中发展兴趣，养成良好的习惯。

2."清水节"展能课程

通过学校的体育节、艺术节、科技节活动，引领学生在主题节庆中展能扬长。

3."小水滴"展能课程

通过"小水滴争章活动"和"小水滴服务队"，让学生强化自己正确的行为，让学生协助学校接待来宾等各项工作,让他们在助人为乐中得到锻炼和精神上的愉悦。

4. "清水桥"展能课程

此类课程让教师博客成为教师帮助学生成长、拉近师生之间距离的平台,构建良好的师生关系。

四、清水教育特色课程的实施

(一)"清水课堂"的实施

清水濠小学的课堂是教师实效教、学生善于学的课堂,教与学犹如涓涓流水般润泽细腻、清新和谐,其所延展的知识是活泼流动的,是不断生成的,并不断地转化为师生读书、做事与为人的智慧。坚持实践与研究相结合,是清水濠小学打造这样的"清水课堂"的思路。

(1)研制与实施"课堂九清评价模式"是促进学生成长、教师专业发展和提高课堂教学质量的重要手段。这一课堂教学评价模式,抓住课堂三要素"教师、教学过程、学生",对课堂评价标准进行确定。教师要做到"包容、兼容、宽容",对待全体学生要"包容";要尊重学生,决不允许讽刺、挖苦、歧视学生,更不能体罚学生。教师对待各种知识要兼容,对待不同观点要宽容。教学过程要体现"浸泡、渗透、自主",既要让学生浸泡在关爱之中,又要让学生浸泡在兴趣之中;既要在课堂教学过程中循循善诱、渐进渗透,又要启发孩子举一反三,牢固掌握最基本的知识和技能;既要体现教师教学自主,又要让学生有自主学习的机会。学生要能够"乐学、愿思、肯练"。

(2)举办"教学花会"活动,则是深化"清水课堂"教学研究的重要举措。每一次教学花会活动,除了建立相应的组织之外,一般而言,其具体工作安排还包括三方面内容:方案制定与动员、各学科评选、总结与奖励。

(3)举行"教育学术节"是清水濠小学深化教育教学研究的一项基本工作。这项工作旨在激发教师的教育理想,提振职业精神,让老师在专业成长的道路上越走越远,让他们的教育教学艺术之花越开越绚丽多彩。

(4)举办"让家长走进清水课堂"家长开放日活动,是清水濠小学让家长了解清水文化特色学校的课堂教学情况,让家长进一步了解孩子在学校的学习环境和学习情况,共同研究、探讨教育教学的情况,取得教育的共识,取得家长对学校工作的支持、配合的重要举措。

(二)"甜润式修德课程"的实施

1. "水之魂"修德课程

(1)"水之魂"修德课程的课堂教学

教师根据校风"真诚、友爱、活泼、向上"四项内容,结合学生的年段特点,分别将校风进行分解并开发形成课程,是"水之魂"修德课程的主要内容,即把"真诚、友爱、活泼、向上"的校风分解成符合各年级学生身心特点的、具体的、可操作的目标，形成德育目标系列，围绕目标进行课堂教学。

（2）"水之魂"修德课程的校外活动课程

学校组织低年段学生参观校园与参观番禺学宫，中年段学生参观部队与广东省图书馆，高年段学生参观广东省实验中学与越秀区启智学校，让学生认识学习生活环境，增强社会实践能力。

2. "竹之诗"的修德课程

清水濠小学认可竹之品格，并将其开发成"竹之诗"德育课程，校园处处以竹子的原型布置校园环境，并建有"竹趣园"，引领学生学习竹子的"未出土时先有节，纵使云处亦虚心"高尚品性，要"立志、虚心、清雅、亮节"。

3. "球之韵"的修德课程

学校把乒乓文化纳入学校课程，在一至六年级开设乒乓球课，有效地推动了乒乓球运动的普及和发展，并把"刻苦、拼搏、合作、善思"的乒乓球精神迁移到学生的学习和生活中，也推动了学校的整体发展。

学校编写的《小小球儿闪银光》分低中高三个学段进行编排：低年段以引发兴趣为主，技术层面的内容安排是"握拍、颠球、徒手推挡、最简单的接发球"，文化层面的内容安排是"知道乒乓球的历史、知道我校乒乓球的历史"；中年段以掌握技术为主，技术层面的内容安排是"接发球、推挡、抽球"，文化层面的内容安排是"了解我校乒乓精神、了解乒乓球的比赛规则"；高年段以巩固提高为主，其技术层面的内容安排是"接发球、推挡、抽球、步伐、比赛"，文化层面的内容安排是"理解知识与乒乓球的关系、了解乒乓球运动员应具有哪些品质"。

学生在学习乒乓球知识和技术的过程中，更主要的是体验乒乓精神和文化，而其他学科也与乒乓球整合，在教学中渗透乒乓精神和文化的教育。学校通过建设乒乓文化长廊，修建乒乓球荣誉室，设计蕴含乒乓特色的校徽、塑像等隐性课程，自编轻快灵动、活泼健美的乒乓球舞蹈和乒乓球操，使学生时刻都能感受到乒乓文化的熏陶和影响。

如今，清水濠小学乒乓球在越秀区一枝独秀，在广东省乃至香港都小有名气。世乒赛在广州举行时，日本记者和岭南少年报记者也都慕名到清水濠小学进行采访。清水濠小学乒乓球运动员不仅球打得好，而且成绩也不错，因此成了区内重点中学所青睐的对象。

4. "棋之品"的修德课程

清水濠小学已开发出《围棋的故事》校本教材。其内容为：第一章，围棋的起源；第二章，围棋的历史故事（李世民"一子定乾坤"、一子解双征、弈秋授徒、顾师言"一子镇神头"）；第三章，棋手的故事（一代围棋大师——吴清源、聂卫平人生九局、陈毅围棋轶事、李昌镐学棋之路、马晓春的棋手故事）；第四章，围棋的礼仪；第五章，围棋的基本知识；第六章，围棋文化（和谐美、创造美、气度美、哲理美、战斗美）。

在围棋课程实施上，一、二年级普及围棋；三、四年级进行三人对赛，集思广益，培养团队精神；五、六年级进行多人对赛，角色定位，培养团队精神。

（三）"自泳式展能课程"的实施

1．"二课堂"展能课程

这样的设计，一是提高场室的利用率；二是让学生的身心彻底放松；三是紧紧抓住学生爱玩的天性，让学生在玩的过程中自觉养成良好的行为习惯等。

2．"清水节"展能课程

清水濠小学的"清水节"展能课程，主要包括体育节、艺术节、科技节等活动，引领学生在主题节庆中展能扬长。这项活动由学校的德育组、艺术组、科技组和体育组牵头，各年级协办，是清水濠小学最高水平的综合性盛会，艺术节或科技节一般都在4~5月举办，体育节一般在12月进行，历时一个月。这三大节庆活动的举办，每个节日都会与不同的目标相结合，通过各种活动塑造孩子的美好心灵。

让体育、艺术、科技节成为德育阵地，即在"三节"期间，让学生看一本相关的书、杂志或报纸，举行一次班队交流会，各班出一期相关的墙报，各班进行一次专题讲座或看一场专题片，学校出一个专题图片展，让"三节"成为学生比学习、比文明、比纪律、比卫生、比创作的德育阵地。

3．"小水滴"展能课程

清水濠小学的"小水滴"展能课程，主要是通过小水滴争章活动和小水滴服务队来体现。小水滴争章活动是由任课老师根据学生日常的表现给学生盖水滴章，十颗小水滴可以换一颗大水滴，学期末根据学生所得的章数可以换取相应的礼品。小水滴服务队是由学生自愿报名，承担帮助中低年段学生的一些日常工作，接待家长或来学校参观的客人，介绍校园文化等，展现学生的精神风貌、服务与协作等能力。此项活动与学生的争章行动相结合，也跟广州市志愿者协会"i志愿"平台合作，完成相应服务可以记录相应的工时，积累到一定的工时可以向志愿者组织申请"优秀志愿者"称号。

4．"清水桥"展能课程

清水濠小学的"清水桥"展能课程，主要是通过教师博客这个网络化师生互动平台，让教师帮助学生成长，让学生发现教师魅力。教师博客的具体做法如下。

（1）教师可以把自己对学生的情感、关怀和自己一天的工作情况写成博文，引导学生看，引起孩子们的情感体验，从而拉近师生的距离。

（2）对表现好的学生、有点滴进步的学生，及时将其事迹写成博文，给予表扬和鼓励，并在班上放给学生看，让孩子知道老师时刻在关注自己、关心自己，从而更加爱老师，更加努力向上。

（3）教师把学生成长的过程中发生的种种事件在博客上讲述出来，整理成"学生成长的故事"，与学生一同分享。

（4）把考试的答案当天就放在网上，并对重点、难点进行分析、解答，满足学生需求。课文的知识也同样处理，这样就让那些在课堂上学得不够扎实的学生有个重温的机会，在学习上也多了一条比较灵活、自主、自由的途径。

（5）对做得好的作业和练习，在网上点评，在课堂上演示给孩子们看。这种激励方式让学生和家长都能看到，所起的激励作用更大。

（6）在网上放一些益智题供学生思考，答对有奖，营造和谐的师生关系等。

这一课程的开发与实施，拉近师生距离，增进师生友谊。教师博客，让学生参与进来，了解老师的工作，了解老师对孩子们的期望和热爱，从而引起情感体验，最终提高教师德育的魅力，达到亲其师信其道的效果。

五、清水教育课程评价

（一）"清水课堂"的"九清评价模式"

课堂教学评价是促进学生成长、教师专业发展和提高课堂教学质量的重要手段，其目的不仅是对教师的课堂教学进行评价，更是激励教师有目的、有针对性地不断学习、改进、提高。如何科学有效地进行课堂教学评价，是现代教学的基本组成部分，它不仅是成功教学的基础，而且是进行各种教育决策的基础。

为打造"清水课堂"，清水濠小学主要研制与实施"课堂九清评价模式"进行评价。这一课堂教学评价模式，抓住课堂三要素"教师、教学过程、学生"，确定课堂评价标准。

表3 清水濠小学"清水课堂"教学评分表

执教者：　　　　班级：　　　　课题：

主体	项目	具体体现	评价要求	分值	得分
教师 26分	包容 12	能宽容待人，对每个学生负责	善待学生，绝不讽刺、挖苦、嘲笑学生，更不能体罚学生	5	
			面向全体学生，提问不同的学生	2	
			教师能尊重学生的观点，学生回答错了也能给予正面鼓励	5	
	从容 8	有实力，有底气，从容淡定	熟悉教材，知识面广，善于处理课堂中生成的各种教学问题	5	
			能自制教具、课件，较熟练地使用电教设备	3	
	兼容 6	兼容不同的思想和知识具有开放性	教学能否与其他学科知识相结合	3	
			是否教授了课文以外的知识文化	3	

续上表

主体	项目	具体体现	评价要求	分值	得分
课堂 39分	浸泡 10	课堂充满关爱和民主，让学生浸泡在爱和知识的海洋中	教师进入课堂精神饱满，教态亲切自然	2	
			教师表述清晰、准确，板书工整	3	
			善于创设教学情境进行教学	5	
	渗透 17	循序渐进，循循善诱，并能够兼顾品德教育	教学目标明确、具体，重难点突出。解决难点的手段多样，照顾学困生的认知水平	9	
			通过学生的学习反馈，及时调整教学节奏和方法	5	
			结合课本知识，对学生进行善实教育	3	
	自主 12	有足够时间让学生思考、交流、做练习	每节课起码有15分钟让学生思考、交流和做练习	8	
			教师多鼓励肯定，让孩子树立信心，培养学生发散性思维	4	
学生 35分	乐学 13	学生喜欢该科任教师，学习情绪高涨	学习情绪高涨、积极举手发言，师生关系融洽	5	
			学生通过恰当的学习方式，在多种感官协调作用下主动参与知识的获得过程	8	
	愿思 11	能质疑问难，勇于探索，敢于提出问题	学生思维活跃，联想丰富	5	
			学生具有自己的学习习惯，敢于表达自己的思考	6	
	肯练 11	愿意应用当堂所学的知识解决问题	学生能动手解决堂上练习	7	
			能综合运用所学知识和方法，创造性地解决问题	4	
	评价				

评价者：　　　　　　　　单位：　　　　　　　　　　　　年　　月　　日

（二）"甜润式修德课程"的评价

清水濠小学"甜润式修德课程"尊重本校历史，致力于加强学校特色课程的构建，不断完善学校课程体系，精心培育特色课程。经过几年的探索实践，学校的校本课程不断丰富，课程质量不断提升。课程建设也极大地促进了教师专业发展和学生素质的提高，并通过校园文化和教师行为的影响，使"热爱生活，热爱校园，锲而不舍，平实感恩，真诚友爱，活泼向上，学思并进，从善如流，人人像清水样至善至实"逐渐成为清水濠小学师生的共同价值追求。

"甜润式修德课程"是根据"起于至实，止于至善"的办学理念以及学生身心发展规律，为学生量身打造的德育发展模式和德育课程体系。该课程以"水之魂""竹之诗""球之韵""棋之品"四个方面为切入口，使甜润式德育自然渗透到孩子心灵，培育孩子幸福和爱的花朵。具有清水濠小学特色的"甜润式修德教育"十分关注学生学习的内容、学习的方式和学习的动机，力求用学生喜闻乐见、有现实意义的内容，丰富的活动形式，激发学生学习的动机，让学生在学习生活实践中获得快乐，懂得感恩，学会尊重和关爱他人，践行"至善至实"的校训要求；也让教师在教学过程中感受到成功的喜悦，进一步发扬"有教无类，循循善诱"的教风。

"甜润式修德课程"不仅重视跟踪师生实践活动的全过程，而且非常关注每一个目标的达成情况，如"竹之诗"修德课程目标指引（见表4）。

表4　清水濠小学"竹之诗"修德课程目标指引

品质	年段指标		
	低年段（1、2年级）	中年段（3、4年级）	高年段（5、6年级）
立志	知道读书的好处	知道何为理想	有明确的追求
虚心	听老师和家长的话	能听得进正确的意见	好学，不自大
清雅	服装整齐，佩戴红领巾	服装整齐干净，人干净	着装大方，不留怪发
亮节	遵守交通规则	遵守学校各项规则	敢于向教师反映不良现象
课程概要	1. 循序渐进，最终让学生树立正确的理想。 2. 培养学生谦虚有礼的品行。 3. 通过制度要求，强化学生规矩意识		
评价方法	1. 课业评价 2. 学生自评 3. 他人评价 4. 综合评价		

（三）"自泳式展能课程"评价

"自泳式展能课程"主要聚焦于引领学子"自能多姿"的发展，即在培养学习兴趣和展现特长爱好的过程中发现自我，从而展现出多姿多彩的发展态势。这一课程基于学生个体的差异性，设置丰富多彩的多元活动，引导学生沉浸其中，兴致盎然地自主活动。

表5　清水濠小学"自泳式展能课程"学生行为评价指引

品质	课程			
	"二课堂"展能课程	"清水节"展能课程	"小水滴"展能课程	"清水桥"展能课程
礼貌	1. 主动向人打招呼； 2. 不影响他人	1. 安静地观看表演； 2. 为他人的表演鼓掌	1. 主动向他人打招呼； 2. 大方地跟客人互动，并使用文明用语	1. 尊重老师； 2. 规范网络文明用语
卫生	1. 不随地扔东西； 2. 在场室见到垃圾主动捡起	1. 不随地扔东西； 2. 在校园见到垃圾能主动捡起	1. 不随地扔东西； 2. 在校园见到垃圾能主动捡起	无
纪律	1. 能遵守场室的各项规定； 2. 经提醒后可以改正	能遵守活动场地的纪律	能遵守服务队的纪律	无
爱心	1. 懂得尊老爱幼； 2. 给有需要的人提供帮助	1. 懂得尊老爱幼； 2. 给有需要的人提供帮助	1. 懂得尊老爱幼； 2. 给有需要的人提供帮助； 3. 为学校做好事	懂得喜爱老师、尊敬老师
习得	1. 收获到快乐； 2. 动手沟通能力； 3. 减压	1. 团结互助能力； 2. 展示表现能力； 3. 减压	1. 团结互助能力； 2. 沟通能力； 3. 语言表达能力	1. 解惑、减压； 2. 提高文字表达能力； 3. 拉近师生距离
评价方法	1. 学生自评 2. 问卷调查 3. 竞赛评价 4. 综合评价			

"甜润式修德课程"和"自泳式展能课程"目标明确，可操作性强，同时体现了知识性和人文性相结合、科学性和趣味性相结合、年龄特点和分层渗透相结合、显性教育与隐性教育相结合、实践活动和素质教育相结合、行为表现和多元评价相结合的特点。课程已初步形成体系，成为学校德育教育的两条腿，发挥着"甜润式修德教育和自泳式展能扬采"的潜移默化作用。清泉般的润泽教育，越来越彰显其育人效益，较好地实现"人人像清水样至善至实"的培养目标。

在课程构建与实施过程中，发现有的课程内容可以整合，有的需要添加，如"甜润式修德课程"里面，就增加了"儒之学"修德课程，而"自泳式展能课程"里的"二课堂"展能课程，则把场室开放和学校体育俱乐部整合在一起。课程框架搭建起来后，可以根据需要灵活调整，便于提高德育的针对性和实效性。

德育评价采取的是多元评价方式，而且评价以正面导向、激励肯定为主。但即使是多元评价，也只能评价孩子的"知和行"，而对于孩子的"情和意"则较难评价。如果孩子的道德行为不是建立在自身的道德情感、道德追求和道德意志的基础上，孩子的行为就不会持久，就不会固化。这也是今后需要继续摸索和完善的。

基于山海文化的"仁智"课程建构与实施[①]

——以广州市南沙区南沙小学为例

曾志伟

一、学校简介

广州市南沙区南沙小学（以下简称"南沙小学"）始创于1924年，首名"明德"学堂。2015年南沙新区成立，学校改名为南沙区南沙小学，是南沙区唯一以"南沙"命名的小学。2018年4月，南沙小学教育集团正式挂牌，实现"一校三区"办学，三个校区总占地面积222亩，目前共有教学班58个，教职工137人，学生2 545人。

"适合的教育"才是最好的教育。"适合的教育"就是要适合学生，让每个学生都能接受公平而有质量的、适合自己的教育。背靠高山，面朝大海，"南小人"以"明德"为核心价值观，秉承"博学求真，明德至善"的校训，坚持"为孩子一生幸福奠基"的办学理念，实施"山海文化·仁智教育"，坚持以学生为中心推进教育教学改革，致力于培养学生创新、实践能力和社会责任感，把学生培养成为幸福、完整、仁智合一的现代小公民。

发展至今，南沙小学是全国第一批通过国家教育部基础教育课程教材发展中心NCCT公办学校认证评估的公办小学，拥有国家体育总局命名的国家级青少年体育俱乐部，是全国文明校园、全国优秀家长示范学校、全国青少年校园足球特色学校、全国青少年校园篮球特色学校、广东省德育示范学校、广东省体育特色学校、广州市特色学校等。学校知名度、美誉度高，《人民教育》《中国教育报》《中国德育》《中国教育学刊》《教育导刊》等均有报道。

[①] 本文写于2019年4月30日。

二、"仁智"课程的背景

（一）时代教育发展推动课程改革

教育部自 2001 年起，相继颁发了一系列有关基础教育新课程的国家政策和文件，构建了新一轮课程改革的总体政策框架。新课程改革倡导全人教育，强调课程要促进每个学生身心健康发展，培养良好品德，培养终身学习的愿望和能力。新课程体现素质教育的理念，注重知识与技能、过程与方法以及情感态度与价值观的"三维一体"，突出学生在学习活动中的主体地位，从而改变过去以应试为核心的传统教育模式，课程设置更合理、更科学、更适应社会发展的需要。学校的课程体系是培养学生发展的有效途径，构建和开发适合学生发展的课程体系，是为学生提供幸福而完整的教育生活的有力保障。

（二）课程建设是学校文化建设的"根"和"魂"

学校课程建设要坚持以学生发展为本，从满足学生需求出发，积极构建立足学校现状、适合学生身心发展的多元课程体系，力求实现课程成就教师，课程促进学生全面发展、个性发展。质量是教育的生命线，要提高学校的教学质量，就要从教学的最基本建设——课程建设做起。好的课程会对学生的成长产生巨大影响，甚至改变学生的一生。校本课程是我国三级课程管理的重要组成部分，可以弥补国家课程的不足，对学生的发展有着极其重要的推动作用。

（三）山海文化特色催生"仁智"课程

山海文化的提出，从国家层面看，是国家公民道德建设的时代需求；从地区层面看，是南沙新区发展对学校提出的新要求；从学校层面看，是学校特色发展的必然选择。枕山望海的地理优势，赋予了南沙小学与众不同的文化底蕴。学校秉承"博学求真，明德至善"的校训，以"为孩子一生幸福奠基"的办学理念，深植文化根脉，以"仁智合一"诠释山海文化，形成了与学校文化相融合的富有时代特征的"山海文化·仁智教育"体系，以培养学生成为仁智合一的人。

山，魏然耸立、立足根本、坚韧不拔，给人以厚德载物、勇于攀登的教育启示，代表仁德；海，宽广辽阔、包容百川、博大精深，告诉我们博采众长、开放创新的人生哲理，代表睿智。面对高山，才能感受何谓攀登，何谓高山仰止，何谓生活磨炼，何谓艰辛与希望；面对大海，才能懂得何谓浩瀚，何谓波澜壮阔，何谓人生起伏，何谓包容与快乐。

孔子曰："仁者乐山，智者乐水。"中国古老的山海文化蕴藏着宝贵的教育资源。山海文化是指源于山、海并升华为一切与山海有关的人文、历史、社会、自然、艺术等人类文明。山海文化教育是仁智合一教育，有效地将德育、智育相结合，促进学生全面发展。仁是指情感、态度、价值观，智是指知识、技能、逻辑和思维。仁智合一即培养既具有美好、积极情感又充满智慧和能力的人。

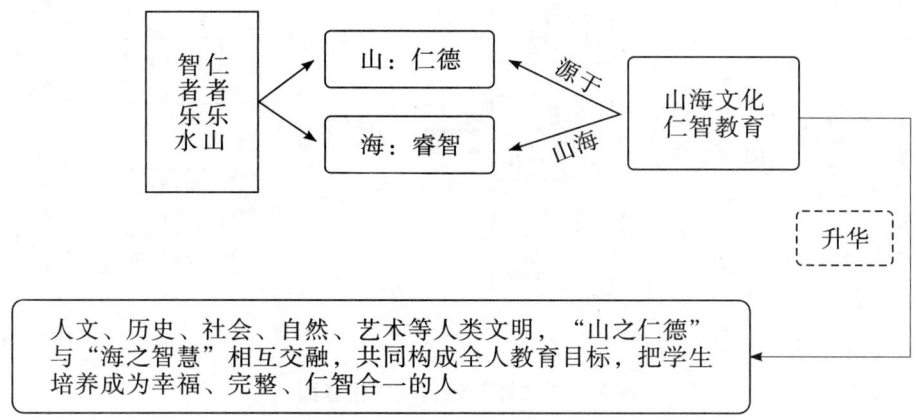

图1 "山海文化·仁智教育"内涵解读

要落实"为孩子一生幸福奠基"的办学理念，只靠上好国家课程是难以实现的，还必须要建立一门彰显学校办学理念、体现学校培养"仁""智"学生素养的课程体系。因此，学校依循"彰显学校办学理念的需要""切合学校和学生现状的需要""特色课程建设的需要"和"学生终身发展的需要"四个原则，在教育内容上着眼于孩子的长期发展。每个人都存在差异，都有独特的个性气质，教育不是抹杀学生的个性，而是要让孩子更充分地展示自我、发展自我，促进孩子的健全发展。因此，学校明确了"山高海阔，张扬个性"的课程理念，并在该课程理念的引领下，注重培养学生的健全人格，形成学生的兴趣特长，增强学生的创新能力，促进学生的身心健康。经过几年的探索与实践，学校初步构建了课程体系，并通过不断地实践、提升，使由国家课程、地方课程、校本课程三大板块构筑起来的学校课程体系相互融合，形成有机整体。

南沙小学以"明德"为核心价值观建设山海文化特色，山海文化博大精深，蕴含丰富的教育价值。山海文化的构建既注重历史积淀，又融入现代元素；既关注本土文化，又结合国际文化；既有物质文化，又有精神文化和制度文化；让教师、学生、课程都充满山海文化的灵魂，在个性、多元中走向特色文化境界。

"仁智"课程是学校在办学实践中不断摸索得出的特色校本课程，它围绕"立德树人"的核心思想，以培养学生"山之仁、海之智"的核心品质为目标，以山海文化特色课堂为载体，通过多层次、多领域的广泛渗透，构建促进学生发展的仁智课程体系，培养学生成为仁智合一的现代化小公民。

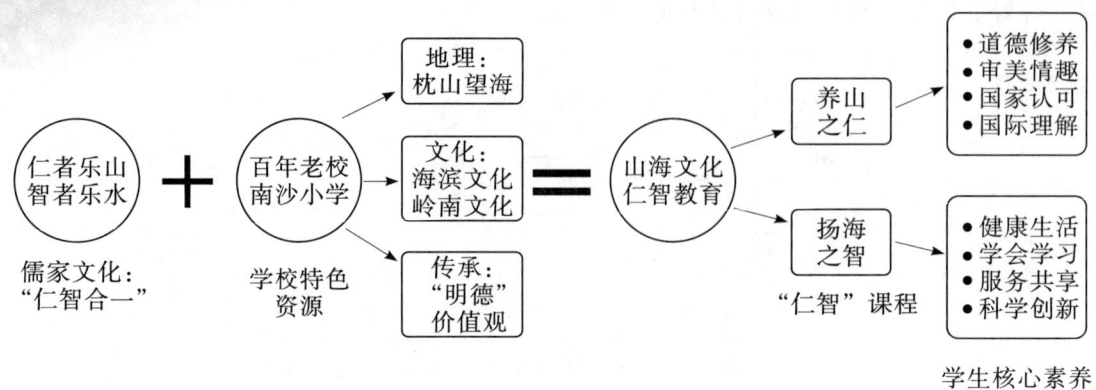

图 2 "仁智"课程的文化基因

三、"仁智"课程的设计

（一）设计原则

学校在深入挖掘山海文化内涵的基础上，结合学校的自有资源，开展明德课程体系的建设。在课程建设的过程中，学校重视以下四个方面。

1. 课程的人本性

人本主义课程观主张课程要适合学习者的内部和外部需要，而自我实现是人的基本需要，因此学校课程应该帮助学习者发现自我。自我实现是人本主义课程理论的核心，强调以尊重人的个性为根本出发点，把促进学生各项基本素质全面发展作为课程设计的中心，以整体、优化的课程结构观为核心内容。学校在课程选择使用上以人为本，重视学生学习需求，在课程与校本教材上根据不同学习阶段学生的学习需求使用适合其的教学模式，使不同层次的学生都能得到尊重和满足。

2. 课程的整体性

学校课程是一个完整的体系，因此学校课程的开发从整体上把握课程目标与结构，使学科课程得到充分重视，使校本实践课程成为学校课程的重要组成部分，同时开发潜在的课程资源，培养学生广泛的兴趣爱好及特长。

3. 课程的科学性

学校课程建设在融入学校文化的同时要注重科学性，这就要求课程的建设者能深入系统地学习与课程改革相关的理论。学校积极借鉴外来经验，结合本校实际，以科学的精神和严谨的态度，解决课程建设中遇到的实际问题，在以科学性为原则的前提下创造性地开展工作。

4. 课程的发展性

课程的价值在于促进学生成才、教师成长，推动学校发展、社会发展。学校要充分利用自身资源，构筑有学校文化特色的适合学生终身发展和学校长远发展的特色课程。因此学校的校本课程以培养学生的个性，灵活、有效地促进学生全面、和谐地发展为目标。同时学校校本课程能为教师提供表现与创造的空间，增强教师的课程意识，有利于教师的特长发挥，促进教师专业发展。

（二）设计目标

本课程设计以学生发展为本，以教师为主体，坚持国家课程为基础，以国家、地方、校本三级课程互补为原则，通过课程资源整合，实现学校特色发展。

（1）构建适用性、规范性、实效性强的校本课程体系，实现学校校本课程创新，打造特色化的校本课程，提升学校课程实力，促进学校特色化、现代化、国际化发展。

（2）充分尊重学生的自我选择，发展个性，开发潜能，培养能力，从而让每一位学生的能力和特长都获得充分、和谐的发展。

（3）提升教师校本课程意识，推动教师由课程执行者向课程开发者转变，提高教师校本课程开发和实施的专业能力与学术水平。

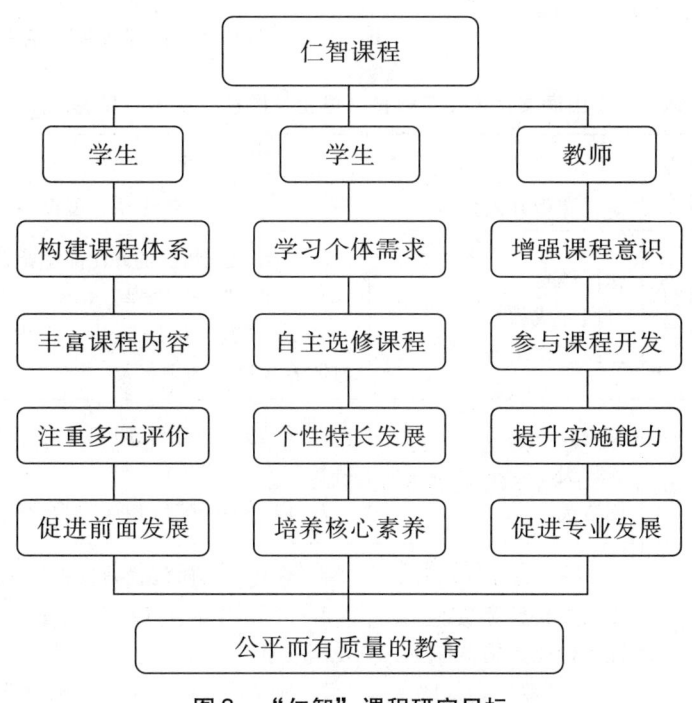

图3 "仁智"课程研究目标

（三）设计内容

1. 提出学生发展八大核心素养

在仁智课程体系中，"仁"和"智"这两个词的基本内涵与中国古代文化中的含义有共通之处。仁者，是指一个有着美好、积极情感的人，"仁"是情感、态度、价值观等类型的多种素养的总称和基础，这类核心素养往往是通过感悟、体会、共情等途径获得；而智者，是指一个充满智慧和能力的人，"智"是人的技能、知识、逻辑、思想等素养的总称和基础，这类核心素养主要是通过锻炼、学习、训练等途径获得。两大类的素养有着各自的特点，也有相互交融的地方。

结合中国传统和当今时代的要求，参考了国内外的研究成果，学校逐渐确立了南沙小学学生发展的八个核心素养（如图4所示）。以此作为指导，学校开始了课程研究。学校研究了每一项核心素养的本质意义、对学生未来发展的影响价值，以及每种素养的构成，并结合学校实际情况确立了每个素养的实现途径（如表1所示）。

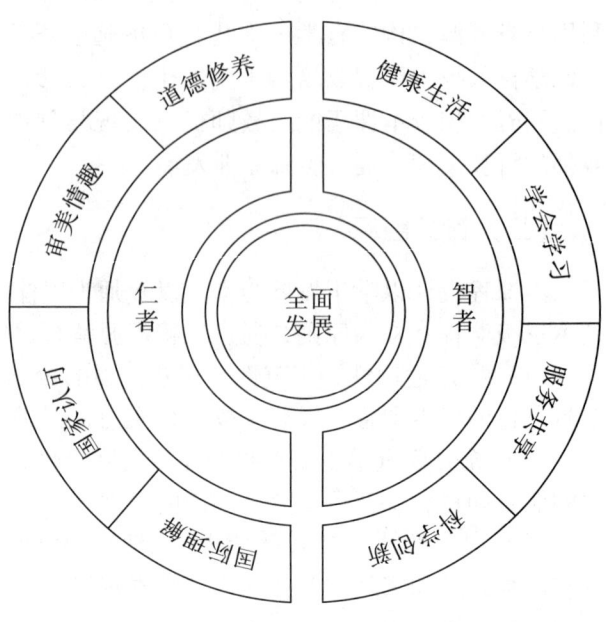

图4 "山海文化·仁智教育"学生发展八大核心素养

表1 "山海文化·仁智教育"学生发展核心素养的实现途径

目标	方面	核心素养	实现途径	
			课程开发角度	活动开展设想
全面发展	仁者	道德修养	礼仪教育 习惯养成教育 公民意识培养	1. 围绕文明班级的评比促使养成教育常抓不懈。 2. 围绕"争章夺星"活动开展榜样引导教育。 3. 开展道德讲坛活动对学生礼仪、公共道德、习惯养成进行知识普及
		审美情趣	发现美 欣赏美 创造美	1. 鼓励每位学生拥有一项长期坚持的爱好与特长。 2. 以各类兴趣班和社团为依托开展审美教育
		国家认可	爱国主义教育 优秀传统文化教育 "一带一路"倡议解读	1. 强化升国旗仪式礼仪教育。 2. 开展"爱国电影大家看、爱国歌曲大家唱、爱国故事大家讲"的活动。 3. 坚持开展以"走进爱国教育基地、走进南粤文化圣地"等社会实践活动
		国际理解	国际礼仪教育 宗教信仰与文化习俗 认识国际组织和国际节日	1. 开展跨区域、跨国家的文化交流社团活动。 2. 开展"走进外资企业"社会实践活动，理解不同国家的企业文化。 3. 以综合实践活动课形式开展文化习俗等小课题研究

续上表

目标	方面	核心素养	实现途径	
			课程开发角度	活动开展设想
全面发展	智者	健康生活	饮食与健康 运动与健康 睡眠与健康 情绪与健康	1. 以学生体质健康检测为基础数据建立学生身心健康档案。 2. 积极开展心理健康教育活动，引导学生做情绪的主人。 3. 做好科学膳食教育活动，引导学生不偏食、不挑食
		学会学习	学习兴趣的培养 学习习惯的养成 学习领域的拓展 学习方法的优化	1. 以学科组为依托开展各类具有学科特色的活动如数学计算赛、语文读书卡等，培养学生的学习兴趣。 2. 鼓励学生阅读经典，积极营造书香校园的氛围。 3. 鼓励志同道合的学生组建学习小社团，拓展学习领域
		服务共享	服务自己——学会独立 服务他人——学会分享 服务社会——学会感恩	1. 做好新生入学教育，培养学生独立自理能力。 2. 开展学生志愿者服务活动。 3. 开展"走进敬老院"活动
		科学创新	感受科学的力量 探索科技的奥秘 培养创新的品质	1. 以综合实践活动课为主体开展学科资源整合的实践活动课，培养学生乐于探索的科学精神。 2. 以科技节为平台，鼓励学生开展科技小发明、小创造活动

2. "仁智"课程的整体结构

课程结构：一条主线、三个层面、六大领域。

课题组根据独特的地理位置，围绕"山海文化"的教育理念，解读"山""海"，提出仁智课程，在开发与实践中不断完善"1-3-6"的仁智课程体系，即1条主线、3个层面、6大领域，形成一系列特色校本课程（见图5）。一条主线，即为孩子一生幸福奠基的办学理念。三个层面，即面向全体学生开设国家基础类课程，促进全体学生的全

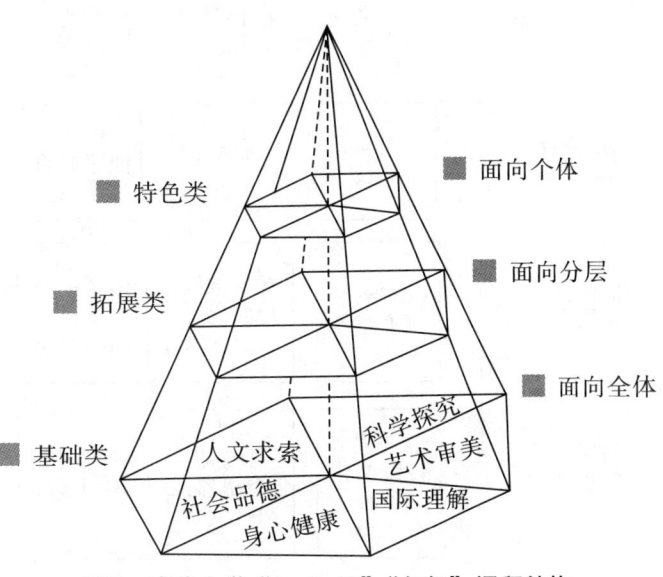

图5 南沙小学"1-3-6""仁智"课程结构

面发展;面向分层就是根据不同需求分层开设拓展类课程,满足学生个性发展的需求;面向个体就是指针对部分学生的特长发展的需求,开设特色类课程。六大领域包括了人文求索、艺术审美、科学探究、身心健康、社会品德、国际理解,涵盖各类课程。

3. "仁智"课程的内容框架

南沙小学"仁智"课程体系涵盖六大领域,从三个层面开设了基础类课程、拓展类课程和特色类课程,并建立起"仁智"课程体系框架图(见图6)。例如,在"人文素养"等六大领域,面向全体学生开设语文、品德等基础类课程,面向分层开设写字、阅读、德育主题教育、"仁智"等拓展类课程,面向个体开设逻辑思维、语言艺术等特色类课程。

(1) 基础课程。在实施国家课程和地方课程时通过课程建设、教学方法、评价等改革和创新来实现和体现学校的新时代教育理念及学校文化理念。

(2) 拓展课程。对国家课程和地方课程进行拓展和补充,主要分为主题拓展、学科拓展和活动拓展。开设拓展课程的操作方式一是对现有的校本课程进行重新梳理与优化,按照精品课程的标准及要求推选出一批作为精品课程的培养对象。二是继续鼓励和组织开发一批新的高效优质的校本课程,视其成熟程度来评选与推广最为优秀的精品课程,例如体育专项选修课程、英语外教口语课程等。

(3) 特色课程。仁智课程体系下的特色课程具有两个基本特征:一是与学校文化高度契合,能体现山海文化、凸显"仁智"课程特色的课程,如三礼(入学礼、成长礼、毕业礼)课程;二是面向个体,针对其特长发展的需求所开设的课程,如创意机器人、OP风帆课程。

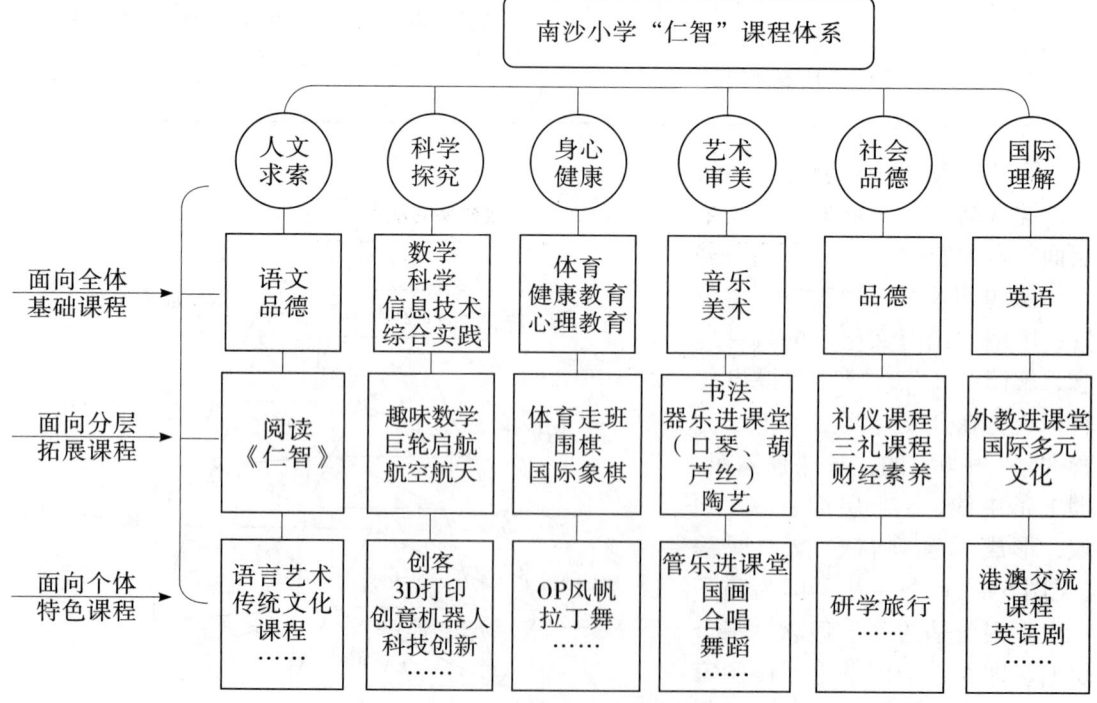

图6 南沙小学"仁智"课程体系

总的来说,"仁智"课程体系分为六大领域,同一领域下分三个层次的课程。如科学探究领域中,面向全体学生开设数学、科学、信息技术、综合实践等基础课程,根据分层开设趣味数学、巨轮启航、航空航天等拓展课程,面向个体开设创客、3D打印、创意机器人等特色课程。

四、"仁智"课程的实施

根据学校办学理念和育人目标,结合学生发展的必备品格和关键能力,南沙小学基于国家基础课程开发了一系列促进每一个学生发展的课程,通过丰富多元的校本课程学习,发展学生的综合素质,塑造学生的健全人格。南沙小学的校本课程分为德育课程与学科课程两大方面。

(一)课程设置

1. 德育课程

文化教育:编写《仁·智》校本教材。根据社会主义核心价值观和教育部颁发的《中小学德育工作指南》,结合学生年龄特点,将山海文化教育与礼仪、美德、智慧教育融合。教材内设经典选诵、拓展阅读、学习指导、互动讨论、言行一致、活动天地六个栏目,让学生深刻认识"仁德"与"智慧",从而提高道德与人文素质,建立正确的价值观和人生观。

礼仪教育:编写《仁智少年知礼仪》校本教材。本套教材共分为六册,分别提供一至六年级使用。每一册分为六个篇章,分别为"自勉篇:我要做更好的自己""家庭篇:我要当家里的好孩子""尊师篇:我要当老师的好学生""集体篇:我要当集体的好帮手""社会篇:我要当社会的小公民""国际篇:我要当世界的小使者"。

"仁智教育校本教材系列丛书"见表2。

表2 "仁智教育校本教材系列丛书"

序号	类型	校本教材
1	粤港交流篇	《手牵着手,情深意长——香港姊妹学校交流之惜别会手册》
2	传统文化篇	《仁智少年话端午》
3	三礼课程篇	《山海启程——南沙小学入学礼活动课程》
		《山海有约——南沙小学毕业活动课程》
4	节日梦想篇	《"六一"是我心中的梦》
5	研学旅行篇	《跟着音乐去旅行》
6	艺术审美篇	《二胡奇缘——二胡学习记录手册》

2. 学科课程

学科基本素养是学生或学者在本学科内所具备的基本专业素质,这些素质是通过长时间的专业训练所形成的专业思维,包括学科基础知识、基本技能、基本经验、基本品质、基本态度等五个方面。

学科课题组从学科基本素养的五个层面出发,针对语文、数学、英语、体育以及艺术五大学科提出不同的素养要求,促进学生的全面发展。

课程安排见表3。

表3 "仁智"课程学科基本素养

	基本知识	基本技能	基本经验	基本品质	基本态度
语文	字音形义、语法和修辞知识、文段结构知识、阅读和写作技巧	掌握多种阅读方法和常见的语言表达方式,根据实际情况适当地使用语言,具备一定的信息收集和处理能力	掌握语文学习基本方法,培养语文学习的自信心和良好习惯	提高学生的文化品位和审美情趣,养成崇尚真理的科学态度,领略中华文化的博大精深	培养学生的儒雅气质和文明举止;敢于提出想法,耐心倾听他人意见,学会文明与他人交际
数学	数与代数、图形与几何、统计与概率、综合与实践	发展数感、符号意识、空间观念、几何直观、数据分析观念、运算能力、推理能力、发展应用意识和创新意识	体会数学特点,了解数学价值,积累数学活动经验	体验成功的乐趣,锻炼意志,建立自信心;养成认真勤奋、独立思考、合作交流、反思质疑的习惯,实事求是	积极参与数学活动,对数学有好奇心和求知欲,欣赏体会数学结构的美感,通过阅读数学学会数学语言和写作
英语	外语词汇、语法及语言表达形式、社会习俗与文化知识	学会口语会话、阅读、理解文本、使用词典等辅助工具及自学外语的方法技巧	了解语言学习方法,理解记忆、复习英语的时间分配策略	培养独创性与批判性思维以及思考辨析能力,用英语进行多元思维等活动	欣赏文化多样性,培养对语言和跨文化交流的兴趣和好奇心
体育	科学健身方法、运动伤病预防措施、安全防范知识	掌握基本的运动技巧,提高专项运动能力	养成坚持运动的良好习惯,增强终身运动的健康意识	在运动中培养会坚持、守规则、善合作、顽强拼搏的精神	获得自尊、自信,形成意志力,满足自信地从事体育活动,愉快地投入学习、生活
艺术	中外艺术基础常识,中外艺术发展简史,艺术表现方法	掌握音乐、美术、舞蹈、戏剧等艺术学科基本技能	在联觉中形成艺术通感,探究艺术的独特性和关联性	理解艺术与社会的相互关系和艺术的本质,形成科学态度和价值观	感受艺术魅力,体现生活情趣,追求诗意人生

学科课程设置：

基于深度学习理念，依据学科教材，开展课程如下。

（1）"深度学习"下的小学语文主题阅读教学

基于深度学习理念，依据语文教材，围绕我校《仁·智》校本教材，开拓三、四年级语文学科的主题阅读教学。根据教材的编排体系，提炼出阅读主题，对有共同主题的多篇不同题材、不同文体、不同风格的文本进行集中阅读、对比阅读。在课堂教学中渗透方法，在课外阅读中引导感悟，让课内阅读成为课外阅读的凭借和依托，让课外阅读成为课内阅读的扩展和补充。

（2）"深度学习"下的小学数学游戏学习课程

探索以"数学游戏"为主题的学习课程，通过"理论学习→集体备课→课堂实践→评价反思"模式，积累教学案例，创新教学模式，为学生提供生动有趣的数学游戏学习课程。

（3）"深度学习"下的小学美术创作实践课程

通过开展实验研究，以南沙本土课程资源为教学主线，单元式地围绕水乡文化、妈祖文化、船文化主题，开拓"欣赏·评述""造型·表现""设计·应用""综合·探索"多个学习领域，让学生体会艺术与生活的联系，感受到南沙独特的文化底蕴和浓厚的乡土气息。

（二）选课方式：自主选课

学校按照课程结构和课程性质，将课程分为必修和选修两大模块，并编成系列选课手册。首先，学生在教师的指导下阅读选课手册，了解课程内容；然后，根据自己的兴趣爱好，登录网上的选课管理平台，进入课程超市进行选课，填写课程申报。

（三）授课形式：分层走班制

学生根据自己的能力水平和兴趣愿望，在同一年级自主选择适合自身发展的课程上课，打破传统班级授课的局限，促进学生的个性化发展。

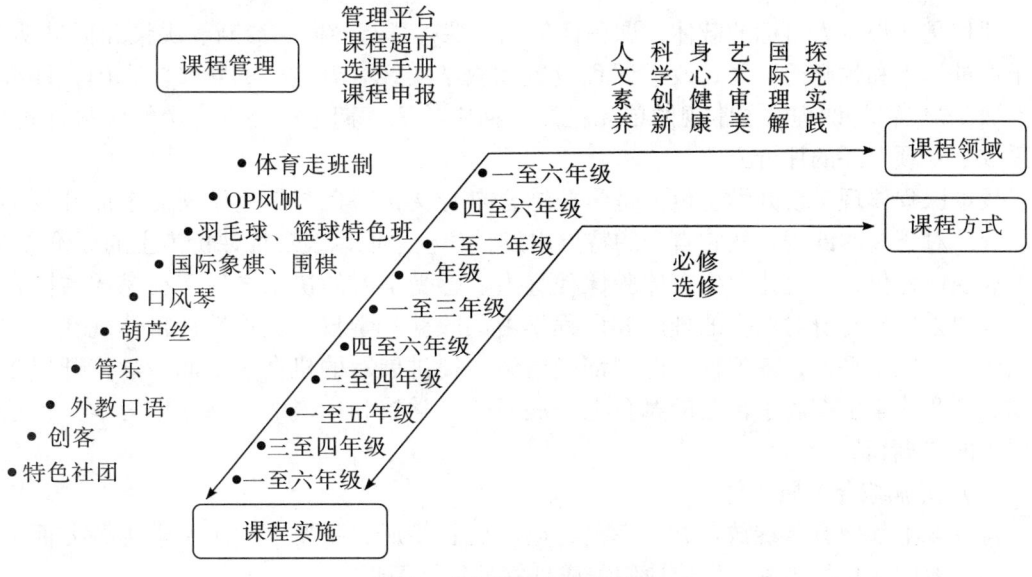

图7　"仁智"课程的实施

(四)"仁智"课程的评价体系

1."仁智"课程评价的特点

从评价功能上看,强调促进与提高;从评价主体上看,注重师生互动参与;从评价内容上看,关注学生的学习思维和情感,关注生命的成长过程;从评价标准上看,体现灵活性与创造性;从评价方法上看,重视量性与质性结合评价;从评价过程看,主张人文性和发展性。课程评价是新课程改革的助推器,"仁智"课程评价从以下五方面设计。

(1)打破以管理为主的单一评价主体的状况,使评价指标多元化,将课程评价变成由教师、学生、学校管理者以及学生家长共同参与的分析与评估的过程,实现课程评价的民主化。

(2)从过分强调量化评价逐步转向对质性评价的分析与把握,把量化评价与质性评价结合起来,充分尊重评价对象的个性发展,全面、真实、深入地再现评价对象发展的特点,更清晰、更准确地反映教师和学生的发展事实,实现课程评价的科学化。

(3)综合多种评价模式,充分考虑学生、教师、学校和课程诸方面的因素,多方面采集信息,进行分析和综合,总结经验,实现课程评价的时效化。

(4)从注重结果性评价转变到注重过程性评价,利用学校自主编订的"成长手册",记录学生的成长过程,不仅关注学生的考试成绩,更关注学生的每一次进步,由教师、家长以及学生自己共同记录、评价成长的一点一滴,真正做到关注过程。

(5)注重从培养目标以及课程开发角度对学生进行综合评价,构建学生素质评价表。以全面发展为总目标,着重通过"仁""智"两方面对学生发展的八大核心素养进行综合评价,并针对每一种核心素养从课程开发角度进行细化,利用活动开展情况对学生进行评价。

2."仁智"课程评价的内容

(1)表现性评价为主

课程是实现育人目标的载体,课程评价则对课程具有导向、诊断、决策和促进功能,对于促进学生和教师的发展、改进课程设置和教学实践有着重要的意义。在国家课程评价方面,"仁智"课程除了常规的单元检测、期中检测、期末检测、竞赛等学科评价外,还采取了专项考评的评价方式。

校本课程体现学校办学特色,是学校结合自身文化特色与学生发展需求而开发的特色课程。对于校本课程,从它自身的特点出发,学校采取以表现性评价为主的评价方式。

表现性评价,就是让学生在体验课程魅力、感受学习的快乐之后,在完成共同任务的过程中去展现自身对课程的理解和课程学习的收获。学校的表现性评价体现在为学生提供广阔的展示平台,各项校本课程都能给学生提供展示的机会与空间。学校开展各种活动、竞赛让学生在属于自己的舞台上一展所长,学校利用楼道、墙面作为学生创造作品展示的"橱窗"等。

(2)实施综合素质评价

每位学生都拥有《绽放仁智、幸福之花》成长手册,手册上记录了学生各方面的表现,印着他们成长的足迹,促使他们养成良好的行为习惯。

《绽放仁智、幸福之花》成长手册于2014年正式启用。该手册根据不同年级学生发展的特点，融合山海文化教育，结合尊重感恩、诚信明礼、责任梦想三个阶段性主题，提出了"十二个一"成长计划。学校旨在通过"晓之以理，动之以情，持之以恒，导之以行"来培养学生的道德品质，引领学生在学习生活中感悟幸福、创造幸福、追求幸福。

"十二个一"成长计划包括认知篇的"两个一"（一套好书、一组电影），情感篇的"三个一"（一次成长主题活动、一次节日纪念活动、一次公益活动），意志篇的"两个一"（一次合作、一次竞争），时间篇的"三个一"（一次社团活动、一次山海之旅、一次家务劳动），成果篇的"两个一"（一件作品、一项本领）。每位学生都拥有这样一本成长手册，让他们记录成长中的每一件事，回味每一个细节，让他们学会珍惜、懂得感恩。

(3) "山海之星"德育专项评价

随着时代的发展，社会对人才的要求也发生了重要变化，更注重个性发展和全面发展。学校认为"仁智合一"培养的是拥有美德与智慧的现代小公民，更是培养当今社会所需要的人才。学校探索了学生幸福评价的标准，制定了"争章夺星"手册，设置了明礼之星、友爱之星、智慧之星、好学之星、进步之星、自强之星、服务之星、诚实之星等八星对学生的美德进行评价，并推行"山海之星"评选活动。

表4 "山海之星"评价表

名称	内容	基础性目标	评价过程
明礼之星	具备日常生活中的礼仪规范，谦让、慈爱，心怀感恩，宽以待人，勤俭节约，热爱劳动，爱护公物，爱护环境	1. 使用礼貌用语，说话文明，公共场所不大声喧哗。 2. 使用微笑、鞠躬、招手、鼓掌、礼让等礼节，敬好队礼。 3. 教室、梯道内不追跑；上下楼梯靠右行，集会做操、放学回家排队走；过马路走行人道。 4. 参加集会保持安静严肃，唱国歌、校歌、队歌精神饱满、声音响亮，进退场有序。 5. 爱护学校的一草一木，爱护校园、班级环境和公物，看见垃圾主动捡起并分类放进垃圾桶。 6. 能宽容对待同学，与同学相处和谐	1. 学生自评、小组互评、教师评、家长评 2. 日常行为表现
友爱之星	积极交往，在交往中会包容伙伴，会分工协作做事；关爱他人，乐于助人；关心社会，参与公益活动	1. 孝亲敬长，理解父母，体贴长辈，不顶撞长辈。 2. 团结同学，学习合作。 3. 主动帮助同学，不欺侮弱小。 4. 具有爱心，积极参加帮困助残活动等捐赠活动	1. 学生自评、小组互评、教师评、家长评 2. 查看社会服务记录卡 3. 采访父母、身边的同学

续上表

名称	内容	基础性目标	评价过程
智慧之星	能正确认识自己和别人的异同，具备一定的评估自我发展的意识和能力；课余生活丰富；对事物保持好奇心，爱对现象进行反思、质疑和提出见解；具有探索精神，爱提出个人有价值的想法并付诸实践	1. 在学科、科技、体育、艺术等方面有明显的特长，在班内甚至校内影响大。 2. 积极参加学校兴趣活动或社团活动，是活动骨干或优秀分子。 3. 积极参加校级及以上活动或比赛，在活动及比赛中成绩显著。 4. 积极参加学校探究型课程活动，有科学精神和创新精神。 5. 善于观察，勇于探索，乐于发现问题、提出问题，积极解决问题	1. 学生自评、小组互评、教师评、家长评 2. 兴趣、社团活动参与情况 3. 才艺展示 4. 获奖情况
好学之星	目的明确、态度端正；自主学习习惯良好；学习方法科学优化，学习效果高质低耗，自主拓展知识	1. 自主预习，认真听课，发言积极。 2. 及时、认真完成各类作业，书写规范，字迹端正。 3. 能与同学互帮互学，学习方法有效，在班级中起榜样作用。 4. 能够合理寻求老师、同学、家长、网络、图书等进行学习，掌握良好的学习策略与方法，扩大知识面	1. 学生自评、小组互评、教师评、家长评 2. 学业情况
进步之星	养成良好的学习习惯，经过老师、家长、同学的帮助和自我教育，在思想品德、学习、体艺中某一方面或各方面有明显进步	1. 思想健康、积极向上，有强烈的求知欲和钻研精神。 2. 自我教育、约束能力增强，思想品德进步，积极要求上进，学习态度有改观，学习方法有明显进步。 3. 积极主动参加学校的兴趣活动，并有特长。 4. 得到老师、家长、同学的认同	1. 学生自评、小组互评、教师评、家长评 2. 学业表现
自强之星	自立自信；正确认识学习压力、学习负担和学习成绩的关系，心理承受能力强	1. 不怕困难，勇敢面对挫折，自立自强。 2. 不畏艰苦，敢于拼搏，发扬学校精神。 3. 有良好的心理承受力，学会评价自己的学习过程和结果，总结利用学习经验	1. 学生自评、小组互评、教师评、家长评 2. 承受挫折的能力

续上表

名称	内容	基础性目标	评价过程
服务之星	班级管理岗位认真做，自主活动表现佳；乐于助人；积极为家庭分担家务；积极参与各项社会服务活动	1. 认真履行班级管理岗位职责。 2. 主动承担适量的家务劳动，个人生活能自理。 3. 积极帮助有需要的同学，当教师的小助手。 4. 积极参与学校组织或社会组织的各项社会公益服务活动	1. 学生自评、小组互评、教师评、家长评 2. 班级岗位履行情况 3. 家庭、社会服务情况
诚实之星	对自己诚信，自觉约束自己，举止言行以诚信为本；对他人诚信，尊重他人，宽容他人，真诚待人；对家庭诚信，热爱家庭，孝敬父母、长辈，自信独立；对学校诚信，热爱学校、班级、教师和同学，遵守学生守则和行为规范	1. 尊重自我，热爱生活，奋发努力。 2. 乐于助力，与人为善，具有协助精神，言而有信。 3. 自己的事情自己做，学会自我管理，能为父母分担力所能及的家务劳动。 4. 自觉遵守《中小学生守则》，认真完成学习任务；不抄袭别人的作业，考试不作弊；综合评价时恰当评价自己和他人。 5. 热爱祖国，遵守社会公德，积极参加社会实践，富有责任心	学生自评、小组互评、教师评、家长评、社区评价

五、"仁智"课程的评价

（一）打造公平而有质量的教育，推动学校发展

新时代背景下，教育要紧跟新时代发展的步伐，有所创新与改革，做到适应学生的全面、个性发展，追求公平与质量并重。结合国家进入新时代的历史新定位，将学校校本课程建设研究与学校发展特色紧密整合在一起，有利于学校通过"仁智"课程建设来推动其他各项工作的开展，从而提升学校的综合实力，促进学校的特色化、现代化、国际化发展。

（二）坚持立德树人，践行育人目标

为全面贯彻党的教育方针，落实立德树人的根本任务，发展素质教育，南沙小学坚持"为孩子一生幸福奠基"的办学理念，在一种"大课程"视野下创造性地构建较为完善的基础、拓展、特色三大课程的"仁智"课程体系，具有针对性、实效性和可操作

性，是对国家和地方课程的补充和延伸，能满足学生多样学习的需求，让学生在学习知识的同时培养良好的道德品质，成为"仁智合一，奋斗有为"的现代化小公民。

（三）聚焦课程改革，帮助教师成长

新课程改革的核心理念是一切为了学生的发展，强调教师教学方式的转变，改变课程过于注重知识传授的倾向，强调形成积极主动的学习态度，使获得知识与技能的过程成为学会学习和形成正确价值观的过程。将校本课程的开发和研究与教师素质和课程建设能力的培养结合在一起，有利于学校打造"仁智之师"的强师计划的实施，有利于教师的成长。"仁智"课程的开发与实践对教师提出了更高的科研能力要求。